西北大学"双一流"建设项目资助

Sponsored by First-class Universities and Academic Programs of Northwest University

"百企千村万户"实践育人成果（2024）

# 西部大开发新格局实践案例

马莉莉　张　宇　杨世攀　徐自成◎主编

A Practical Case of the New Pattern for the Development of Western Regions

经济管理出版社
ECONOMY & MANAGEMENT PUBLISHING HOUSE

**图书在版编目（CIP）数据**

西部大开发新格局实践案例 / 马莉莉等主编.

北京 ：经济管理出版社，2024. -- ISBN 978-7-5243
-0037-3

Ⅰ．F127

中国国家版本馆 CIP 数据核字第 20250P2W94 号

组稿编辑：赵天宇
责任编辑：赵天宇
责任印制：许　艳
责任校对：蔡晓臻

出版发行：经济管理出版社
　　　　　（北京市海淀区北蜂窝 8 号中雅大厦 A 座 11 层　100038）
网　　址：www. E-mp. com. cn
电　　话：（010）51915602
印　　刷：唐山玺诚印务有限公司
经　　销：新华书店
开　　本：720mm×1000mm/16
印　　张：19
字　　数：384 千字
版　　次：2025 年 3 月第 1 版　　2025 年 3 月第 1 次印刷
书　　号：ISBN 978-7-5243-0037-3
定　　价：88.00 元

# 序

## 讲好新时代西部大开发征程上的西大故事

新时代、新发展、新变革。习近平总书记对在中国式现代化建设中奋力谱写西部大开发新篇章作出重要谋划部署，为形成大保护、大开放、高质量发展的新格局提供方向指引。"一代人有一代人的使命，一代人有一代人的担当。"当代青年要在新时代社会大课堂中认识新时代的伟大成就和伟大变革，了解国情民意，进而坚定理想、淬炼意志、增长才干，"从国情出发，从中国实践中来、到中国实践中去，把论文写在祖国大地上"。西北大学经济管理学院扎根西部，立足全国，面向世界，组织开展"百企千村万户—大国西部"实践育人项目，以大调研、大讨论讲好西部经济发展故事，践行时代使命。

西北大学作为一所立足西部的高等学府，始终将服务地方经济社会发展作为重要使命。通过"百企千村万户—大国西部"实践育人项目，经济管理学院以实际行动响应国家的号召，积极参与西部高质量发展的实践。

《西部大开发新格局实践案例》不仅是2024年西北大学调研成果的集中体现，更是学校师生在探索西部经济社会高质量发展道路上积极实践的结晶。这一成果的生动展现了西北大学"为党育人、为国育才"的初心和使命，也体现了百年西大在学生思想政治教育中的特色与亮点。

本书聚焦新时代西部大开发新格局，以习近平经济思想为指引，深入挖掘各类实践案例，力求为读者提供一手的、真实的、深刻的资料。本书的主题涵盖了文旅融合、数字经济、产业发展、乡村振兴等多个领域。通过对这些领域的深度调研，我们不仅能看到西部地区经济发展的现状，更能洞察到西部地区未来发展的潜力与方向。

本书的案例调研团队走进了广袤的西部乡村，深入了解当地的发展现状与需求，见证了西部地区通过创新与实践，逐步实现了产业发展、人民富裕和国家富强。学生们走出校园，走向社会，深刻感受到了西部地区发展的脉动与挑战。他们的调研活动不仅仅是对书本知识的应用，更是对社会现实的直观理解。通过实践，学生们在解决实际问题的过程中，培养了团队合作精神、沟通能力和社会责任感。这些宝贵的经历，将为他们今后的人生成长奠定坚实的基础。

在调研过程中，学生们亲眼见证了地方经济的发展与变迁。这种真实的体验让他们深刻认识到，个人的成长与国家的发展、社会的进步是息息相关的。这种家国情怀的培养，不仅使他们树立了正确的价值观，而且促使他们在今后的学习和工作中，时刻关注社会的进步与发展，为国家的繁荣与强大贡献自己的力量。这是一堂生动的实践育人"大课堂"。

实践的意义在于思想与价值观的塑造。《西部大开发新格局实践案例》不仅是一部实践案例集，更是思想政治教育的重要成果。书中所体现的乡村振兴、绿色发展等主题，深入阐释了中国特色社会主义现代化道路的内涵，增强了学生们的家国情怀与社会责任感。

西北大学经济管理学院在实践育人和思政教育方面的成就，得益于多年来的探索与创新。我们的教育理念始终围绕"服务社会，贡献国家"的核心展开。通过多种形式的实践活动，搭建校企合作、校地合作的平台，积极推动学生与社会的深度融合，让学生们得以在真实的环境中磨炼自我、成长进步。未来，西北大学将继续推动实践育人和思政教育的深度融合，以此为契机，进一步提升教育质量，培养更多具有社会责任感和创新精神的人才。通过不断探索与实践，西北大学希望为国家和社会的发展贡献更多智慧与力量。

《西部大开发新格局实践案例》是西北大学经济管理学院在新时代背景下，对西部地区发展的一次深刻思考与总结。本书不仅为学术研究提供了丰富的案例资料，也为广大读者，尤其是高校师生，提供了借鉴与启示。它展现了西部大开发的生动实践，折射出新时代中国特色社会主义的光辉思想。

希望每位读者在阅读本书的过程中，能够感受到西部地区发展的脉搏，体会到新时代中国青年的责任与担当。让我们共同期待，在西部大开发的新征程上，讲好西大故事！

# 目　录

# 乡村振兴

# 文旅融合

数字经济

# 贵州数实融合现状及评价分析

钞小静　廉园梅　沈路　陈思宇　元茹静　王宸威　王清[*]

**摘要：** 在中国式现代化的新征程中，促进数字经济和实体经济深度融合，打造具有国际竞争力的数字产业集群具有重要的现实意义。西北大学贵州数实融合——"数"说贵州"智"富梦实践团赴贵州国家级大数据综合试验区、贵州多彩宝互联网服务有限公司、中国电信云计算贵州信息园、贵安新区弗迪电池有限公司开展"三下乡"实地调研活动，旨在学习、了解当地大数据中心、数字产业园区、数字化企业的生产经营模式与发展现状，并沉浸式体验了数字化变革给贵州实体经济发展带来的巨大改变。研究团队通过对贵州多家大数据中心、信息园区和数字化企业的深度调研，全面深入地理解数实融合在该区域的实施现状及其关键推动力，挖掘贵州在数实融合方面的成功模式、面临的挑战与潜在的机遇；通过实地考察、企业深度访谈、数据分析等多种方式，全面了解贵州数实融合在垂直行业内的具体实施情况，以期为贵州乃至其他地区在推动数实融合发展方面提供宝贵的经验借鉴与启示。

**关键词：** 数字基础设施；数字经济；数实融合

# 一、引言

在数字时代，我国正逐步成为数字经济发展的引领者和全球典范。当下，数字经济的主战场已从消费互联网转至产业互联网，数字技术成为全球实体产业竞争的重要一环，推进数字技术和实体经济融合成为全球经济发展的新趋势。基础设施功能实现"量质齐升"，数字技术融合应用加速落地，赋能实体经济高质量发展。数

---

* 钞小静，西北大学经济管理学院教授；廉园梅、沈路、陈思宇、元茹静、王宸威，西北大学经济管理学院博士研究生；王清，西北大学经济管理学院硕士研究生。

实融合强大的赋能效应不仅为数字经济发展提供了丰富的应用场景和市场空间，而且可以赋能实体经济降本增效、提质升级，并进一步催生大量新产业、新业态、新商业模式。我国已形成全球最大的数字消费市场，产生了海量的数据资源，数字基础设施实现了跨越式发展，各种数字应用渗透率位居世界前列，这是我国推进数实融合的优势所在。数实融合为我国经济高质量发展提供了新动能、新空间，同时，借助数实融合发展机遇可以加速建设网络强国、数字中国、制造强国。

贵阳在推动数字产业蓬勃发展的道路上，展现出了高度的前瞻性和战略眼光，通过精心布局建设数字产业园区，以及积极引进和培育具有国际竞争力的龙头企业，成功地构建了一个充满活力、高效协同的数字产业生态系统，进一步加速了数字产业的集聚发展。贵阳大数据科创城作为数字产业的重要载体，已经集聚了大量企业，形成了良好的产业生态。华为、网易、腾讯、苹果、京东等国内外行业巨头纷纷入驻；同时，满帮、多彩宝等本土龙头企业也迅速崛起。本书调研组在深入调研的过程中，深切感受到了贵阳数字产业集聚发展的蓬勃态势和巨大潜力，并为我国的数字经济发展贡献了诸多"贵阳智慧"和"贵阳方案"。为此，实践团以贵阳市为调研对象，收集贵州数实融合的相关政策文件、报告和新闻资讯，了解贵州数实融合的背景和现状，走访贵阳及周边地区的代表性数据中心、数字内容产业园、智能制造企业等。实践团了解了数据中心的硬件设施配置、运维管理体系和安全保障措施，并探讨了这些数据中心在算力服务领域的实际表现以及在"东数西算"工程中的具体作用和贡献，以期了解数据服务对地方经济的直接和间接推动作用；重点关注园区在数字化管理、智能化控制等先进技术的应用和创新实践，了解了这些技术在提升产业效率、推动创新和发展中的作用；深入了解了智能制造企业在智能制造、新能源汽车生产等领域的创新实践和技术应用，以及其在数字化转型过程中遇到的挑战、采取的解决方案及未来的发展规划；总结了贵州数实融合的实践情况、成功模式、挑战与机遇，并提出相应的建议和对策，以期为政府部门、企业、高校和研究机构等提供数实融合实践方面有价值的决策支持和建议。

## 二、调研地数实融合基本情况

### （一）贵阳市数字基础设施建设情况

贵阳市坚定不移实施数字活市战略，落实数字经济"一二三四"工作思路，聚焦数据"算、跑、用"三个环节，统筹推进网络、算力和应用基础设施建设。

在网络基础设施方面，截至 2024 年 9 月，贵阳市 5G 基站数量累计达 2.88 万个，约占全省基站总数的 38.64%，每万人拥有 5G 基站数量达 36.13 个，高于全国平均水平。贵阳贵安国家级互联网骨干直联点于 2023 年实现了与北京、上海等 38 座城市的直联，互联网出省带宽达 4.53 万 Gbit/s。在算力基础设施方面，2023 年，贵阳贵安投运、在建、签约待建的大型及以上算力中心数量达 22 个，建成标准机架 13.7 万架，服务器承载规模达 137 万台，智算规模达到 7.6 万卡，成为全国第一的国产算力基地。算力调度平台已接入华为云、贵安科创等 33 家算力服务商、401 家算力需求方、89 个算力产品，可调度的公共算力资源池达 4.5EFLOPS、存力 980PB，完成算力交易量 27.31 亿元。在应用基础设施方面，贵阳持续加快数据中心建设，中国电信云计算贵州信息园、中国移动贵阳数据中心、中国联通贵安云数据中心、贵安华为云数据中心和腾讯贵安七星数据中心等相继落地，快速形成超大型数据中心集群，不断夯实贵州"中国数谷"基座（见图 1）。

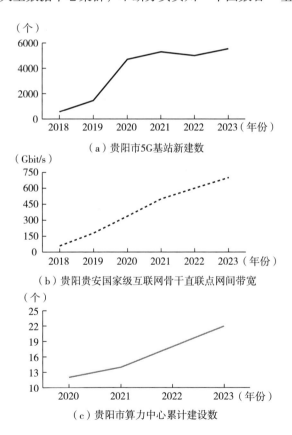

（a）贵阳市 5G 基站新建数

（b）贵阳贵安国家级互联网骨干直联点网间带宽

（c）贵阳市算力中心累计建设数

**图 1　代表性数字基础设施建设水平**

资料来源：笔者根据贵州省人民政府、贵阳市大数据发展管理局统计资料绘制。

### （二）贵阳市数字基础设施赋能实体经济发展情况

乘"东数西算"之东风，贵阳市不仅聚焦发展和完善区域内数字基础设施建设，还对围绕数字基础设施的实体经济应用场景培育给予了高度的关注和支持，依托数字基础设施实现对实体经济的融合赋能和辐射带动，推动贵阳在数字经济新赛道上加快"跑速"、积累优势。

1. 以数字基础设施谋联动，提升实体企业数字化转型能力

贵阳市深入实施"万企融合"大赋能行动，实体经济企业借"数"转型。截至2023年，围绕云平台和数据中心等应用基础设施的实体经济融合改造基本上实现规模以上企业全覆盖，推动全市数实融合进程由点到面并纵深拓展。在推动"万企融合"行动中，贵阳与龙头企业共建贵阳数字化转型促进中心，支持300户规模以上工业企业开展数字化诊断，帮助企业确定数字化转型重点。此外，贵阳依托中国振华、磷化集团等行业龙头企业基于自身数字化资源和能力，面向重点行业细分领域建设了一批数字化转型平台，带动上下游企业和合作伙伴在设计、采购、生产、销售、物流、售后等全过程加强信息协同和数字化改造，实现了"龙头企业建平台、中小企业用平台"，推动企业"上云用数赋智"。

2. 以数字基础设施促转型，加速传统产业数智化改造进程

贵阳贵安坚定不移推进"工业强市"战略，坚定不移改造提升"七大重点产业"，依托数据中心集群优势和5G网络"县县通"的布局优势，助力重点工业产业实现由"制造"向"智造"的发展路径转变。铝及铝加工产业（贵州中铝）在实施云改数转的过程中，以5G和工业互联网为关键基础设施底座，实施了铝板带箔行业智能生产执行系统示范项目，实现了研发、采购、制造、销售和服务等方面的全程智能化管理。磷化工产业依托算力基础设施实现生产现场自动化智能化的数据采集与存储、通过数据中台实现实时高效的数据传输、凭借智算应用和云计算平台实现生产过程优化控制三个方面加速推进产业内部的数智化改造进程。

3. 以数字基础设施挖潜能，激活新兴产业创新发展新动能

在大数据融合应用和数字基础设施加速布局的背景下，贵阳市围绕"芯、件、板、机、器"五大板块，在保持电子元器件传统优势的基础上，紧抓电子终端产品、服务器等发展机遇，通过工业互联网平台上的信息共享、技术转移等功能，开展芯片、电路板招商引业，以上下游协作创新或单向利用创新产品资源的方式，加快新兴产业创新的发展。

在"抢道"发展新兴数字产业方面，贵阳围绕人工智能、区块链、物联网、云计算、5G、信息安全六大领域组织开展"百企引领"行动，推动应用基础设施、网络基础设施对大数据产业的融合应用，2023年累计引进培育430余户新一代信息

技术骨干企业，逐渐成为新一代引领新兴产业创新发展的新引擎。2023年，贵阳积极响应贵州省大数据发展管理局的号召，实施新兴产业"双千倍增"行动，布局北斗、区块链、云计算、数据流通交易等9个"新赛道"，累计引进培育新兴数字成长型企业560家，较上年新增156家，合计收入增长18.1%。

# 三、调研地代表性企业数实融合基本情况

## （一）国家大数据（贵州）综合试验区展示中心

### 1. 发展现状

国家大数据（贵州）综合试验区展示中心作为贵州大数据产业发展的"微缩景观"，不仅是一个展示贵州大数据发展成果的平台，更是一个集教育、交流、合作于一体的多功能场所。展示中心包含"数字中国贵州方案""数化万物智在融合""云上筑梦躬身耕耘""未来已来"四个主题展区，以及三个多功能厅和一个调度中心。通过这些展区，参观者可以深入了解贵州在大数据顶层设计、深度融合等方面的成就和探索。展示中心外墙上的"数据之眼"是一个引人注目的标志性设计，它通过LED屏幕展示大数据的各种应用场景，象征着贵州大数据产业的活力和创新精神。此外，展示中心还举办了多场重要活动，如"永不落幕数博会——2020全球传播行动"，发布了多项理论技术成果，提升了贵州大数据产业的国际影响力。

### 2. 存在问题

（1）产业生态链发展不均衡、领军企业欠缺且项目集中度过高。

本书调研组在对国家大数据（贵州）综合试验区的调研过程中发现，当前贵州大数据行业领头羊企业数量有限，特别是具有自主研发能力和国际竞争力的大型企业较少，这在一定程度上限制了整个产业链的快速发展和升级。此外，大数据产业相关项目主要集中在市场开发或数据中心（备份中心）建设上，且多为国内外大型数据公司的分支机构或项目，这些项目对地方经济的全面带动作用有限，且可能导致产业生态链的单一化和依赖性过强。

（2）人才基础相对较薄弱。

尽管贵州省已经吸引了一批国内外知名企业在当地设立数据中心或分支机构，但本地企业的创新能力相对较弱，尤其是在高端人才引进和培养上存在明显不足。一方面，由于地理位置偏远加上经济基础较为薄弱，相较于一线城市，贵

州对顶尖科研人员和管理者的吸引力有限；另一方面，贵州的高等院校及研究机构的数量较少，难以满足日益增长的专业技术人才需求。

### （二）中国电信云计算贵州信息园

1. 发展现状

中国电信云计算贵州信息园（以下简称贵州信息园）位于贵安新区，是中国电信集团两大云计算数据中心之一。作为贵安新区第一家启动建设、第一家运营投产的数据中心，贵州信息园深入实施"云改数转"战略，经过多年的发展，信息园已经成为国内领先、世界一流的数据中心标杆，拥有5万架机架和80万台服务器，具备超过10000G的互联网出口能力。同时，与北京、上海、广州、深圳等20多个城市实现网络直达，出省带宽较2015年扩大180倍；此外，汇聚了华为、腾讯、阿里等云业务供应商，为政府、企业等提供了高速海量存储和计算服务。贵州信息园已成为"天翼云"的最大云资源池节点、国家级数据中心和国家级战略性新兴产业发展示范基地。目前，贵州信息园正进一步加大云计算基础设施的建设，3栋机楼建设正酣，预计2025年按计划交付使用；此外，还将持续加大贵州信息园到长三角、大湾区等地直达电路的建设，进一步提高信息园的数据传输能力，同时将信息化、数字化、智能化融入生产流程，进一步服务新型工业化，助力贵州"六大产业基地"建设。

2. 存在问题

（1）基础设施投资及维护成本较高，能耗管理面临日益严峻的挑战。

中国电信云计算贵州信息园在基础设施建设阶段投入巨大，随着园区规模的不断扩大，维护成本也在逐步增加，尤其是人力资源、电力等方面的成本。为有效降低园区电费成本，贵州信息园积极与政府和电力部门对接，协调签订三方供电协议，明确园区电费为0.35元/度。但是，随着IDC业务的迅猛发展、数据规模的不断扩大，如何控制能耗、推动数据中心更加节能、降低运营成本，成为亟须解决的问题。

（2）市场竞争加剧且客户多样化需求增加。

随着大数据和云计算产业的快速发展，市场竞争日益激烈，大量企业逐渐在大数据、云计算相关领域进行布局谋划，这在一定程度上对中国电信云计算贵州信息园造成一定的竞争压力。此外，不同行业、不同规模的客户对云计算服务的需求各不相同，需要贵州信息园深入了解客户需求，提供定制化的解决方案，满足多样化的客户需求。

（3）政策法规适应与数据安全问题值得重视。

随着大数据和云计算行业的迅速发展，相关的政策法规也在不断变化。贵州信息园需要及时适应这些变化，调整经营策略。此外，数据安全与隐私问题同样是信息园建设与发展不可忽视的问题。尽管贵州信息园采取了一系列措施保障数据安全，如智能化运行控制系统、优化制冷系统和配电系统的运行参数等，但在数据安全体系的建设上仍有提升空间。

**（三）贵州多彩宝互联网服务有限公司**

1. 发展现状

贵州多彩宝互联网服务有限公司（以下简称多彩宝）扎根贵阳大数据沃土，深耕数字经济产业，建成省级数字政务、数字民生和数字商务平台，集成了全省政务、民生服务事项，实现了政务民生服务的"一网通办"和"指尖办事"。多彩宝平台的服务范围广泛，包括但不限于婚姻、社保、公积金等多维度政务数据；还积极打造了一批数据产品，如人才计算器、TAAP 等，充分释放了数据要素的价值。与此同时，多彩宝与华为深入合作，成为华为首批"鸿蒙生态开发服务商"，也是贵州省目前唯一的鸿蒙优秀开发服务商。截至目前，"多彩宝" App 的下载量已超过 1.4 亿次，上线了超过 4000 项高频政务民生服务事项，累计实名注册用户超过 2400 万，服务人次超过 5 亿，线上平台 C 端交易额超过 98.11 亿元。凭借此成绩，多彩宝获得了国家高新技术企业、"专精特新"企业、贵州省文化产业十佳品牌等多项荣誉。

2. 存在问题

（1）产业与服务体验有待提升。

部分用户反映，在使用多彩宝平台时，某些功能的操作流程复杂，界面不够友好（例如购买多彩宝平台上的某些产品，如消费券时，存在误解导致实际支付了费用而未领取优惠券的情况，且后续退款流程复杂或拒绝退款），这反映了多彩宝在产品描述、用户引导及售后服务方面存在不足，影响了用户体验和信任度，会在一定程度上影响用户的留存率和使用频率。

（2）市场营销与品牌建设投入不足。

虽然多彩宝平台已经集成了大量政务和民生服务，但其用户群体主要集中在贵州省内，这种高度依赖本地用户的策略，可能限制了平台的全国乃至全球拓展潜力。相较于一些大型电商平台，多彩宝的品牌知名度较低，导致用户对其了解不足，由此影响了用户黏性和市场份额。

（3）商业模式较为单一。

目前，多彩宝主要依赖政府项目和服务费收入，其合作伙伴主要集中在政府和公共服务机构，与私营企业和国际公司的合作较少。这在一定程度上限制了其资源整合和服务多样化的能力。在经济环境变化或政策调整的情况下，这种单一的盈利模式可能面临风险。如果多彩宝仅停留在现有业务模式而不进行横向或纵向的拓展，则难以抓住这些机遇实现跨越式的成长。

**（四）贵安新区弗迪电池有限公司**

1. 发展现状

弗迪电池有限公司于 2019 年 5 月 5 日注册成立，其前身是比亚迪锂电池有限公司，早在 1998 年就已成立。弗迪电池立足新能源产业，深耕电池领域 26 年，具备 100% 自主研发、设计和生产电池的能力。其产品覆盖动力电池、储能及新型电池、消费类电池及零部件，构建了完整的电池产业链，在电池技术、品质、智能制造、生产效率等方面堪称业界翘楚。作为全球领先的电池生产商，公司电池产品广泛应用于汽车、新能源、消费类电子及轨道交通等领域，它持续全球化布局，不断巩固核心竞争力。目前，电池生产线已经实现了高度自动化和智能化，减少了对一线工人的依赖，更侧重于培养具备专业技能的工人来操作和监控先进的生产设备。在参观了工厂车间后，调研团队还与企业高级工程师展开了积极探讨：在新能源汽车核心技术与电池安全方面，工程师强调了电机电控的重要性和电池安全在新能源汽车中扮演的关键角色；在工厂自动化与技工能力要求方面，车间内自动化设备的使用导致基层员工比例下降，这是由于企业更侧重于技能工人的招聘。

2. 存在问题

（1）产能增加与市场需求扩张不匹配问题。

随着全球新能源汽车市场的不断扩大，对动力电池的需求持续增长。弗迪电池需要迅速响应市场需求，扩大产能以满足日益增长的订单量。然而，产能的扩张需要时间、资金及技术的支持，如何高效、有序地推进产能扩张，是弗迪电池面临的重要挑战。当前弗迪电池存在明显的产能无法满足市场需求的问题。

（2）技术创新与研发投入压力较大。

开发新一代电池技术往往需要大量的资金支持，包括建设实验设施、采购先进设备、招募高水平科研人才等。尽管贵安新区政府为吸引高科技项目落地提供了多项优惠政策和支持措施，但对于一家致力于长期发展的企业来说，仅依靠外部援助远远不够。此外，由于新能源行业的不确定性较高，投资回报周期相对较长，如何平衡短期盈利目标与长期发展战略之间的关系、合理规划财务资源分配，也是管理层需要考虑的问题。

（3）原材料供应稳定性与供应链协同能力仍有待提升。

动力电池的主要原材料如锂、钴、镍等金属元素的价格波动较大，供应稳定性受到一定影响。尽管弗迪电池已建立了多元化的原材料供应渠道，然而在全球市场环境下，原材料供应的稳定性和价格控制仍面临较大挑战。此外，动力电池供应链往往涉及多个环节与企业，需要各方协同配合才能确保供应链的顺畅运行，然而在实际操作中，由于各方利益诉求不同、信息不对称等，供应链协同可能存在一定的难度和障碍，由此对贵安弗迪电池生产规划造成一定的影响与冲击。

# 四、调研地数实融合评价分析

## （一）融合基础：筑牢数实融合之基

贵州省作为国家级大数据综合试验区的典范，凭借其战略地位和政策布局，在推动大数据与实体经济深度融合方面发挥着引领作用。为推动数实融合的发展，贵州省政府相继出台了一系列政策文件，如 2019 年的《省人民政府办公厅关于加快推进全省 5G 建设发展的通知》、2020 年的《贵州省大数据融合创新发展工程专项行动方案》等，这些政策文件为贵州省数实融合提供了坚实的政策基础。与此同时，贵州省发布了"东数西算"战略蓝图，推出了以贵安集群为核心起步区，通过各省市间的紧密联动，有效辐射并带动全省乃至全国范围内的算力服务的"东数西算"十二大场景。这一布局不仅强化了贵州在算力保障基地建设中的核心地位，更驱动着全省乃至全国的算力资源优化配置，为算力保障基地的稳固建设提供了坚实的支撑。

在数字基础设施建设领域，贵州省持续强化其算力基础设施的领先地位，积极推动数据中心架构的根本性变革，从传统单一的"存储中心"模式向"算存一体化、智能计算优先"的先进模式转型。与此同时，贵州省在全省范围内重点数据中心的建设上取得了显著成就，截至 2023 年，已经汇聚 48 个数据中心，贵州省成为目前全国智算资源最多、能力最强的地区之一。此外，在 5G 通信技术的部署与应用方面，5G 基站建设成果丰硕，贵州省 5G 基站数量已逼近 12 万大关，实现各区（市、县）以及乡镇 5G 连续覆盖，为数字经济发展奠定了坚实的基础。贵州省通过一系列基础设施的建设与完善，不仅构建了高效、智能、安全的数字基础设施体系，更为数实融合的深入发展奠定了坚实的基础，展现出其在数字经济时代中的引领者姿态（见图 2、图 3、图 4）。

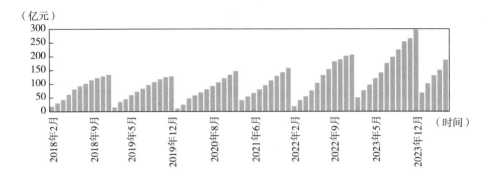

**图 2  贵州省数字设施完成投资金额**

资料来源：笔者根据贵州省大数据发展管理局绘制。

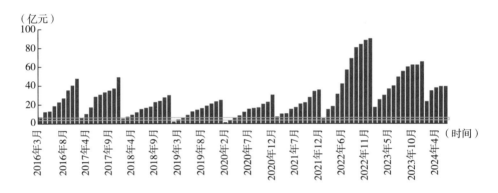

**图 3  贵阳市数字设施完成投资金额**

资料来源：笔者根据贵州省大数据发展管理局绘制。

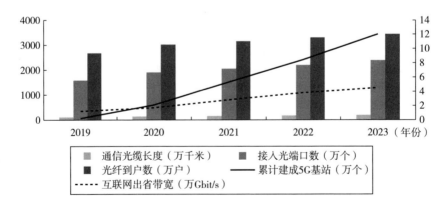

**图 4  贵州省新型基础设施建设情况**

资料来源：笔者根据贵州省统计局绘制。

## （二）融合应用：构筑特色应用场景新生态

贵州省积极响应数字经济时代的号召，以"万企融合"大行动为抓手，围绕"四化"推动数字赋能，加快企业"上云用数赋智"，持续开展大数据与实体经济融合评估，促进传统产业全方位、全链条数字化转型升级。截至 2023 年，全省范围内已有超过 3 万家企业实现"上云"，共建成"两化"融合示范项目 211 个，206 家企业完成数字化诊断，大数据与实体经济深度融合指数高达 46.5，产业数字化占数字经济的比重超过九成，标志着大数据与实体经济的深度融合已成为贵州经济发展的新常态，基本实现了规模以上企业大数据融合改造的基本全覆盖，为全省经济的数字化转型奠定了坚实的基础（见图 5）。

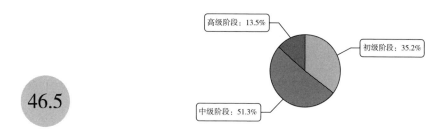

（a）2023年贵州省融合发展水平　　　　　　（b）2023年贵州省阶段分布情况

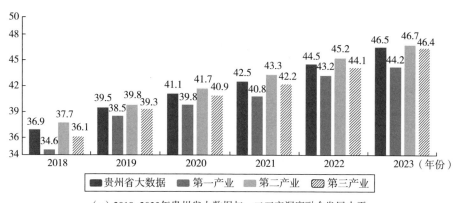

（c）2018~2023年贵州省大数据与一二三产深度融合发展水平

**图 5　贵州省新型基础设施建设情况**

资料来源：笔者根据贵州省大数据与实体经济深度融合公共服务平台绘制。

2023 年，贵阳贵安已累计发布 100 个建设场景、100 个开放场景和 47 家企业能力清单。目前，已涌现出多彩宝"青年卡"综合服务平台、"村村"App 数字乡村运营平台等一批示范效应强、带动作用大、商业模式好的数字应用场景。在工业、农业、服务业等关键领域，贵州凭借其前瞻性的战略眼光与强大的执行力，成功培育出一系列数实融合的应用示范项目。工业领域的智能制造工厂，通过集成先进的信息技术与制造技术，实现了生产过程的智能化、自动化与高效化，例如，贵定山王果率先启动了数字化转型战略，不仅配备了先进的工控装置、高效的数据采集与上传设备，还依托贵州联通的专业技术支持，量身打造了专属的 5G 专网解决方案，为智慧工厂的构建奠定了坚实的网络基础，实现了数字化工厂生产要素全面互联管控。农业领域则依托产业数联网平台，构建了从田间到餐桌的全产业链数字化管理体系，有效促进了农业生产的精准化与智能化。截至 2023 年，贵州省已建成 2 个数字化种苗繁育中心，年育苗能力达到 1 亿株以上；建成智慧牧场 166 个。在服务业领域，智慧旅游平台的兴起，不仅为游客提供了个性化、便捷化的旅游服务体验，而且为旅游产业的转型升级注入了新活力。截至 2023 年，"智游贵阳"智能讲解平台服务布点已达 966 个，提供服务 357.83 万人次，"一码游贵州"贵阳板块已累计入驻商家 847 家，交易金额达到 1114.25 万元。这些示范项目的成功实施，不仅为相关行业树立了数字化转型的标杆，而且为其他企业提供了可借鉴、可复制的经验与模式（见图 6、图 7、图 8）。

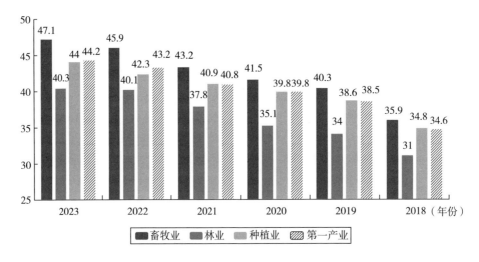

图 6　2018~2023 年贵州省大数据与第一产业深度融合发展水平

资料来源：笔者根据贵州省大数据与实体经济深度融合公共服务平台绘制。

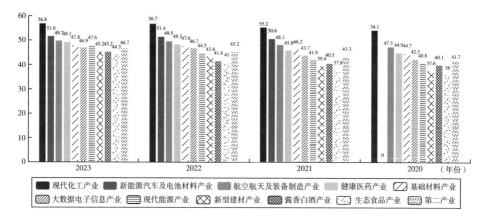

**图7　2020~2023年贵州省大数据与第二产业深度融合发展水平**

资料来源：笔者根据贵州省大数据与实体经济深度融合公共服务平台绘制。

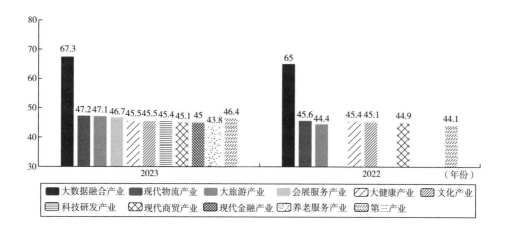

**图8　2022~2023年贵州省大数据与第三产业深度融合发展水平**

资料来源：笔者根据贵州省大数据与实体经济深度融合公共服务平台绘制。

贵州在推动智慧民生服务方面同样不遗余力，通过深度融合大数据、云计算等先进技术，成功打造了一系列贴近民众生活、满足多元化需求的特色应用场景。"贵医云"远程医疗服务平台以其跨越地域限制、连接优质医疗资源的独特优势，为广大患者提供了更加便捷、高效的医疗服务；"云上贵州"贵阳分平台截至2023年已部署市级及各区县业务系统199个，实现了服务资源集中管理，打通全市30个市级自建系统，破除部门间数据壁垒，实现了政务服务更大范围的"一网通办"。

### （三）融合效益：经济效益和社会效益显著

截至 2022 年，贵州省数字经济占 GDP 的比重预计已超过 35.2%，其增速持续保持在全国前列，展现出强劲的发展势头。这一显著增长主要得益于软件和信息技术服务业、电子信息制造业等新兴产业的快速崛起，它们已成为推动贵州经济增长的新引擎。2023 年 1 月至 11 月，贵阳贵安规模以上电子信息制造业完成工业总产值 300.4 亿元，贵阳贵安软件和信息服务业收入达到 832.55 亿元，同比增长 20.6%；其中，云服务收入为 617.52 亿元，同比增长 30.4%。这些产业的蓬勃发展不仅为贵州经济注入了新的活力，也进一步巩固了其在全国数字经济版图中的重要地位。

数实融合不仅在经济层面取得了显著成效，更在社会效益方面展现出了其深远影响。这一融合过程极大地推动了社会治理的现代化进程，通过数字化手段的应用，政府服务效率和公共服务水平得到了显著提升。智慧医疗、智慧养老等创新应用的广泛推广，不仅有效提升了民生福祉，还显著增强了人民群众的获得感和幸福感。这些变化充分证明了数实融合在提升社会整体福祉方面的巨大潜力和实际成效。2023 年，贵阳贵安地区以构建"数字政府"为核心引擎，深度挖掘并广泛应用数字技术，引领政府治理与民生服务的全面革新与优化。通过精心策划并高效推进一系列重点项目，如贵阳城市运行管理中心及贵阳贵安乡村振兴创新服务平台等共计 12 项标志性工程，不仅夯实了数字基础设施的底座，更激发了数字经济的蓬勃活力。

### （四）支撑力有待提升，发展潜力有待挖掘

贵州作为全国首个大数据综合试验区，近年来在数实融合方面进行了积极探索与实践，取得了一定的成效。然而，其对当地经济社会发展的支撑作用仍有限。贵州在推动数字经济与实体经济的深度融合上已迈出坚实步伐，广泛覆盖工业、农业、服务业等多个领域，形成了一幅多元融合的壮阔图景。然而，在融合广度不断拓展的同时，其深度尚显不足，成为制约数字技术全面赋能当地经济社会发展的瓶颈，部分企业虽已踏上数字化转型之路，但尚处于初级阶段，数字化与业务流程的融合尚显生硬，未能实现无缝对接与深度融合，这导致数字技术的潜力未能被充分挖掘和利用，难以在提升生产效率、优化资源配置、创新商业模式等方面发挥应有的作用。

贵州在数据中心与信息网络基础设施建设领域取得了瞩目成就，已成为全国瞩目的数据中心聚集地，为数实融合战略的实施奠定了坚实的硬件基石。这一成就不仅彰显了贵州在数字经济时代的前瞻布局，更为区域经济的数字化转型提供

了强有力的支撑。然而，贵州在信息基础设施建设方面仍存在相对滞后的问题，特别是在末梢网络覆盖与终端设备普及等关键领域，与东部沿海地区相比仍存在一定的差距。这种差距不仅限制了数字技术在更广泛区域和更深层次的应用，也影响了数实融合效果的全面发挥。

贵州在数字政府、智慧城市、智慧农业等前沿领域积极探索，成功打造了一系列具有示范效应的数字应用场景。这些应用场景不仅显著提升了政府治理的智能化水平和公共服务的便捷性，更为数实融合的深入发展提供了宝贵的实践经验和丰富的案例素材。然而，随着经济社会的快速发展和数字化转型的深入推进，现有应用场景的覆盖面和影响力尚需进一步扩大和提高。为了更好地支撑当地经济社会的全面发展，贵州须持续推动数字应用场景的创新与拓展，确保数字技术能够深入渗透到经济社会发展的各个领域和层面。

# 五、建议

## （一）激发数据要素在实体经济深度融合渗透中的连通作用

贵州应抢抓"东数西算"国家战略工程带来的重大机遇，依托成渝地区、贵州两个国家算力枢纽节点，以及天府集群、重庆集群和贵安集群三个国家数据中心集群，凭借大数据、云计算中心建设发展的有利条件，打造承接东中部地区算力资源需求的竞争优势，推进数据等生产要素市场化配置，促使对财富起决定性作用的生产要素由有形的物质要素转向无形的知识、技术等要素。具体而言包括以下三点：

一是贵州要大力激发数字经济强渗透特性，增强要素流通过程中的透明化和协同化，助推各地区生产要素精准匹配，从而克服信息不对称等问题，实现生产要素合理流动。通过探索数据资源市场化配置和数据要素按贡献分配的收入分配制度，有效激发数字经济"溢出效应"，促进数字普惠，不断推动人民群众在数字化发展过程中普遍分享数字红利。

二是贵州要充分利用本区域大数据产业的资源禀赋条件，实现大数据产业差异化发展，尤其是要集中利用特殊自然资源禀赋，依托贵阳大数据交易所等大数据交易机构，创新性地推出更多数据交易产品和数字化服务，如在区域内积极探索碳汇金融等领域的大数据交易模式，加快促进碳汇市场建设步伐。

三是贵州本地企业应构建公私数据融通渠道或平台。例如，金融机构在分析、核实客户资产与还贷能力的过程中，若能使用客户缴税、缴纳社保资金和公积金等方面的政府数据，将会优化其工作流程、提升其工作效率。又如，医疗机构在改进医疗支付方式和流程时，若能实时获取医疗相关数据，就可以提供更加人性化的医疗服务，提升公众的幸福感和满足感。

### （二）发挥数字基础设施在实体经济深度融合渗透中的支撑作用

数字基础设施一端连着巨大的投资需求与丰富的产业链，可带动大范围、大规模的智能工厂、数字供应链、共享制造等数字化生产供给，另一端牵着不断升级的强大消费市场，可渗透到广大人民群众的"衣、食、住、行、游、娱、购"等各个方面，加快消费升级，促进产业链和供应链高效联动、整体升级，从而产生"一业带百业"的巨大"乘数效应"。促进实体经济数字化转型，要全面发展工业互联网等数字基础设施在实体经济中的融合渗透，旨在将硬件、虚拟化技术与管理软件融合统一，提供一步到位的产品服务和支持。完善工业互联网等数字基础设施体系，夯实数字化转型基础，主要从以下三个方面着手：

一是充分利用我国丰富的应用场景优势，开发智能化场景，建设智能车间、智能工厂、智慧供应链和智慧生态，建设具有泛在连接、数据实时采集、智能分析等功能且具有国际竞争力的工业互联网平台。

二是以工业互联网平台拓展"智能+"，引领工业互联网在先进制造企业研发设计、生产制造、经营管理、市场服务等全流程环节的转型升级赋能。引导中小企业开放专业知识、设计创意、制造能力，依托工业互联网平台开展供需对接、集成供应链、产业电商、众包众筹等创新型应用。

三是政府提供相应的配套资金扶持，以金融扶持、专项拨款等形式鼓励平台服务商为中小企业提供"云量贷"，缓解企业融资约束，并以零成本或较低成本获取云计算、大数据、人工智能等技术支持。

### （三）强化数字技术在实体经济深度融合渗透中的推动作用

完善贵州大数据与实体经济融合的技术研发体系，整合并发挥贵州工业、农业、服务业的科研机构力量和资源，加快推进新设或联合组建贵州省大数据与实体经济融合的综合研究机构。贵州应充分激发数字经济"强渗透、广覆盖、高创新"的特性，消弭发展不均衡、不充分带来的"数字鸿沟"与"数字壁垒"，具体而言包括以下三点：

一是贵州应发挥独特的区位优势和良好的生态环境优势，依托大数据、云计算、物联网、人工智能、区块链等数字技术领域积累和形成的发展优势，加快"数聚"创新驱动，实现数据价值创造，消弭数字经济发展不均衡和不充分带来的"数字鸿沟"与"数字壁垒"。

二是贵州要始终坚持科技自立自强，全面推进、实施创新驱动发展战略，加快各地区"数聚"创新与"数智"融合发展，充分发挥数据作为关键生产要素的重要作用；以推动数字技术与实体经济深度融合为着力点，持续推进"资源数字化、产业数字化、数字产业化、治理数字化和数据价值化"，加快壮大具备"五化"创新能力体系的数字生产力。

三是要着力围绕数字经济核心产业协同推进数字产业化和产业数字化，以数智化赋能传统产业转型升级，在重塑社会生产关系和商品价值关系的过程中，催生新产业、新业态和新模式，从而整体提升西南地区数实融合发展水平。

### （四）在数实深度融合发展中推动贵州政府数字化治理

数字技术在政府治理中的潜能依然很大，推进数据要素流通有利于深化数字技术赋能政府治理。例如，贵州打造了全国第一个由省市统一部署的区块链产品"享链"，并且开展了电子证照、行政审批、农产品溯源、检测检验存证等十余个应用场景试点。然而，这些应用尚处于试点阶段，且区块链在政府治理中的应用还有很多，包括构建政府部门之间的信任机制、公众对政府的信任机制等，通过推进数据要素供给侧结构性改革进一步释放可能的应用场景，促使区块链技术和平台进一步重塑政府治理模式。深化数字技术对政府治理的赋能应从以下四个方面着手：

一是在行业部门内推进大整合、大联动。例如，针对整个农业而不是细分为种植业、养殖业、农产品加工业等，为行业管理和产业治理提供全局视角和创新场景；行业内整合和联动需要从行业发展角度构建数据要素流通机制。

二是加强行业主管部门之间的协同共享，在有关联的产业之间建立数据共享机制，并从产业链延伸的角度构建行业之间的协同发展机制。

三是从不同层级出发推进数字政府建设，将省级数字政府建成"战略型+枢纽型"、将市级数字政府建成"枢纽型+回应型"、将基层数字政府建成"回应型"。清晰的层级区分将为数字技术赋能政府治理提供新思路和新场景。

四是加大本地数字技术企业的创新力度以及提高对政府数字化转型场景的认知程度，继续承担政府数字化项目，壮大本地的大数据电子信息产业。

# 参考文献

［1］蒋为，倪诗程，彭淼 . 数实融合与企业出口产品策略优化：基于柔性生产视角［J］. 世界经济，2024（5）：3-33.

［2］刘慧，王曰影 . "数实融合" 驱动实体经济创新发展：分析框架与推进策略［J］. 经济纵横，2023（5）：59-67.

［3］何德旭，张昊，刘蕴霆 . 新型实体企业促进数实融合提升发展质量［J］. 中国工业经济，2024（2）：5-21.

［4］夏杰长，苏敏 . 以数实融合推动现代化产业体系建设［J］. 改革，2024（5）：12-23.

［5］王谦，王精辉，刘华军 . 新时代中国数实融合发展之路——历程回顾、成效评估与路径展望［J］. 人文杂志，2024（2）：1-12.

［6］丁述磊，刘翠花，李建奇 . 数实融合的理论机制、模式选择与推进方略［J］. 改革，2024（1）：51-68.

# 关中地区企业数字化转型调研报告

郭晗　黄语暄　刘欢　王晓桦　王晨阳[*]

**摘要：** 随着信息技术的飞速发展，数字化转型已成为企业发展的必由之路。为深入了解企业数字化转型的现状、挑战与成功经验，西北大学经济管理学院"关中地区企业数字化转型调研团"在 2024 年暑假期间，对西安市内的多家企业进行了深入调研。本文基于四维数邦、亿杰宛鸣科技、中国民生银行宝鸡市分行以及陕西省宝鸡市高新医院的调研结果，对企业数字化转型进行了全面的研究分析。研究结果显示：首先，创新技术的应用、数据驱动的决策、客户体验的优化是转型成功的关键因素。其次，无论是在技术驱动、数据利用、客户体验提升、风险管理还是持续学习与改进方面，创新和适应新技术的能力是数字化转型成功的关键。再次，客户体验的个性化将成为企业竞争的关键，而安全和隐私的加强将是对企业日益增长的需求。最后，远程工作和协作工具的发展将支持分布式团队的效率，可持续性和社会责任将成为企业战略的核心部分。企业数字化转型的路径靠企业自身探索是很难实现的，需要政府和企业双方共同努力，在数字化转型的过程中综合考虑并制定相应的策略来克服这些障碍，以实现转型的成功和持续的业务增长。

**关键词：** 数字化转型；关中地区；创新；技术驱动

# 一、引言

在全球化进程不断加深和信息技术迅猛发展的背景下，企业数字化转型已经

---

[*] 郭晗，西北大学经济管理学院教授；黄语暄、刘欢、王晓桦、王晨阳，西北大学经济管理学院硕士研究生。

成为当今商业环境中的一个关键趋势。随着互联网、物联网、大数据和人工智能等新兴技术的广泛应用，传统企业正面临着前所未有的挑战与机遇。这些技术不仅改变了企业的运营模式、商业模式，甚至深刻影响了企业的管理理念。数字化转型已经不再是一个可选的策略，而是企业提升竞争力、实现可持续发展的必要手段。随着数字经济的迅猛崛起，数字技术与实体经济的深度融合释放出大规模的"数字红利"。这种红利不仅体现在生产模式的重塑和生产效率的提升上，更成为推动中国经济新旧动能转换的核心驱动力。自党的十八大以来，党中央、国务院高度重视数字经济和数字化转型的发展，陆续推出了一系列顶层设计和政策指引，如"网络强国战略"和"国家大数据战略"等，为建设数字中国描绘了宏伟的蓝图。在全球范围内，中国率先探索数字化转型之路，取得了显著进展。2018 年，习近平总书记在 G20 领导人第十三次峰会上明确指出，世界经济的数字化转型是不可逆转的趋势，新的工业革命将深刻重塑人类社会的各个方面。2021 年，《中华人民共和国国民经济和社会发展第十四个五年规划和 2035 年远景目标纲要》更是将"加快数字化发展，建设数字中国"作为独立篇章，强调通过数字化转型来整体驱动生产方式、生活方式和治理方式的深刻变革，推动数字技术与实体经济的全面融合，从而壮大经济发展的新引擎。

数字化转型已经成为推动中国经济高质量发展的重要动力，同时也是企业在数字经济浪潮下增强自身竞争力的必由之路。企业作为市场中最为活跃的微观主体，既是数字化转型的主要推动者，也是最直接的受益者。根据工业和信息化部发布的数据，截至 2023 年底，我国两化融合公共服务平台服务的工业企业数量已达 18.3 万家，数字化研发设计工具的普及率达到 79.6%，关键工序数控化率达到 62.2%，部分领域的企业数字化转型已取得了显著成效。然而，从整体来看，企业在数字化转型的过程中仍面临诸多挑战。埃森哲发布的《2023 年中国数字化转型指数》报告显示，只有 2% 的受访企业正在通过打造数字核心能力全面重塑其业务和职能，实现持续的数字化转型。这一比例表明，尽管部分企业在数字化转型方面取得了一定进展，但大多数企业仍面临严峻的转型难题。从外部因素来看，数字化转型需要更加前沿的技术支持，而当前的数字基础设施、技术配置以及数据要素的供给仍无法完全满足转型的需求。从内部因素来看，数字化转型初期的投入成本高昂，部分企业因此面临严重的资金短缺。这些内外部因素的限制，使许多企业在数字化转型实践中遭遇"不会转""不能转"和"不敢转"的困境。

为充分发挥数字化转型的潜力，企业需要更加全面和深入的转型策略，不仅要在技术层面进行创新，还要在组织架构、管理模式、人才培养等方面进行系统性调整。这将有助于企业突破当前的瓶颈，实现从传统模式向数字化模式的全面升级，为企业的长期发展注入新的动力。通过这一过程，企业不仅能够提升自身的竞争力，还能在全球数字经济浪潮中占据更加有利的位置。

# 二、研究背景与问题提出

## （一）概念界定

企业数字化转型是企业依托数字技术，整合单一环节或全业务流程，形成独特的数字资产，并利用数字技术对信息进行分析和反馈，最终提升企业商业价值的过程。然而，不同学者对于企业数字化转型的具体定义仍存在一定差异。部分学者从管理模式角度出发，认为企业层面数字化转型的实质是由"工业化体系"向"数字化体系"转变的过程，是产业层面工业化与信息化不断融合的微观体现（肖静华，2020），即将数字技术融入企业日常生产管理活动，实现订单生产的精准化、企业管理的高效化、信息结构的智能化（刘淑春等，2021），也有部分学者从技术角度出发，认为企业数字化转型指的是数字技术应用于企业日常业务中，即在企业研发过程、生产过程、管理过程中使用大数据管控，实现资源的最优配置（陈畴镛和许敬涵，2020）。近年来，随着数字化转型的不断发展，对于企业数字化转型的定义和概念也逐渐倾向于将其认为是一种组织变革的过程。企业数字化转型绝不仅是企业资料的简单数字化，而是将前沿数字技术与实体企业进行深度融合，实现企业全流程的数字连接，形成以数据要素驱动的"新兴数字技术+实体企业"的新经济形态（吴非等，2021）。

## （二）文献综述

### 1. 企业数字化转型的驱动因素

数字技术的发展及外部环境的变化是数字化转型的推动因素，因此，数字化转型是制造业企业进行转型升级的必要条件。目前，国内外学者对于企业进行数字化转型的动因进行了大量调查，将企业进行转型的动因可分为外部驱动与内部需求两个方面。

在改革开放四十多年的历程中，中国制造业取得了显著的发展成果。然而，尽管中国制造业的规模庞大、产值位居全球之首，中国制造业在核心技术创新和高附加值产品的自主研发能力方面仍存在明显不足。这种技术短板导致了产品供给质量不达标、生产管理效率较低，呈现出"大而不强"的局面。此外，传统产业仍然面临资源浪费和环境压力等问题。从国际视角来看，数字化的兴起为制造业提供了急需的升级和转型契机，有助于提升产品质量和生产效率，重塑制造业的竞争优势。肖旭和戚聿东（2019）认为，传统产业的数字化转型已逐渐成为企业关注的焦点，也是我国经济迈向高质量发展的重要任务之一。与此同时，王于鹤等（2021）提出，数字化转型是能源领域创新发展的必备条件。随着产业结构升级和能源转型的推进，各地方政府也日益重视数字化转型，以适应本地的实际情况和需求。

企业内部管理模式的变革需求是数字化转型的另一重要推动力。戚聿东和肖旭（2020）指出，数字化转型促使企业内部管理模式发生了一系列深刻的变革，使原有的组织结构、营销模式、生产模式、产品设计、研发模式和用工模式等更加网络化、精细化、多元化。这些变化极大地激发了制造业企业的创新活力和发展潜力，并推动了其转型的动力。李馥伊（2018）认为，互联网技术的快速发展对制造业的影响力日益增强，影响范围也在不断扩大，互联网不仅改变了与其相关的上下游企业，还逐渐扩展至制造业、物流业等其他行业。久而久之，互联网成为贯穿各行业的核心力量。互联网的开放性、共享性和协同性为创新提供了广阔的平台和资源，促进了合作创新的发展，使制造业企业在研发、创新、流程和相关模式上发生了深刻的变革。传统行业必须紧紧抓住数字化转型的机遇，并借助这一契机进行革新，才能确保在新时代不被淘汰。

2. 企业数字化转型的经济效应

企业可以通过在生产经营管理过程中引入和开发数字信息技术，促使企业生产经营流程自动化、组织结构网络化、管理过程智能化。在此过程中，数字技术的应用不仅能够助力企业提质增效，而且会深刻影响企业内部劳动力市场（裴璇等，2023）。具体而言，这种影响主要体现在企业雇佣劳动就业规模、就业结构和劳动收入分配方面：从企业的劳动力雇佣规模来看，数字技术对就业规模的影响存在"替代效应"和"创造效应"的争论，就业的"替代效应"认为，当数字技术的应用比劳动雇佣更具优势时，企业内部劳动力会被数字化技术替代；就业的"创造效应"则认为数字技术可以拓展企业的业务规模，进而创造新的劳动力雇佣需求，促进劳动力就业规模提升。

数字化转型对生产经营的多方赋能为企业提升市场竞争力创造了机遇，但数字化转型作为高投资、高复杂度、长周期的综合性系统性工程，也会为企业的发展带来诸多风险，数字化转型对企业提升市场竞争力来说是契机还是危机？学者们从不同角度进行了分析。翟华云和刘易斯（2023）从议价能力视角探究了数字化转型对企业外部市场竞争地位的影响，研究发现数字化转型降低了企业的客户信息搜索成本以及客户转换成本，双重成本优势下的数字化转型企业可以具有更强的议价能力。陈华等（2023）实证考察了数字化转型对企业产品市场绩效的影响，结果显示数字化转型可以强化市场的正面预期、缓解企业的融资约束并能使企业获取更多政府补贴，进而提升企业的市场竞争力和支配权。白福萍等（2022）实证考察了数字化转型对企业财务绩效的影响。研究发现，数字化转型可以通过降低企业的生产成本、提高企业人力资本的利用效率以及促进企业的技术创新进而提升企业的财务绩效。

### （三）研究的意义与价值

在全球经济快速变革的背景下，数字化转型已成为各国政府、企业和学术界高度关注的议题。数字化转型不仅涉及技术变革，还涉及深刻的经济和社会变迁。因此，对数字化转型进行系统的研究，具有重要的经济学意义。

数字化转型是当代经济增长的重要驱动力。通过研究数字化转型，学者们可以揭示出新兴技术如何通过提升生产率、优化资源配置以及创造新市场等方式推动经济增长。特别是在传统经济增长模式逐渐失效的背景下，研究数字化转型可以为寻找新的经济增长点提供理论支持和实践指导。数字化转型对市场结构的影响是多维度的。它不仅打破了传统行业的边界，还重新定义了企业的竞争优势。这些研究有助于制定更加合理的市场监管政策，维护公平竞争的市场环境。数字化转型在推动经济增长的同时，也带来了社会福利的再分配问题。研究这一过程的学术意义在于，能够评估数字化转型对不同社会群体的影响，如劳动者、消费者、企业和政府等。通过系统的分析，学者们可以揭示出数字化转型可能带来的不平等效应，并为公共政策的制定提供依据，确保社会福利的最大化和公平分配。数字化转型为经济学理论的发展提供了丰富的研究素材和挑战。它促使学者们重新审视传统经济学理论的适用性，并推动新理论的诞生。例如，数字平台经济、数据作为生产要素、智能化供应链等新现象，要求经济学者进行深入的理论探索，从而推动经济学理论的创新和发展。

# 三、研究分析

### （一）四维数邦科技有限公司：数字化转型的先锋

陕西四维数邦科技有限公司作为北京四维图新科技股份有限公司的孵化衍生企业，凭借其深厚的行业积淀和技术实力，成功转型为集研发能力、位置大数据应用、自动驾驶辅助服务于一体的高新科技企业。面对数字经济的浪潮，四维数邦紧跟国家战略部署，从单一的导航电子地图生产逐步发展为涵盖 GIS 软件系统开发、位置大数据应用、自动驾驶辅助、无人机监测及智慧城市建设等多元化业务的综合型企业。

四维数邦在数字化转型过程中，依托海量底层数据及三维建模能力，结合合作伙伴的行业数据应用，打造出多源数据+可视化的数字孪生综合解决方案。公司自主研发的全栈 AI 大数据平台、高精度地图平台以及时空大数据平台，为数字化转型提供了坚实的技术支撑。这些平台不仅提升了数据的处理能力和分析效率，还为企业决策提供了更加科学、精准的依据。

该公司致力于将创新科技与智慧城市建设相结合，打造了一套多源数据+可视化的数字孪生综合解决方案，旨在为园区、校园、景区等提供全面的智慧化管理（见图 1）。首先是智慧园区管理，通过三维地图技术，四维数邦公司为园区提供了一个集监测、控制、维护和管理功能于一体的综合管控平台。利用大数据分析平台，可以实时了解园区动态情况，提升监管能力。同时，智慧安防管理系统通过 360° 全景覆盖，结合路径计算 AI 算法，真实还原现场环境，确保园区安全。其次是智慧校园建设，四维数邦公司的智慧校园解决方案涵盖了学校的人、财、物管理的全面智慧化，包括人脸识别、电子围栏等安全建设，以及整合校园自媒体，打造高校媒体平台。智慧教学模块通过实景虚拟三维模型，提供自动语音讲解、直播分享查看等功能，增强教学互动性。最后是智慧景区发展，在景区管理方面，四维数邦公司通过线路规划精准导航，旅游商品信息管理发布、直播信息展示、美食菜品推介等，为游客提供全方位的旅游信息服务。资产管理与调度、安全管理与巡查、客流分析与辅助规划等功能，为景区的高效运营提供了强有力的支持。四维数邦公司的数字孪生技术将现实世界与虚拟世界无缝连接，通过实时数据采集和分析，构建了一个与现实世界同步的数字副本。这不仅提高了决策的准确性，还为预测和模拟提供了强大的工具。

通过数字化转型，四维数邦实现了业务模式的全面升级。一方面，公司通过数据深度挖掘与智能分析，精准洞察市场需求，优化资源配置，提升了运营效率；另一方面，公司构建了以用户为中心、数据为驱动、智能决策为支撑的新型业务模式，显著增强了客户体验和市场竞争力。此外，四维数邦还通过科技创新和成果转化，推动了上下游产业的高质量发展，成为定制化智慧城市解决方案领域的领导者。

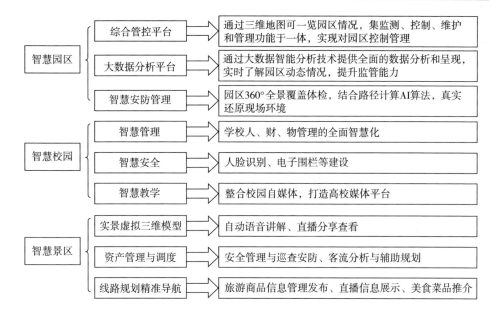

**图1 "数字孪生"的城市发展新范式**

资料来源：笔者绘制。

### （二）亿杰宛鸣科技有限公司：数字经济的探索者与实践者

陕西亿杰宛鸣科技有限公司作为亿本控股集团的子公司，是国家高新技术企业和高智能安全技术服务商。公司专注于提供自主可控的智能安全生产管控系统、工业设备仿真系统、安全认知智能分析系统等，主要面向煤矿、煤火电、煤化工、危险化学品企业等，提供专业的安全生产管家服务及安全系统服务。亿杰宛鸣科技有限公司在数字化应用方面也是创造了一套完善的安全生产管控系统（见图2），主要分为信息提示、平台服务＆应用模块、应用逻辑、基础设施和数据源五个部分，这套安全生产管控系统也是为公司运行提供了更便携的帮助。亿杰宛鸣科技有限公司开发的安全生产管控系统是一个综合性的安全管理平台，它通过集成多种技术和服务，为企业提供了一个全面的风险管理和应急响应解决方案。亿杰宛鸣科技有限公司的这套系统通过高度集成和智能化的设计，不仅提高了企业对安全生产的管控能力，还通过预防和响应措施，显著降低了安全事故的发生概率。

安全生产管控系统

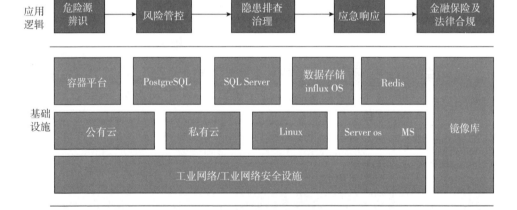

图2 亿杰宛鸣安全生产管控系统

资料来源：笔者绘制。

亿杰宛鸣在数字化转型过程中，采取了线上线下相结合的服务模式。公司利用线上 SAS 服务和线下的安全巡查、7×24 小时的态势监测，结合 AIOT 和数字孪生等新一代信息技术，提供专业的安全服务。通过安全分析预警模型降低客户的安全风险，并引入"安全+金融保险"的模式，分担客户的安全责任，实现全方位的安全保障。

数字化转型不仅提升了亿杰宛鸣的服务质量和市场竞争力，还推动了煤炭能源行业的智能化升级。公司通过综采自动化、增强可视化智能开采系统、高效预警服务平台等项目的实施，大幅提升了生产效率和安全管理水平。同时，公司还积累了丰富的行业经验和技术积累，为在激烈的市场竞争中保持领先地位奠定了坚实基础。亿杰宛鸣的成功经验为其他企业在数字化转型过程中提供了可借鉴的范例。

### （三）中国民生银行宝鸡市分行：科技金融的新实践

中国民生银行宝鸡市分行在数字化转型过程中，充分利用金融科技手段提升服务质量和效率。银行通过数字化风控、数字化营销等技术的应用，构建了全方位、多层次的数字化服务体系。特别是在风险控制方面，银行采用流水、贷后确认、数字化风控反洗钱等手段，有效提升了风险防控能力。

在数字化营销方面，民生银行注重数据资产的挖掘和利用。通过精准的数据分析和个性化服务，银行能够更好地满足客户需求，提升客户体验。同时，银行还积极探索数据资产变现的路径，努力将数据资源转化为经济效益。尽管在数据确权、估值等方面面临一定挑战，但民生银行仍在不断推进数据资产的商业化进程。

通过数字化转型，民生银行宝鸡市分行在提升服务质量、优化业务流程、降低运营成本等方面取得了显著成效。未来，银行将继续加大科技投入力度，深化数字化转型进程，以数字技术驱动重构银行服务模式和商业模式。同时，银行还将积极探索新技术在金融服务领域的应用场景，为客户提供更加高效、便捷、开放的金融服务。

### （四）陕西省宝鸡市高新医院：智慧医疗的先行者

随着国家对数字化转型、数字健康和智慧医院建设的高度重视，陕西省宝鸡市高新医院积极响应国家号召，推进医疗数字化转型。医院通过引入人工智能、大数据分析等先进技术手段，提升医疗服务的智能化水平和整体效率（见图3）。智慧服务是医院数字化的核心，它通过集成的信息技术平台，为患者提供个性化、便捷的医疗服务。例如，通过移动应用程序，患者可以轻松预约医生、查看电子病历、获取检查结果和药物处方。此外，智能导诊系统能够根据患者的症状推荐最合适的科室和医生，减少患者等待时间，提高就医效率。

医院数字化应用场景：智慧服务

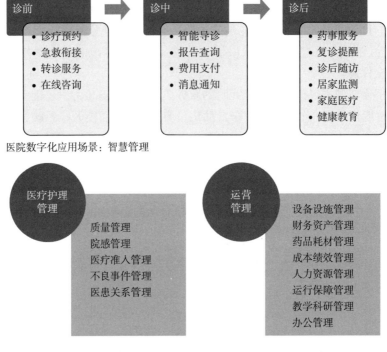

| 诊前 | 诊中 | 诊后 |
| --- | --- | --- |
| • 诊疗预约<br>• 急救衔接<br>• 转诊服务<br>• 在线咨询 | • 智能导诊<br>• 报告查询<br>• 费用支付<br>• 消息通知 | • 药事服务<br>• 复诊提醒<br>• 诊后随访<br>• 居家监测<br>• 家庭医疗<br>• 健康教育 |

医院数字化应用场景：智慧管理

**医疗护理管理**

质量管理
院感管理
医疗准入管理
不良事件管理
医患关系管理

**运营管理**

设备设施管理
财务资产管理
药品耗材管理
成本绩效管理
人力资源管理
运行保障管理
教学科研管理
办公管理

医院数字化应用场景：区域协同

**业务协同**

- 双向转诊服务
- 医疗协同云平台
- 远程医疗
- 健康服务管理
- 区域医疗质控
- 互联网医院

**信息共享**

- 电子病历
- 医保数据
- 居民健康档案
- 公共卫生数据
- 药品供应链数据
- 移动医疗应用
- 家庭医生数据

**图 3　宝鸡高新医院数字化应用**

资料来源：笔者绘制。

智慧管理涉及医院内部运营的各个方面，包括人力资源管理、财务管理、物资管理等。通过实施电子健康记录（EHR）系统，医院能够实现患者数据的集中存储和实时更新，确保信息的准确性和可访问性。同时，利用大数据分析工具，管理层可以对医院运营数据进行深入分析，优化资源配置，提高运营效率。

　　区域协同是指通过数字化手段，实现不同医疗机构之间的信息共享和资源整合。这不仅包括患者病历的共享，还涉及医疗资源的优化分配，如远程会诊、远程监护等。通过建立区域医疗信息平台，可以实现区域内医疗机构的互联互通，提高医疗服务的连续性和协调性，尤其是在紧急医疗救援和慢性病管理方面发挥重要作用。随着5G和物联网技术的发展，远程医疗服务成为可能。患者可以通过视频通话与医生进行实时咨询，医生也可以远程监控患者的健康状况，及时调整治疗方案。这种服务模式尤其适用于偏远地区和行动不便的患者，使他们能够享受到与城市同等水平的医疗服务。

　　高新医院在数字化转型过程中，充分利用人工智能和大数据分析技术，显著提升了医疗服务的效率和准确性。智能影像识别系统能够迅速、准确地对医学影像进行分析与诊断，有效缩短诊疗时间，降低误诊率。通过大数据平台，医生可以更加全面地了解患者的病史和治疗方案，从而制定更加精准的治疗计划。此外，医院还搭建了远程会诊平台，实现了医生之间的无缝协作，使患者在不同地区也能享受到优质的医疗服务。

　　面对数字化转型带来的成本压力，高新医院通过精细化的管理策略，实现了技术与成本控制的平衡。医院引入了先进的电子病历系统、智能医疗设备和数据分析平台，这些技术的引入虽然增加了初期投入，但长期来看，它们显著提升了医疗服务的效率和质量，降低了运营成本。医院利用数字化平台实现了资源的智能分配，优化了后勤和技术支持人员的工作流程，提高了内部管理的效率。同时，通过计算模型评估医疗设备的创造价值和合理维修周期，医院确保了设备的高效利用和患者的连续诊疗，避免了不必要的资源浪费。

　　为了进一步提升患者的就医体验，高新医院积极推进平台升级，推出了一码就医平台。该平台整合了预约挂号、在线支付、电子病历查询等功能，患者只需使用一个二维码即可完成就医全过程。这一举措不仅减少了患者排队等候的时间，还提高了医院的运营效率。此外，医院还构建了线上平台，为出行不便的患者和来院就诊时间不便的患者提供上门服务或线上诊疗。通过视频通话、在线咨询等方式，医生可以远程为患者提供诊断和治疗建议，患者还可以在医生的指导下在线购买所需药品，享受便捷的配送服务。

　　作为智慧医疗的先行者，高新医院在数字化转型方面取得了显著的成果，但这只是起点而非终点。未来，医院将继续秉承创新发展的理念，紧跟技术前沿，不断探索和实践新的医疗模式和管理方法。随着技术的不断进步和应用的深入，高新医院将在数字化转型的道路上取得更多突破和进展，为更多患者提供更加优质、便捷、高效的医疗服务。同时，医院的成功经验也将为其他医疗机构提供有益的参考和借鉴，推动整个医疗行业向更高效、更智能的方向发展。

# 四、研究结论

随着信息技术的快速发展，尤其是云计算、大数据、人工智能、物联网等新兴技术的应用，企业数字化转型是适应现代经济发展的必然选择。在本次调研走访中，四维数邦、亿杰宛鸣、民生银行宝鸡分行和高新医院等案例展示了不同行业数字化转型的成功路径，在这之中，创新技术的应用、数据驱动的决策、客户体验的优化是转型成功的关键因素。四维数邦科技有限公司通过技术创新，利用海量数据和三维建模能力，开发了数字孪生综合解决方案，并自主研发了全栈AI大数据平台，显著提升了数据处理和分析效率，实现了业务模式的全面升级。亿杰宛鸣科技有限公司则通过线上线下相结合的服务模式，结合AIOT和数字孪生技术，提供了降低安全风险的专业安全服务，并引入了"安全+金融保险"模式，为客户提供全方位的安全保障。中国民生银行宝鸡市分行利用金融科技手段，如数字化风控和营销技术，构建了全方位的服务体系，并通过数据分析和个性化服务，提升了客户体验，同时积极探索数据资产的商业化路径。陕西省宝鸡市高新医院则通过引入人工智能和大数据分析技术，提升了医疗服务的智能化水平和效率，并通过精细化管理策略，实现了成本的有效控制，同时推出了一码就医平台，整合了多项功能，提高了患者的就医体验和医院的运营效率。这些企业的成功经验表明，无论是在技术驱动、数据利用、客户体验提升、风险管理还是持续学习与改进方面，创新和适应新技术的能力是数字化转型成功的关键，只有充分重视利用技术创新推动业务发展，强调以用户为中心的服务模式，持续学习和适应新技术，才能实现服务的持续优化和改进。

此外，在调研团队调查走访中也可以看到，数字化转型的未来趋势正指向一个技术深度融合和驱动创新的新时代，其中人工智能和机器学习正变得越来越核心，它们不仅优化业务流程，还提高了决策的质量并增强了客户体验的个性化。随着数据量的爆炸性增长，大数据分析将进一步发展，为企业带来前所未有的洞察力和战略决策支持。在这之中用户的个性化体验将成为企业竞争的关键，而安全和隐私方面将是对企业日益增长的需求；远程工作和协作工具的发展将支持分布式团队的效率，同时，可持续性和社会责任将成为企业战略的核心部分；平台化和生态系统的构建将使企业能够通过合作伙伴和第三方服务提供更广泛的产品和服务；敏捷和灵活的组织结构将成为企业快速适应市场变化的关键，而监管科技的应用将帮助企业确保合规性并降低风险；数字孪生技术的发展将进一步推动产品设计、制造和运营的革新。因此，数字化转型的未来趋势预示着一个以技术为主导，以数据为核心，以客户为中心，同时一定要注重安全、可持续性和组织灵活性的商业环境，企业必须不断适应这些变化，才能一直保持其竞争力和市场地位。

# 五、建议与总结

企业数字化转型的过程中面临着从技术、资金、人才到文化、法律、安全等多方面的挑战，这是一项复杂而多维的任务，涉及技术选型与更新的难题，这要求企业不仅要选择适合当前需求的技术解决方案，还要预见未来技术发展的趋势以避免过时，并且在多个层面进行深思熟虑的规划和执行。因此，企业数字化转型的路径靠企业自身探索是很难实现的，需要政府和企业双方共同努力，在数字化转型的过程中综合考虑并制定相应的策略来克服这些障碍，以实现转型的成功和持续的业务增长。

## （一）政府强化企业数字化转型的政策支持

企业数字化转型离不开政府强有力的政策支持。首先，政府应加快数字基础的建设和完善。数字技术是企业实现数字化转型的核心要素，政府在推出加快数字中国建设、推动产业数字化和数字产业化等宏观政策后，还应聚焦人工智能关键算法、高端芯片等关键领域，加大数字技术的研发投入，促进大数据人工智能、云计算和区块链等新兴技术的更新迭代，为企业提供全新的数字技术支撑，赋能企业数字化转型。其次，政府应对企业制定差异化的数字化转型支援政策，因为中小企业实施数字化转型相对大型企业来说，存在资金、人才和技术上的困境，数字化转型的过程也相对缓慢。因此，政府通过设定专项数字化转型资金、实施税收优惠政策等方案帮助中小企业实现数字化转型。最后，政府应该要努力主动搭建好企业间数字化转型的联动帮扶平台，并且完善帮扶的体制机制。在此平台上，数字化转型效果好的企业向未实施数字化转型或数字化转型失败的企业分享经验，使企业在数字化转型过程中少走弯路和错路。

### （二）企业加强内部数字化基础设施建设

良好的数字化基础条件，是企业实施数字化转型的重要举措。数字化基础设施建设关键是搭建企业数字化平台，数字化平台实现了企业与数字空间的有效对接，促进数据、信息等要素在企业和数字空间的双向流动，加快企业数字化转型的步伐。一是企业依托大数据等互联网技术对当前生产设备、办公场所进行智能化、网络化改造，提升企业内部数据网络系统的运行效率，为企业建立数字化平台创造先行条件。二是企业应加大数字化平台建设的研发投入，在企业内部设立专门的研发部门，投入大量的研发资金，吸纳专门的研发人才，并主动与本领域知名院校、科研院所建立长期科研合作关系，依托产学研机制加快促使数字化平台的建设。三是不断完善企业数字化平台运行管理机制，数字化平台建成投入使用后，仍需不断完善相关资金、技术的保障制度，如通过设置专门技术人员，负责数字化平台调试、运行和维护等日常管理工作，确保企业数字化平台良好运转。

### （三）企业领导者坚定数字化转型信心

企业实施数字化转型是企业发展中的一项重大战略，意味着要对整个企业管理进行改革，而改革势必要受到阻力。因为企业实施数字化转型说明要重塑企业商业模式，是对企业现状的挑战，这个过程势必造成企业内部人员的担忧，企业数字化转型后能否实现业务的增长，企业的运营成本是否会增加，利润是否会减少，自己的权益能否得到保障等，诸多的不确定性增加了转型的阻力。如何消除改革的阻力，顺利推进企业数字化转型关键在企业领导者，企业领导者在数字化转型中起到至关重要的作用。如果领导者对转型有诸多担忧，缺乏足够的定力和信心，那么数字化转型的实施将举步维艰，而实践证明在数字经济时代，企业如果不改变商业模式，很难在激烈的市场竞争中生存下来。因此，企业领导者应坚定数字化转型的信心，抓住数字经济带来的发展机遇，尽早制定详细的数字化转型战略，并鼓励企业员工参与到战略的制定过程中，消除他们对转型带来不确定性的顾虑。此外，在企业内部大力宣传数字化转型的好处，营造数字化转型的浓厚氛围，使数字化转型的理念深入人心，增强所有人员对数字化转型的信心。

### （四）企业主动培育和吸纳数字化人才

数字经济时代下，数字化技术虽然得到迅猛发展，但精通数字技术的人才非常稀缺，而社会发展对数字化人才的需求却存在很大缺口，人瑞人才联合德勤中国发布的《产业数字人才研究与发展报告（2023）》指出：当前数字人才总体缺口在 2500 万~3000 万，且缺口仍在持续放大。毫无疑问企业实施数字化转型亟须精通数字化的人才，因此，企业应完善数字化人才的培养和吸纳机制。一是企业自主培育数字化人才，企业积极开展数字化人才培养工作，通过定期开展培训活动，组织员工参加数字技能比赛，形成以赛练兵、以赛选才的数字人才培养模式。二是逐步形成企业与科研院所、高等学校等机构的联合人才培养模式。科研院所、高等学校等机构因其具有完备的人才培养体系、领先的科研水平，在数字化人才培养方面具有明显的优势，因此，企业应加强与科研院所、高等学校等机构的联系，借助产学研培养模式，实现数字化人才的联合培养。三是完善企业数字化人才的引进机制。数字化人才的培育一方面需要花费大量时间，另一方面需要投入大量的人力、物力，是一项长期的工作，对短期内需要数字化人才的企业来说是很难实现的，但通过引进数字化人才就可以解决这一困境。企业应加强数字人才引进工作顶层设计，加大数字人才引进保障投入，明确各部门数字人才引进职责任务，建立数字人才退出机制，畅通数字人才出口，从而保障数字人才引进的质量和数量。

数字经济时代，数字技术的广泛应用成为推动企业数字化转型的重要驱动力，数字化为企业转型发展赋予强大动能。在这个过程中，企业不仅需要关注技术的更新迭代，更要重视人才的培养、文化的塑造、数据的安全以及法规的遵循。数字化转型的成功，不仅体现在技术层面的突破，更在于企业能否构建一个灵活、开放、创新的生态系统，以应对不断涌现的挑战和机遇。企业必须认识到，数字化转型不是一次性的事件，而是一个持续的过程。它要求企业持续地进行自我革新，不断地探索新的商业模式和市场机会。在这个过程中，企业需要建立起快速响应市场变化的能力，以及在不确定性中寻找确定性的洞察力。随着技术的不断进步和市场的不断演变，企业必须保持敏锐的洞察力和坚定的执行力，根据自身发展情况制定数字化转型战略，并将企业发展目标、价值理念融入数字化转型的过程中。在数字经济的大潮中，企业追求的应该是一种差异化的转型之路，只有那些敢于创新、勇于变革的企业，才能在这段旅程中不断超越自我，实现可持续发展，成为数字经济时代的领航者。

# 参考文献

［1］肖旭，戚聿东. 产业数字化转型的价值维度与理论逻辑［J］. 改革，

2019（8）：61-70.

　　[2] 王于鹤，王娟，邓良辰. "双碳"目标下，能源行业数字化转型的思考与建议［J］. 中国能源，2021，43（10）：47-52.

　　[3] 戚聿东，肖旭. 数字经济时代的企业管理变革［J］. 管理世界，2020，36（6）：135-152+250.

　　[4] 李馥伊. 中国制造业及其在数字经济时代的治理与升级［D］. 北京：对外经济贸易大学，2018.

　　[5] 裴璇，刘宇，王稳华. 企业数字化转型：驱动因素、经济效应与策略选择［J］. 改革，2023，（5）：124-137.

　　[6] 翟华云，刘易斯. 数字化转型能提高企业议价能力吗？——基于信息搜寻与客户转换成本视角［J］. 中南财经政法大学学报，2023，（6）：29-41.

　　[7] 陈华，孙汉，沈胤鸿. 企业数字化转型与产品市场表现——来自年报文本分析的经验证据［J］. 投资研究，2023，42（11）：50-76.

　　[8] 白福萍，刘东慧，董凯云. 数字化转型如何影响企业财务绩效——基于结构方程的多重中介效应分析［J］. 华东经济管理，2022，36（9）：75-87.

# 数字乡村建设实践调研报告

## ——以佛坪县与大荔县为例

薛飞　李楠　马斯羽　刘思琪　汪天悦　胡谢琛[*]

**摘要：**在数字经济与乡村振兴战略推进的双重影响下，数字乡村建设已成为推进农业现代化及农村持续发展的关键途径。本文选取佛坪县与大荔县作为国家数字乡村试点案例，深入探讨乡村振兴战略的落实状况及数字乡村经济建设的规划进程。通过实地考察与访谈分析，研究揭示数字化技术对农业现代化推进、农民增收及乡村治理优化具有显著促进作用。调研结果发现：数字乡村建设在促进农民增收、推动乡村振兴等方面发挥积极作用。其中，数字文旅创新为乡村振兴注入新活力，电子商务体系的构建加速了农产品流通与品牌塑造，智慧农业的应用提升了农业生产效率及产品质量。然而，调研亦识别出数字鸿沟、技术人才匮乏等挑战。本文的调研成果旨在为其他区域提供可借鉴、可推广的数字乡村建设模式与路径，以促进全国范围内的数字乡村建设深入进行，支持农业与农村现代化发展。基于此，本文提出以下策略建议：一是加强数字基础设施构建，缩小城乡数字差距；二是培育数字技能人才，提高农村居民的数字素养；三是深化数字技术应用，创新农产品电商及乡村旅游模式；四是完善数字治理体系，增强乡村治理效能。

**关键词：**数字乡村建设；乡村振兴；电商；数字农业

---

* 薛飞，西北大学经济管理学院讲师；李楠，西北大学经济管理学院硕士研究生；马斯羽、刘思琪、汪天悦、胡谢琛，西北大学经济管理学院本科生。

# 一、引言

随着数字经济与现代农业农村深度融合的持续深化，数字经济在"三农"领域的广泛应用为农业农村现代化和农民收入水平迈上新台阶提供了新方向、新机遇和新思路。党中央和国务院也高度重视数字经济在"三农"领域的关键作用，并将数字乡村建设作为乡村振兴的重要突破口。数字乡村建设旨在打破城乡信息壁垒，推动城乡融合，实现农村经济社会的全面发展，是乡村振兴的战略方向，也是推进数字中国建设的重要内容。自 2018 年中央一号文件《中共中央 国务院关于实施乡村振兴战略的意见》首次提出实施"数字乡村战略"以来，我国政府出台了一系列政策文件，如《数字乡村发展战略纲要》《2020 年数字乡村发展工作要点》《数字乡村发展行动计划（2022–2025 年）》，为数字乡村建设提供了明确的指导与规划。2020 年 7 月，中央网信办等 11 个部门联合公布了国家数字乡村试点地区名单，共计 117 个县（市、区）入选，标志着数字乡村建设进入了实质性的实施阶段。当前我国的经济发展已经转向高质量发展的重要阶段，并伴随新一代数字化技术的全面发展，数字化转型已经成为我国推动现代化进程的重要驱动力，由此推动乡村发展进入加快建设信息化、数字化的关键阶段。在数字经济快速发展的时代浪潮下，推动数字乡村建设是我国在数字时代背景下推动乡村振兴的关键战略。实践表明，与其他建设手段相比，数字助力乡村振兴因其智能性而具有无可比拟的巨大优势，进而能否有效把握数字技术带来的发展机遇并加快建成数字乡村，关系到我国乡村的全面振兴，更关系到社会主义现代化强国战略的全面完成。

佛坪县和大荔县是首批国家数字乡村试点单位，在国家政策的大力支持下，其数字乡村建设成效显著，正引领着农业农村现代化的新潮流，为乡村振兴注入科技力量。本次调研的目标地点定为佛坪和大荔两县，计划对乡村振兴战略的实施情况进行调研，探索其数字化乡村经济建设的发展规划，深入两县的生产基地等，进行实地调研与考察，运用专业技能，结合已有材料，充分利用暑期实践机会，形成关于两县数字化经济产业发展状况的调研报告。

# 二、研究背景与问题提出

　　数字乡村是当前我国乡村振兴的主要方向和重要突破口，也是建设数字中国的重要内容。习近平总书记强调了乡村振兴对于民族复兴的重要性，并号召全党全社会共同努力。为实现农业农村现代化这一总体目标，需要寻找新的动力源和引擎推动乡村高质量发展。数字乡村建设正是这一需求的直接回应，它利用新一代数字技术的不断发展和更新，促进优质资源向乡村流动，弥补农业农村发展的不足，优化乡村发展结构，为乡村全面振兴注入新活力。

　　随着互联网在农村地区的普及率不断提升，数字技术与乡村居民的生活工作紧密相连，成为推动乡村发展的新动力。数字乡村建设不仅体现了乡村全面振兴的内在要求，还通过其普惠效应促进农业农村的数字化、现代化进程，提升农民生活水平，加速实现乡村全面振兴。具体而言，数字技术打破了时空限制，促进了城乡资源的互通共享，提供了"互联网+便民服务""互联网+医疗服务"等多种便捷服务，显著改善了农村居民的生活条件和乡村环境。在农业生产中，数字技术的应用提高了生产效率，推动了农业现代化。同时，数字治理技术也提升了乡村治理效能，促进了治理体系的现代化。

　　为探究大荔县的冬枣产业发展的成功经验及数字乡村发展的现状和不足，以及佛坪县智慧农业、数字文旅、电子商务、数字治理等领域的发展现状和历史机遇，调研队提出五个主要问题：两县数字技术的应用领域及发展现状；两县是否面对数字鸿沟问题及其解决方法；两县是否面对数字化技术专业人才短缺问题及其应对措施；两县受到的政策支持及问题；制约两县在数字乡村建设过程中的因素。

## （一）概念界定

　　团队的主要研究目的聚焦于数字乡村建设领域。首先，乡村振兴战略作为新时代我国为弥补农业农村发展短板而实施的重大战略，为数字乡村建设提供了宏观指导。其次，数字乡村建设则是在这一战略背景下，将乡村空间作为核心载体，通过深度融合数字技术，构建起高效便捷的数字化服务平台，旨在创新乡村发展机制，为乡村的全面振兴注入新活力与新机遇。

　　在推进数字乡村建设的过程中，团队也注意到了数字鸿沟问题的严峻性。一方面，由于农村地区经济条件相对滞后，数字技术普及不足，基础设施尚不完善，导致利用数字技术推动乡村治理和发展面临诸多挑战。另一方面，农村居民与城市居民在数字技术水平上存在显著差异，对数字技术的理解和应用能力相对较弱，进一步加剧了城乡之间的数字鸿沟。针对数字化乡村治理问题，这一过程涉及多领域的数字技术支持，但当前面临技术人才短缺的困境，农村地区的数字化人才储备不足，许多治理项目的技术水平难以满足实际需求，从而制约了农村地区的现代化进程。因此，团队致力于探索如何有效解决这些问题，以推动数字乡村建设更加健康、可持续地发展，为农业现代化和农村振兴贡献力量。

### （二）文献综述

现有研究关于数字乡村建设推动乡村经济发展的研究主要从宏观和微观两个角度展开。

从宏观角度来看，数字乡村建设被视为乡村产业经济飞跃式发展的核心驱动力，通过深度融合数字技术与农业现代化进程，极大地提升了农业生产效率与智能化水平，为地方经济体系注入了强劲的内生增长动能，引领乡村经济迈向高质量发展的新阶段。[1][2] 数字乡村依托先进的数字化平台作为基石，创造性地融合了"线上+线下"的协同运作模式，打破了城乡之间在信息流通、技术共享、政策对接等关键领域的资源壁垒，促进了资源的高效配置与合理流动，从而有效推动了经济的高质量发展，为乡村的繁荣振兴铺设了坚实的数字化道路。[3] 此外，数字乡村建设在促进农业经济增长方面展现出直接且显著的正向效应，极大地激发了企业投入研发创新的热情与积极性。通过数字技术的赋能，企业能够更高效地获取市场信息、优化资源配置、加速产品创新周期，这些均为区域经济的全面发展注入了强大的新动力。[4]

从微观角度来看，数字乡村建设通过构建完善的数字基础设施，并深度渗透至经济、治理及居民生活的各个方面，为农户增收开辟了新路径。这一过程中，数字技术不仅优化了农业生产流程，提高了农产品附加值，还促进了农村电商的蓬勃发展，拓宽了农产品销售渠道。同时，数字治理的引入提升了乡村管理效率，增强了公共服务的可及性，进一步改善了农村居民的生活质量。这些微观层

① 王进，李宁，张逸轩．数字乡村建设能否促进新型农村集体经济发展？——基于CRRS微观调查数据的分析［J］．世界农业，2024（5）：43-55．

② 潘锡泉．中国式现代化视域下数字乡村建设助力共同富裕的实现机制——基于产业结构升级的中介效应分析［J］．当代经济管理，2023，45（8）：39-45．

③ 沈费伟，叶温馨．数字乡村建设：实现高质量乡村振兴的策略选择［J］．南京农业大学学报（社会科学版），2021，21（5）：41-53．

④ 杜建国，陈豪，甘天琦，等．农业经济增长的数字力量——基于数字乡村建设的视角［J］．经济问题，2023（10）：103-110．

面的积极变化，共同推动了当地乃至邻近地区经济的繁荣发展，为乡村振兴注入了持久的活力与希望。①② 同时，农村数字技术的蓬勃发展有效缓解了农户在信息获取与知识储备方面长期存在的局限性。通过搭建信息桥梁，农户能够更便捷地接触到市场动态、技术革新与政策法规等关键信息，从而做出更加明智的生产经营决策。此外，数字技术的广泛应用还促进了农村产业环境的整体优化，为农户提供了更加多元化的就业机会，尤其是推动了非农产业的蓬勃发展。这不仅丰富了农户的收入来源，还促进了农村劳动力的有序转移与优化配置，进而实现了农民收入的稳步增长，为当地经济的全面振兴注入了强劲动力。③ 在消费领域，通过深入挖掘乡村的数字应用空间，不仅为农村居民带来了前所未有的便捷与乐趣，还极大地激发了他们对数字产品的消费热情。这一过程中，农村居民逐渐形成了对数字产品消费的新偏好，消费倾向显著提升，从而释放出巨大的数字产品消费潜力。这种消费模式的转变不仅促进了数字经济在乡村的快速发展，还带动了相关产业链的延伸与拓展，为经济的全面发展注入了新的活力与动力。数字乡村建设正以前所未有的方式引领着乡村消费市场的转型升级，助力农村经济迈向更加繁荣的未来。④

### （三）研究的意义与价值

佛坪县和大荔县作为首批国家数字乡村试点县，近年来通过整合资源、外引内联，打造民宿产业集群等举措，激活乡村发展潜能，全面对标数字乡村建设的战略部署。2024 年一季度，佛坪县重点项目建设成效显著，投资增长显著，村集体经济合作社及袋料食用菌产业发展良好，同时加强网络基础建设和电商体系构建，推动农产品线上销售。大荔县作为现代农业强县，依托特色产业和乡村振兴，积极推进数字乡村建设，实现农业智慧生产全覆盖，通过大数据平台、电商服务和物流运输的全面覆盖，打造数字化富农产业链，农产品出口至多国，农业现代化和数字化水平显著提升。调研队通过针对大荔县的冬枣产业发展的成功经验及数字乡村发展的现状和不足及佛坪县智慧农业、数字文旅、电子商务、数字

① 丁建军，万航．中国数字乡村发展的空间特征及其农户增收效应——基于县域数字乡村指数与 CHFS 的实证分析［J］．自然资源学报，2023，38（8）：2041-2058．

② 张岳，张博，周应恒．数字乡村建设对农民收入的影响——基于收入水平与收入结构的视角［J］．农林经济管理学报，2023，22（3）：350-358．

③ 张良，徐志明，李成龙．农村数字经济发展对农民收入增长的影响［J］．江西财经大学学报，2023（3）：82-94．

④ 李丽莉，曾亿武，郭红东．数字乡村建设：底层逻辑、实践误区与优化路径［J］．中国农村经济，2023（1）：77-92．

治理等领域的发展现状和历史机遇在两县进行走访和考察，以期通过这一系列深入的调研活动将收集到的第一手资料转化为具有指导意义的理论成果，提炼两县在数字乡村建设方面的宝贵经验，为其他地区提供可借鉴、可复制的模式与路径，从而有力推动全国范围内数字乡村建设的深入发展，促进农业农村的现代化进程。

# 三、研究分析

## （一）研究设计与实施

### 1. 研究地点

在参考全国数字乡村试点地区名单的基础上，将陕西省汉中市佛坪县与渭南市大荔县确定为此次的调研地点。与此同时，为了深入了解县域内典型地区的数字乡村发展概况，实践队最终将大荔县的龙门村和小坡村以及佛坪县的县政府、长角坝镇两河口村、电子商务公共服务中心以及银厂沟村抖音电商馆、沙窝村村委会及博物馆、携程民宿等地区确定为具体调研地点。

### 2. 研究对象

大荔县的冬枣产业发展的成功经验及数字乡村发展的现状和不足及佛坪县智慧农业、数字文旅、电子商务、数字治理等领域的发展现状和历史机遇。

### 3. 研究方法

本文主要以访谈调查分析的方式展开，辅以归纳总结和对比分析方法。调研队首先确定调研目标，即深入了解大荔县和佛坪县的特色产业发展及数字经济乡村建设现状和发展机遇。随后，调研团队选择具有代表性的访谈对象，在访谈过程中，实践队成员通过面对面的交流，运用开放式和封闭式问题相结合的方式，系统地收集关于冬枣种植模式、技术管理创新、数字农业应用、智慧农旅发展等方面的信息。访谈对象根据自己的专业知识和实践经验，详细介绍相关情况，分享成功案例和面临的挑战。访谈结束后，实践队对收集到的信息进行整理和分析，通过归纳总结、对比分析等方法，针对调研过程中所提炼出的关键发现开展讨论与总结，进而为后续的调研报告和政策建议提供了有力的支撑。

### 4. 研究实施

在大荔县的调研过程中，调研队重点考察了当地的冬枣产业。通过走访龙门村和小坡村，与当地村干部及枣农进行访谈，详细了解了冬枣的多元化种植模式

（包括温室、钢架棉被大棚、普通大棚和露地种植）、技术管理创新、产业发展历程及取得的成效。此外，调研队还实地走访了大荔县现代农业产业园，进一步观察并询问了数字经济在农业生产、经营、管理中的应用场景与实际效果。与此同时，调研队对佛坪县数字乡村建设成果较为显著的地区进行了全面考察，主要包括西岔河镇团委、佛坪县政府、长角坝镇两河口村的蔬菜大棚试验田、沙窝村村委会及博物馆、携程民宿、佛坪县电子商务公共服务中心以及银厂沟村抖音电商馆等。通过与相关部门和企业的负责人进行座谈交流，调研队深入了解了佛坪县在智慧农业、数字文旅、农产品电子商务等领域的发展现状及未来规划。

**（二）研究结果分析**

**1. 样本基本情况**

作为陕西省的四个国家数字乡村试点之一，地处秦岭南麓的陕西省汉中市佛坪县全面对标数字中国建设的战略部署，"熊猫游"热度不减、林下养殖促农增收、返乡创业激发乡村振兴活力。佛坪县通过整合资源、外引内联，打造民宿产业集群等举措，激活乡村发展潜能。近年来，当地实施"生态立县、林药兴县、旅游强县"的发展战略，主动融入大西安都市圈，全力以赴抓好特色农业，拓展民宿产业，培育数字经济，不断激发县域经济高质量发展动能活力。此外，佛坪县以"三个年"活动为契机，进一步优化电商发展环境，积极建设县级电子商务公共服务中心，从而为电商成员交流互动、学习培训、货源对接提供阵地，高速带动了当地农产品发展。

陕西省渭南市大荔县地处关中平原东部最开阔地带，是典型的农业大县，2019年被陕西省人民政府评为"现代农业强县"。近年来，大荔县依托特色产业发展和乡村振兴建设成果，积极探索开展数字乡村建设，加快解放和发展数字化生产力，推进农业农村现代化建设。同时，作为陕西省农业强县的大荔县，大数据应用已成为当地智慧农业发展的一大亮点，其通过建立县级农业大数据平台，基本实现了农业智能监控、标准化种植管理以及生产决策分析。此外，大荔县不仅实现了电商服务体系的全覆盖，还实现了县镇村三级运输服务一体化，从而为农产品交易市场的扩大奠定了坚实基础。

**2. 研究基本结果分析**

为全面了解当地居民对数字乡村建设的切身感受，调研队对当地居民进行了专项访谈调查。囿于交通条件的客观制约与个别访谈对象的主观限制，调研队的访谈调查主要以县政府和村委会的访谈为主，访谈结果总结如下：

第一，数字乡村建设助力实现产业振兴。龙门村监委会主任穆正民和小坡村村支部委员王念红均表示随着数字乡村建设的不断深入发展，乡村产业、乡村经济、乡村治理、乡村生活都发生了天翻地覆的改变，数字技术正在逐渐走进千家万户。其中，龙门村监委会主任穆正民感慨道，"现在县里和村里设置了许多大枣中转站，让我们更加方便地将大荔县的大枣销往全国，让村里的大枣生意走向世界"。另外，小坡村村支部委员王念红也表示，"小坡村冬枣先后获得多项荣誉，如'冬枣专业村''陕西省乡村振兴科技示范村'等，品牌价值不断提升。'冬枣救了我们，富了我们'"。村民对大荔县数字乡村建设的感受，折射出该县数字乡村涉及智慧农业、基础设施、提升就业、产业振兴等多领域的生动实践与现实经验，这将持续为大荔县的数字乡村建设增强新动能、并促使未来的数字乡村建设焕发新生机。

第二，数字乡村建设推动农业生产效率提升。佛坪县下属的沙窝村村主任表示，"过去，由于两河口村的地理位置处于山区，导致农作物不能进行大规模种植，只能开垦部分散乱平坦地带自给自足"。现如今，蔬菜大棚内绿意盎然，番茄生机勃勃，在国家政策的有力扶持和村民的持续努力下，村民的生活有了基本保证。此外，在农产品交易方面，随着数字技术的引进，农民逐渐采用规模经营和集中议价的方式进行市场交换，有力保障了农民的经济利益。这表明数字乡村建设能够缓解农民在市场交易中"信息不对称"问题，从而改变过去农民的市场弱势地位，切实维护并保障农民的经济利益。与此同时，在后续的调研过程中，佛坪县西岔河镇的鲁力主席和佛坪县团委书记张磊也相继表示，"西岔河镇积极引入现代科技，如蔬菜大棚监控平台和智能防汛设施，实现了农业生产的智能化管理"，"目前佛坪县各地建设多个摄像头，这些智能设备能够迅速捕捉洪涝、干旱或其他气象灾害等异常迹象，从而有效保障农业生产的稳定与安全"。由此可见，数字乡村建设可以大数据、云计算、卫星遥感等数字技术对农村传统基础设施进行改造升级，从而赋能现代农业生产、经营、管理的智能化水平提升。

第三，数字乡村建设赋能乡村旅游发展。自然资源往往具有独特的地理、气候、生态和文化背景，这些特性是乡村文旅产业发展的基础。而数字技术可以通过高清影像、虚拟现实、卫星遥感等数字化手段，将这些兼具独特性与多样性的自然资源呈现给游客，从而切实增强其旅游体验和潜在的文旅需求。正如佛坪县团委副书记提到的那样，"当地利用大数据、云计算、卫星遥感等数字技术优化旅游服务。游客可以通过手机 App 和微信小程序获取实时路况、景点介绍、住宿推荐等信息，享受更加便捷、个性化的旅游体验"。小坡村村支部委员王念红也表示，"已经将建立'冬枣小镇'作为深入开发第三产业的重点抓手，并且积极探索开发儿童乐园、水上乐园、休闲垂钓等特色旅游项目"。值得关注的是，佛坪县团委书记张磊在谈到当地的旅游产业发展情况时，也对目前佛坪县的文旅产业的蓬勃兴起感到十分自豪，他感慨道："通过数字技术的传播和推广，佛坪县在全国的知名度和美誉度实现了前所未有的提升，这极大吸引了来自全国各地的旅客，而在旅游旺季时期的佛坪县的旅馆甚至形成了'一房难求'的局面。"据此可知，佛坪县不断探索文旅产业发展的新业态和新模式，通过数字文旅的创新实践为乡村振兴注入了新的动力，从而带动当地经济的不断"扩容"。

第四，乡村电子商务体系建设赋能农业高质量发展。调研队深入佛坪县电子商务公共服务中心与银厂沟村抖音电商馆进行学习。通过与佛坪县数字经济专项工作小组主任向队员提到，"目前佛坪县的特色农产品主要通过与安康市工厂的代加工合作，电商平台的引入改变了农民市场议价能力低的局面，产品品牌价值通过数字化平台得以树立，多样化的深加工方式提升了产品的附加值，最终实现了农民收入的可持续增加"。这表明，乡村电子商务的成功在于实现共赢，而非独占市场。与此同时，抖音电商馆作为银厂沟村的核心亮点，也逐渐成为一座集直播销售、产品展示、游客互动体验于一体的综合性场馆。这标志着佛坪县在传统销售模式上的一次大胆革新，是佛坪县积极拥抱数字技术、深入实施乡村振兴战略和数字乡村发展战略的生动体现。在流通环节方面，负责人谈到，"中医药材山茱萸在补肾益肝、收敛止血、强心抗炎等方面具有显著疗效。但品牌知名度并未因此提升，直到引进电商平台后，销售端才通过小红书、抖音、快手等数字化平台树立了山茱萸的品牌价值，进而利用多样化的深加工方式提升产品附加值，最终实现农民收入的可持续增加"。这充分印证了农村电子商务服务平台在农产品品牌建设领域的实践意义。

# 四、研究结论

## （一）技术赋能与人才引领：数字乡村建设的核心驱动力

本文发现，佛坪县和大荔县的数字乡村建设均取得了显著成效，其核心驱动力在于数字技术的广泛应用和人才的引领作用。数字技术在农业生产、农产品加工、物流运输、电商销售、文旅发展等多个领域发挥着重要作用，极大地提高了生产效率、降低了成本、拓宽了销售渠道，并创造了新的就业机会，从而带动了乡村经济的快速发展。同时，人才的培养和引进也是数字乡村建设成功的关键因素。佛坪县通过建立电子商务公共服务中心、抖音电商馆等平台，大荔县通过组建"红色助力团"等方式，为农民提供专业的技术培训和前沿的信息支持，有效提升了农民的数字技能和综合素质，为数字乡村建设提供了坚实的人才保障。

### （二）全产业链布局：农产品增值与产业融合的路径

佛坪县和大荔县在数字乡村建设中，都注重全产业链的布局，实现了农产品的增值和产业的融合发展。佛坪县通过发展电子商务，将特色农产品如山茱萸等通过电商平台进行品牌建设和销售，提升了产品的附加值和市场竞争力。大荔县则通过延伸冬枣产业链，将冬枣产业与物流、电商、培训、旅游等产业相结合，实现了产业的融合发展，带动了相关产业的快速发展，为农民提供了更多的就业机会和收入来源。

### （三）数字文旅蓬勃发展：乡村振兴的新动能

佛坪县和大荔县都积极发展数字文旅产业，通过数字化手段提升旅游体验和旅游服务，吸引了大量游客，带动了当地经济的发展。佛坪县利用大数据、云计算、卫星遥感等数字技术优化旅游服务，游客可以通过手机 App 和微信小程序获取实时路况、景点介绍、住宿推荐等信息，享受更加便捷、个性化的旅游体验。大荔县则积极探索开发儿童乐园、水上乐园、休闲垂钓等特色旅游项目，并利用数字技术进行宣传推广，提升了佛坪县和大荔县在全国的知名度和美誉度，吸引了大量游客前来旅游观光，为乡村振兴注入了新的动能。

### （四）政策支持与问题挑战：数字乡村建设的保障与瓶颈

佛坪县和大荔县在数字乡村建设中，都得到了国家和地方政府的政策支持，例如建设县级电子商务公共服务中心、引入现代科技设施、开展技术培训等。这些政策支持为数字乡村建设提供了坚实的保障。然而，数字乡村建设也面临着一些挑战，例如数字基础设施不完善、数字技术人才短缺、数字鸿沟问题等。这些问题需要政府、企业、社会等多方共同努力，才能得到有效解决。

# 五、对策建议

### （一）加强数字基建建设，完善政策支持体系

针对佛坪县和大荔县可能存在的数字鸿沟问题，应加大财政投入，强化农村地区的信息通信基础设施建设。特别是要提高宽带网络的覆盖率和质量，确保所

有农村家庭都能接入高速稳定的互联网。此外，鼓励和支持电信运营商在农村地区建设更多的基站，改善移动通信信号覆盖，为数字乡村建设打下坚实的基础。建议两县加快数字治理平台的建设和推广，提升基层干部的数字素养和技术应用能力，促进政府服务向移动端迁移，让村民能够享受到更为便捷高效的政务服务。同时，加强农村社区的数字化管理，利用大数据分析等手段提高社会治理效能，优化资源配置。

政府也应进一步完善数字乡村建设的支持政策，明确各级政府的责任分工，确保政策执行力度。加强对数字乡村建设项目资金使用的监管，确保资金真正用于提升农村地区的数字化水平。同时，简化行政审批程序，降低企业参与数字乡村建设的门槛，激发市场主体活力，吸引更多社会资本投入农村信息化建设中。通过这些措施，不仅能够缩小城乡之间的数字差距，还能促进农村经济的全面发展，提升农民的生活质量。

### （二）培养数字技术人才，吸引专业领域专家

鉴于佛坪县和大荔县在数字技术专业人才上的短缺，应当制定专门的人才培养和引进政策。一方面，可以通过与高等院校及职业培训机构建立长期合作关系，定向培养适应农村数字经济发展需求的专业人才，提升本地人才的技术能力和创新能力。具体来说，可以设立专项奖学金，鼓励学生选择相关专业，并提供实习实训机会，让他们在实际工作中积累经验。另一方面，出台一系列优惠政策，吸引外部人才回流或流入，包括提供创业补贴、住房保障、子女教育优惠等福利，为他们创造良好的工作和生活环境，增强对人才的吸引力。政府可以设立人才引进专项基金，用于支持高层次人才的安家落户和创业发展。同时，通过举办各类创新创业大赛和行业论坛，搭建人才交流平台，促进人才与本地企业的对接与合作。

此外，可以开展"数字乡村"主题的实习实训基地建设，吸引大学生到农村进行社会实践和就业创业，为农村数字经济的发展注入新的活力。政府还应加强与企业的合作，共同开发适合农村特点的数字技术和应用，提升农村数字化水平。通过这些综合措施，不仅能够有效解决人才短缺的问题，还能带动当地经济的转型升级，促进农村经济社会的全面发展，最终缩小城乡之间的数字鸿沟。

### （三）推动技术产业融合，构建完整电商体系

对于大荔县而言，应继续深化冬枣产业的多元化种植模式，利用数字技术优化种植管理流程，提升产品质量与市场竞争力。通过引入先进的农业物联网技术，监测土壤湿度、光照强度和气温等关键参数，实现精准灌溉和施肥，从而提

高作物产量和品质。同时，推广智能农业基础设施，比如已在小坡村成功应用的滴灌系统和智能化大棚管理系统，提高了农业生产效率，减少资源浪费，实现了农业生产的现代化转型。推进智慧农业与数字文旅等领域的创新发展，利用数字化手段丰富乡村旅游的内容，提升服务品质，吸引更多游客前来体验，从而带动乡村旅游经济的发展。

而对于佛坪县的电子商务发展，则应继续支持和引导本地企业充分利用电商平台，如抖音电商馆，实现农产品的品牌化运营，提升产品附加值。通过社交媒体平台进行品牌推广，拓宽销售渠道，增加农民收入。此外，还需完善县镇村三级物流配送体系，确保农产品能够快速、高效地送达消费者手中，减少在流通环节中的成本和损耗。政府可以考虑与物流企业合作，建立冷链物流中心，确保新鲜农产品的新鲜度和安全性。通过这些举措，不仅可以提升农产品的市场竞争力，还能促进农村经济的可持续发展，带动地方经济的整体提升，进一步推动乡村振兴战略的实施。

通过上述一系列措施，佛坪县和大荔县预计将在数字基础设施建设、人才培养与引进以及数字技术与传统产业融合等方面取得进展。加大财政投入和完善政策支持体系，将有效缩小城乡数字鸿沟；培养和吸引数字技术人才，增强农村数字化能力；推动数字技术在农业和旅游中的应用，提升产业竞争力。这些综合举措不仅将促进农村经济的全面发展，提升农民的生活质量，还将为乡村振兴战略的实施提供坚实的基础，最终实现农村经济社会的可持续发展。

# 陕北能源企业数智化转型暨发展路径调研报告

张宸璐　孟舒遥　邹越　李一泽　袁高明　魏靓影　杜煜明[*]

**摘要：** 在全球能源版图经历深刻重构的关键时刻，陕北地区作为中国重要能源基地，正肩负着传统能源产业向数字化、智能化深度转型的历史使命，亟须通过科技的力量驱动产业提质增效，迈向高质量发展的崭新阶段。本文旨在探讨陕北地区能源企业在数字化与智能化技术应用中的转型情况，揭示应用过程中的实际问题和挑战。通过调研陕西延长中煤榆林能源化工有限公司、榆北煤业榆林信息化运维分公司、陕西陕煤曹家滩矿业有限公司及陕煤集团红柳林矿业有限公司四家企业，系统分析数字化与智能化技术在能源生产、管理和运营中的应用及成效，揭示了技术应用过程中面临的数据整合、安全防护、成本控制等挑战。并结合实际案例分析，在技术研发与人才引进、数据安全与隐私保护等核心方面提出切实解决方案，不仅旨在解决当前面临的实际问题，更着眼于构建可持续的、高韧性的能源发展生态，为陕北乃至全国能源行业的数智化转型提供有力的理论支撑与实践指导。

**关键词：** 陕北；数字化转型；智能化技术；能源企业；高质量发展

# 一、引言

国家能源局在《2024 年能源工作指导意见》中指出，要坚持依靠科技创新增强发展新动能，深入实施能源技术装备补短板、锻长板、拓新板，加强关键核

---

[*] 张宸璐，西北大学经济管理学院讲师；孟舒遥、邹越、李一泽、袁高明、魏靓影，西北大学经济管理学院本科生；杜煜明，西北大学新闻传播学院本科生。

心技术联合攻关，强化优势能源产业国际竞争力；加强科研成果转化运用，促进新质生产力发展。数字化和智能化技术的飞速发展为传统能源行业的转型升级提供了前所未有的机遇。在全球能源格局日益变化的今天，传统能源行业面临生产效能低下、发展动能不足等挑战，亟须通过技术革新实现节能增效与可持续发展。

随着大数据、云计算、物联网和人工智能等技术的迅猛发展，这些先进技术在能源生产、管理和消费中的应用已成为推动行业变革的重要动力。尽管如此，能源行业的转型路径和具体应用情况尚缺乏系统的研究和实践案例，特别是在特定区域如陕北的企业实践尚未得到充分探讨。现有文献多集中于单一技术的应用研究，如大数据在能源管理中的作用，或人工智能在设备维护中的应用。然而，对于这些技术在能源行业整体转型中的协同作用及其具体应用案例，特别是特定地区企业的实践研究仍然较为匮乏。

本文旨在深入调研陕北地区能源企业在数字化与智能化转型中的实际情况，通过细致分析陕西延长中煤榆林能源化工有限公司等四家企业的案例，系统揭示在转型升级过程中面临的数据整合、安全防护、成本控制等关键问题和挑战。进一步结合实际情况，提出切实可行的对策建议，力求为陕北传统能源行业产业升级与高质量发展探索出具有参考价值的合理化道路。

# 二、研究背景与问题提出

在当今全球能源格局深刻调整的大背景下，陕北作为我国重要的能源基地，其能源产业的发展不仅关乎区域经济的繁荣稳定，更对全国乃至全球的能源安全与可持续发展具有重要影响。然而，长期以来，陕北能源产业主要依赖煤炭、石油等传统能源资源的开采与加工，面临着生产效率低下、发展动能不足等严峻挑战。因此，推动陕北能源企业节能增效、产业升级，实现高质量发展，已成为当务之急。

数字化、智能化技术的迅猛发展，为传统能源行业的转型升级提供了前所未有的机遇。通过应用大数据、云计算、物联网、人工智能等先进技术，能源企业能够实现生产过程的智能化控制、优化资源配置、提高生产效率、降低运营成本，并推动能源消费模式的转变，促进绿色低碳发展。这些技术的赋能作用，不仅有助于解决传统能源行业面临的诸多难题，更为能源产业的可持续发展开辟了新路径。

在此背景下，陕北能源企业产业升级调研团应运而生。本调研团队带着对能源行业未来发展的深切关注，深入陕北能源企业一线，旨在通过实地调研、座谈交流、案例分析等方式，全面了解数字化智能化技术在传统能源行业中的应用现状、存在问题及发展趋势，探讨其对促进高质量发展的作用机制与路径选择。2016~2022 年陕西省煤炭终端销售量统计和陕西省原煤产量统计如图 1 和图 2 所示。

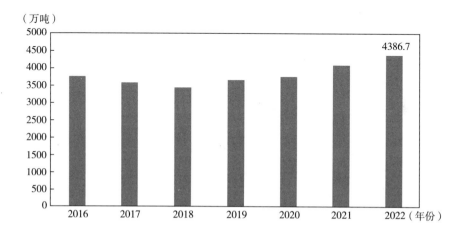

**图 1　2016~2022 年陕西省煤炭终端销售量统计**

资料来源：共研网。

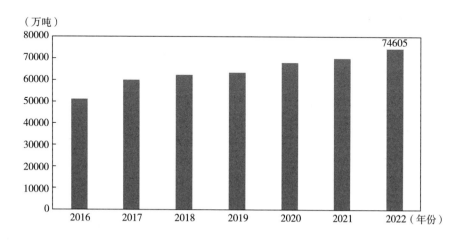

**图 2　2016~2022 年陕西省原煤产量统计**

资料来源：共研网。

### （一）文献综述

近年来，随着全球能源产业的深刻变革和我国"四个革命、一个合作"能源安全新战略的提出，陕北地区作为我国重要的能源化工产业基地，其产业升级与高质量发展日益受到关注。特别是在数字化、智能化技术的推动下，陕北能源企业正积极探索转型升级的新路径。

1. 数字化智能化对传统能源行业的赋能作用

多项研究和实践表明，数字化智能化技术为传统能源行业带来了前所未有的变革。闫亚恒在《陕北能源化工产业集群发展模式研究》一文中，从环境、政府、市场和集群网络四个方面，深入分析了陕北能源化工产业集群发展模式选择的影响因素，并通过 AHP 逻辑框架构建了数量型判断矩阵，对影响因素进行了权重定量分析。他指出，数字化智能化技术的应用能显著提升能源企业的生产效率和管理水平，促进能源行业的绿色发展[①]。国家能源局发布的《关于加快推进能源数字化智能化发展的若干意见》更是明确指出，推动数字技术与能源产业发展深度融合，加强传统能源与数字化智能化技术相融合的新型基础设施建设，是构建清洁低碳、安全高效能源体系的关键。这一政策导向为陕北能源企业的产业升级提供了明确的指导和方向。

2. 数字化智能化对高质量发展的促进作用

在推动高质量发展的背景下，陕北能源企业积极拥抱数字化智能化技术，以实现产业升级和可持续发展。陕西省工业和信息化厅在推动能源化工产业数字化升级方面发挥了重要作用，通过建设榆林能源革命创新示范区等举措，加快产业数字化转型的步伐。在《加快培育数字人才 大力推动陕西数字能源产业高质量发展》一文中，延长石油榆神能化公司和陕西北元化工等企业负责人介绍了企业在新质生产力、数字经济、智能制造等方面的探索与实践。他们指出，加快大数据、人工智能等数字科技与能源产业深度融合，是保障国家能源安全、实现碳达峰碳中和目标的重要途径。

### （二）研究的价值与意义

随着全球科技革命和产业变革的加速推进，数字化、智能化已成为推动传统行业转型升级的重要力量。

调研活动搭建了一个企业与高校、科研机构之间的交流合作平台。通过与企业界的直接对话和实地参观，学生能够了解到企业在产业升级过程中遇到的实际

---

① 闫亚恒. 陕北能源化工产业集群发展模式研究［D］. 西安石油大学，2011.

问题和需求，从而激发创新思维、提出解决方案，为能源企业数智化转型发展路径提出合理有效建议。同时，企业也能从学生的视角中获得新的启发和灵感，促进产学研用的深度融合和协同创新，推动科技成果的转化和应用，加速能源行业的数字化智能化进程。

# 三、研究分析

## （一）研究对象选取

陕北是我国能源资源的富集区域，也是全国唯一的国家级能源化工基地，煤炭一直是陕北地区的最重要能源。榆林作为陕北的能源新都，正在加快能源革命创新示范区的建设，推进传统能源利用结构向更高效环保的方向转变。转型过程中，数字化、智能化是促进该地区能源行业转型升级的重要推手，在提高能源生产效率、优化能源调度与分配、增强能源系统稳定性等多方面均发挥着重要作用。因此，本次调研选择了榆林作为研究地点。

## （二）研究结果分析

### 1. 样本基本情况

（1）陕西延长中煤榆林能源化工有限公司。

陕西延长中煤榆林能源化工有限公司（以下简称榆能化）是一家大型煤气油盐综合利用化工企业，其信息化建设按照统一规划、分步实施的原则进行规划部署，逐步形成统一管理、集中支持的信息化管理体系，实现经营管理高效化、生产运营精细化。IT基础层智能化方面，榆能化打造数据中心集中机房，利用虚拟化超融合技术整合计算、存储资源，增强容灾与维管效率，集中管理信息化系统。网络安全遵循国标，部署UTM、WAF等系统，构建全方位防护体系。经营管理层智能化方面，构建业财一体化系统，融合多业务环节，贯通三层管理结构，实现三流统一。引入自动化办公系统，规范流程，提效审批。电子采购系统实现远程竞价，降低成本，提升效率，线上审批"采购计划"。建设数据集成管控平台，统一认证管理，促进业务应用互联互通。数智化架构见图3。

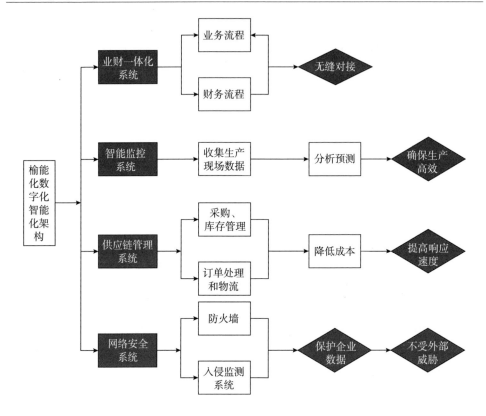

**图3　榆能化数智化架构**

资料来源：笔者绘制。

（2）榆北煤业榆林信息化运维分公司。

榆北煤业榆林信息化运维分公司作为榆北煤业集团信息化先锋，专注构建统一平台促信息共享与协同。在智能化领域，公司引领智慧矿山建设，集成尖端技术实现生产全程监控，创行业智能矿井建设新高。智能化矿井亮点包括互动式机器人、智能掘机、通风、人员定位、选煤、地质保障及皮带巡检等系统。同时，5G基站、火车智能装车、数据治理智能化、态势感知平台及运维中心等科研项目正加速推进。态势感知平台以大屏展示矿井实况，助力精准管理；"一张图"平台整合生产、安全信息，预测风险，辅助决策。火车智能装车系统实现无人化高效作业，显著提升效率。

（3）陕西陕煤曹家滩矿业有限公司。

陕西陕煤曹家滩矿业有限公司在打造智能矿井保障安全生产的基础上，致力于智慧园区建设。公司安装有智慧办公系统，配备科技教育中心、智慧餐厅、智慧员工公寓等智能区域。陕煤曹家滩公司安指中心监控千余实时画面，覆盖采煤、运输、装车，确保安全排查。同时监测人员定位与通风，保障井下安全。现有云数据中心、管控平台等全面投运，实现安全生产智能管控。智能装车现场，火车装煤系统高效运作，扫码识别确定装载，全程不超四十秒，显著提升效率。

（4）陕煤集团红柳林矿业有限公司。

红柳林矿井为陕煤集团与榆林市、神木市合作项目，系神府南区规划大型矿井之一。其调度信息中心集成工业电视系统，集中监控矿井多项关键指标，并探索互联网监控，迈向"管控一体化"自动化、数字化管理。红柳林选煤厂智能决策中心汇集百余监控，实时分析洗选数据，通过智能平台展示任务、报警、产量等信息，并进行产率、设备健康、能耗深度分析。洗选后块煤存入仓，再由智能装车系统高效分发至各地。

2. 实施应用效果

（1）陕西延长中煤榆林能源化工有限公司。

陕西延长中煤榆林能源化工有限公司进行智能化数字化改造，在生产效率、成本控制和安全风险方面取得了显著成效。此外，生产流程的优化和自动化程度的提升，使生产效率有了明显增长。智能化系统带来了精细化管理，有效减少了资源浪费，降低了生产成本。同时，实时监控系统的引入降低了安全风险。

但榆能化的数智化应用在实际生产过程中应用较少。如何实现多系统之间的整合与兼容、提高信息化效率是一大难题。此外，智能化数字化改造需要巨额资金投入，包括硬件设备、软件开发和系统升级等。目前榆能化数智化改造的资金主要来源于集团公司和企业自筹，政府资助占到约25%，数智化转型的资金压力较大。同时榆能化作为国企要在保障经济效益的同时兼顾社会责任，因此数智化升级不能带来人工成本的减少，更多的作用是辅助企业管理。目前榆能化工业互联网起步晚，数智化转型方向不明确，公司现有业务与数智化发展不匹配等问题都成为阻碍其转型升级的因素。

（2）榆北煤业榆林信息化运维分公司。

榆北煤业榆林信息化运维分公司在网络安全态势感知系统的实施应用方面取得了显著成效，该系统通过实时监控网络流量、用户行为和系统日志，结合数据分析技术如机器学习和行为分析，成功识别并阻止了数十起潜在的网络安全事件。

然而，随着网络环境的复杂性和数据量的增长，态势感知系统面临着如何有效处理和分析大量数据的挑战，以及高级持续性威胁（APT）的隐蔽性和复杂性带来的检测难题。目前井下无人巡检车的应用场景较少,主要应用于变电所。而且由于井下信号延迟,导致数据传输延迟,为解决这个问题需要在井下实现5G基站的全覆盖,然而5G基站能耗过大,辐射小,大量建造会大幅提高建设成本。同时智能矿井建设存在建设标准不统一、系统维护成本逐年上升、部分组织难以跟上技术更新的步伐、系统整合与兼容性差,无法实现融合发展等问题。

(3)陕西陕煤曹家滩矿业有限公司。

陕西陕煤曹家滩矿业有限公司在智能化开采技术的应用上取得了进展,提高了煤炭开采效率和安全性。智能化监控系统提高了对矿山安全的实时监控能力,降低了安全事故风险。在智能化开采技术方面,曹家滩矿业引入了无人驾驶矿车和远程控制采煤机,实现了煤炭开采的自动化。此外,自动化运输系统的实施,提高了矿车运输效率约15%,降低了运输成本约10%。在数据分析与决策支持方面,曹家滩矿业建立了安全生产中心,利用大数据和云计算技术对生产数据进行深入分析,推动了公司向精细化、智能化管理的转变。

然而,曹家滩矿业在推进智能化转型过程中也面临着一系列挑战。首先,技术更新换代速度较快,公司需要不断投入资金进行设备升级和系统维护。如何在保持技术领先性的同时,实现成本效益最大化,是公司需要思考的问题。其次,数据安全与隐私保护是另一个不容忽视的问题。随着大量数据的收集和分析,如何确保数据不被泄露或滥用,成为公司必须关注和解决的难题。

(4)陕煤集团红柳林矿业有限公司。

陕煤集团红柳林矿业有限公司通过智能化系统优化了资源配置,推动了技术创新,打造了全国首个以数据驱动的煤矿工业互联网平台,引领了智能化煤矿建设方向。智能综合管控系统大幅提高了矿井安全生产效率,保障了矿井的安全高效生产。通过视频监控系统、人员定位系统、融合通信系统的应用,让现场各个设备的实际运行情况、人员的实时位置、作业的进展程度都得到了全面监测,管理人员通过综合管控平台便可实现对各种设备运行情况的查看,安全方面得到了良好保障①。

但矿山环境复杂多变,智能化设备和技术需要具备较强的环境适应性和稳定性。同时目前的数据辅助决策仍停留在系统汇总分析数据,由人工决策的阶段,智能系统决策在实际应用中有相当大的局限性,且企业原有自动化系统与智能化系统之间的整合难度较大。

---

① 郭奋超,凌鹏涛,强辉.红柳林煤矿智能化生产经营管理体系建设研究 [J].煤炭经济研究,2024,44(4):59-64. DOI:10. 13202/j. cnki. cer. 2024.04.012.

## 3. 样本结果对比分析（见表1）

### 表1 样本研究结果对比

| 企业名称 | 数字化与智能化技术应用 | 主要成效 | 面临的挑战 |
|---|---|---|---|
| 陕西延长中煤榆林能源化工有限公司 | 1. IT 基础设施：数据中心、云平台、网络安全系统<br>2. 生产管理：MES、LIMS、报警管理系统<br>3. 经营管理：业财一体化系统、自动化办公系统、电子采购系统、数据集成管控平台 | 1. 生产效率提升：劳动生产率提高 50%<br>2. 管理效率提升：实现精细化管理，减少人为操作失误<br>3. 安全风险降低：实时监控系统降低事故风险 | 1. 数据整合难度大：多系统间信息不互通<br>2. 资金压力大：数智化改造资金主要依赖自筹和集团支持<br>3. 人才短缺：智能化技术应用人才匮乏 |
| 榆北煤业榆林信息化运维分公司 | 1. 智慧矿山建设：互动式机器人、智能掘机、智能通风、人员定位系统<br>2. 5G 基站建设：火车智能装车系统、数据治理智能化系统<br>3. 网络安全：态势感知平台、运维中心 | 1. 生产效率提升：生产效率提升约 20%，能耗降低 15%<br>2. 安全保障：智能通风、人员定位系统确保人员安全<br>3. 管理效率提升：智能化管理系统实现减员增效 | 1. 数据处理难度大：大量数据需要高效处理<br>2. 设备适应性：井下信号延迟影响数据传输<br>3. 建设标准不统一：智能矿井建设标准缺乏统一规范 |
| 陕西陕煤曹家滩矿业有限公司 | 1. 智能开采技术：无人驾驶矿车、远程控制采煤机<br>2. 安全监控系统：高清摄像头、传感器<br>3. 智能巡检：无人机巡检、智能巡检系统 | 1. 煤炭产量提升：日产量提升约 20%<br>2. 事故率下降：事故发生率下降 30%<br>3. 运输效率提升：自动化运输系统提高运输效率约 15% | 1. 技术更新换代快：持续资金投入压力大<br>2. 人才技能提升：员工需掌握新技术操作<br>3. 数据安全与隐私保护：大量数据收集和分析的隐私保护问题 |
| 陕煤集团红柳林矿业有限公司 | 1. 工业互联网平台：矿鸿、云基础设施、数字平台<br>2. 智能综采系统：智能综采、智能辅运、智能主煤流<br>3. 安全管理系统：视频监控系统、人员定位系统 | 1. 生产效率与安全提升：综采作业人员减少 50%，安全事故显著降低<br>2. 成本降低：IT 基础设施集约化建设，减少资源浪费<br>3. 管理效益提升：物联网技术提高管理水平，减少人工操作 | 1. 系统稳定性：智能化设备需适应复杂多变的矿山环境<br>2. 决策支持局限性：智能决策系统尚不能完全替代人工决策<br>3. 系统整合难度大：原自动化系统与智能化系统整合困难 |

资料来源：笔者绘制。

# 四、研究结论

## （一）应用现状

### 1. 数字化智能化对传统能源行业的深刻赋能

在数智化转型的浪潮中，传统能源行业正经历着前所未有的变革，它不再是夕阳产业的代名词，而是焕发出了前所未有的生机与活力。大数据、云计算、物联网、人工智能等先进技术的深度融合，为这一传统行业赋予新的活力，使其在生产效率、成本控制、安全风险管理等多个维度实现了质的飞跃。

在生产效率方面，各公司通过引进数字设备，运用智能感知系统，机器人工作等智能系统，劳动生产率平均提高 20%～50%，能耗降低 15% 左右，事故发生率降低 30%，自动化运输的应用使运输效率增加 30%。韩会朝和徐康宁认为智能化通过对生产管理系统的优化整合和对企业流程的改进重塑，促进了生产过程的精准化与高效化，提高了资源的利用效率①。

在成本控制方面，数智技术同样展现出了其独特优势。Kaur 和 Sood 等认为工业智能化通过改进组织生产管理方式、提升组织敏捷性、变革组织内外部沟通效率等方式直接或间接地提高了企业绩效②。实现了流程的优化和资源的有效整合，从而显著降低了企业的运营成本。同时，部分企业网络升级降低了IT 基础设施的运维成本和资源浪费现象，为企业实现成本控制目标提供了有力的技术支持。

在安全风险的智能化防控方面，作为高危行业的代表，煤炭和化工行业始终将安全生产放在首位，这也正是所有能源企业智能化数字化转型升级的重要目的。通过实时监控系统对生产环境中的员工位置状态、生产环境参数及设备运行数据进行全面监测与分析，企业数据观测人员能够及时发现并处理潜在的安全隐患，有效降低了生产过程中的安全风险，减少了生产中安全事故发生的可能。

---

① 韩会朝，徐康宁. 智能化改造对我国企业生产率的影响研究 ［J］. 南京社会科学，2020（4）：32-37+54. DOI：10. 15937/j. cnki. issn1001-8263. 2020. 04. 005.

② Kaur N，Sood S K. Efficient resource managementsystem based on 4Vs of big data streams ［J］. Big DataResearch，2017（9）：98-106.

2. 数字化智能化对高质量发展的全方位促进

（1）加速产业升级与转型。

数字化智能化技术的应用不仅提升了企业的生产效率、降低了运营成本并增强了安全风险防控能力，更是为企业引进了全新的发展理念与生产管理模式。通过构建以数据为核心的生产管理体系和工业互联网平台，企业能够实现生产过程的全面化、同步化和智能化管理。数智技术的应用还促进了企业间的信息共享和协同创新，推动了产业链上下游的深度融合和协同发展，为传统能源行业的转型升级注入了新的活力。

（2）推动能源产业高质量发展。

陕北能源企业的数字化智能化转型升级不仅为自身带来了可见的经济和社会效益，更为全国能源行业的高质量发展树立了标杆和典范。随着企业在生产、管理、安全监督等方面的不断创新与实践，数智化技术必将与能源产业深度融合并产生更加广泛而深远的影响。这将有助于推动我国能源产业的结构优化和转型升级，提高能源利用效率和清洁化水平，达到"碳达峰、碳中和"的目标。

## （二）存在的问题与挑战

### 1. 人才短缺与技能提升

企业普遍面临的关键问题是专业化人才的匮乏，特别是在科技数据与计算机领域，供需矛盾突出。吸引并留住这些高端技术人才，用科技促进公司进一步发展，以支撑公司技术升级与尖端融合，成为能源企业共同的难题。同时，伴随企业数字化智能化转型的深入，现有老员工在新型技能上的不足也日益显现。因此，加强员工培训，提升其技能水平，以适应快速变化的技术环境，成为企业不可忽视的重要任务。而这所需的时间和资源均是企业所要面临的问题。

### 2. 数据处理与信息安全

对于煤炭企业来说，尤为显著的是数据处理方面的挑战。面对海量、多维度的生产、生活及管理数据，如何高效处理与分析成为制约企业发展的重要瓶颈。当前，多数企业的数据处理能力仍停留在初级阶段，难以充分挖掘数据价值以支持决策制定。此外，数据安全问题也不容忽视，当生产信息变成一条条可视的数据，如何在数字化进程中确保数据不被泄露，成为企业必须面对的另一大挑战。

### 3. 投入与收益的不平衡

智能化数字化改造需巨额投入，初期投资与即时回报间存在显著落差，令企业在数智化征途上承受重压，前进势能不足。初期投资与即时经济回报的错位，往往使企业陷入资金与运营的双重压力之中。资金来源的有限性及数智化效益的隐蔽性与长期性特征，要求企业在初期必须谨慎控制投入与收益的关系，确保项目的可持续性。

4. 设备适应性与运维难题

在煤矿等复杂环境下，对于智能化设备的高要求成为又一大挑战。井下环境的多变性和恶劣性要求设备必须具备极强的环境适应性和稳定性，因此，研发人员必须走出实验室，前往真实工作环境，制作出适应真实复杂工作环境的机器。同时，设备的维护与检修也是一项重要任务，需要专业团队及时响应，在现场随时跟进，有问题在最短时间内解决，确保设备正常运行，尽可能减少设备损坏造成的损失。因此，提高设备的实际应用性，实现理论与实际的完美结合，及时维护与检修设备，是提升设备效能、赋能生产的关键。

5. 科技与人工的平衡

在追求数智化升级的同时，企业还需兼顾经济效益与社会责任，平衡好科技设备与人工之间的关系。数智化技术的引入旨在辅助而非替代人工，确保在提升生产效率的同时，不造成人工岗位的流失。这一平衡点的把握，不仅关乎企业的长远发展，也体现了企业对社会责任的承担。因此，企业在确定转型方向及拓展智能应用场景时，需充分考虑这一因素，保障员工的权益。各企业数智化转型挑战词云如图4所示。

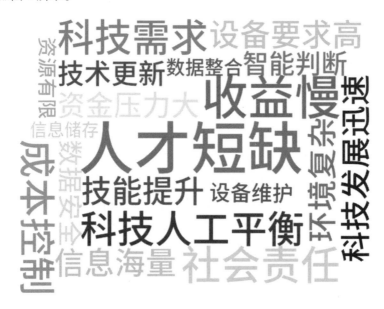

**图4　各企业数智化转型挑战词词云**

资料来源：笔者绘制。

## （三）数字化智能化技术在传统能源行业中的发展趋势

首先，在技术创新与应用深化方面，5G、边缘计算、区块链等前沿技术将与大数据、人工智能等核心技术深度融合，为传统能源行业量身打造高效、稳定的数字化解决方案。未来，智能化与自动化的深度融合将成为能源行业发展的主流趋势，如智能化矿井的建设，将涵盖智能监控、自动化运输系统、无人机巡检等多个方面，引领能源行业数字化发展的新方向。同时，智能化开采技术将持续创新，向更深层次自动化迈进，逐步实现采矿作业的全面自动化及智能机器人的广泛应用。其次，在数据驱动的决策支持方面，数字化转型浪潮中，数据已成为企业战略决策不可或缺的基石。通过深度融合大数据与云计算技术，企业不仅能够深入剖析生产运营中的每一个细节，挖掘潜在价值，实现运营流程的极致精细化，还能加速向智能化管理转型的步伐。展望未来，数据分析的深度与广度将持续拓展，为企业提供前所未有的洞察能力，确保决策过程更加科学、精准，引领企业稳健前行于竞争激烈的市场中。

此外，在网络安全与信息安全方面，随着能源行业数字化程度的不断提高，网络安全与信息安全问题日益凸显。为确保能源网络基础设施的稳定运行及数据的安全存储与传输，企业需高度重视网络安全建设，加大投入力度，采用先进的安全技术如入侵检测系统、加密技术及安全协议等，构建全方位、多层次的动态防御体系。同时，需建立健全预警、监测、响应机制，提高应对网络安全威胁的能力，为能源行业的数字化转型保驾护航。而可持续发展与绿色能源方面，数字化转型不仅是提升能源行业竞争力的关键途径，也是推动绿色低碳发展的重要手段。通过数字化转型，能源行业将加快构建清洁低碳、安全高效的能源体系，促进能源消费模式的转变和能源利用效率的提升。同时，将加强能源安全保障能力建设，确保国家能源安全和经济社会的可持续发展。在投资与成本效益方面，在能源行业数字化转型过程中，投资与成本效益问题需引起高度重视。企业需根据自身实际情况和发展需求，合理制订投资计划并加强成本控制管理。同时需密切关注市场动态和技术发展趋势，灵活调整投资策略和方案以应对潜在风险挑战。在确保经济效益的前提下实现技术升级和产业升级目标。

# 五、对策建议

## （一）建立多元化人才引进与员工培训策略

建立健全的员工培训体系，通过在线课程、研讨会和工作室等方式，针对不同岗位和层级的员工设置差异化的培训课程，重点加强员工在大数据分析、云计算、人工智能等新兴技术领域的培训，提升员工的专业技能、数字技能和综合素质。同时，建立内部晋升机制，让优秀员工有机会在更广阔的平台上发挥才能。

## （二）构建数据处理与保护体系

引入先进的数据处理工具。为了应对日益庞大的数据量和复杂的数据处理需求，企业应当积极引入大数据处理平台及数据挖掘技术等先进工具。通过运用工具显著提升数据处理的速度和效率，确保数据处理的准确性和实时性。采用分布式计算框架和高效的算法，大数据处理平台能够轻松处理 PB 级的数据量，满足企业对大规模数据快速处理的需求。同时，数据挖掘技术能够深入探索数据之间的关联性，挖掘出隐藏在数据背后的有价值信息，为企业决策提供科学依据。当具体实施时，企业应对现有数据处理流程进行全面评估，选择适合自身业务需求的数据处理工具，并配置相应的硬件资源，确保数据处理工作的顺利进行。

建立数据治理体系。数据治理是企业数据管理的重要组成部分，对于保障数据质量、提升数据分析结果的准确性至关重要。企业应建立一套完整的数据治理体系，包括制定数据标准、管理规范和操作流程。首先，明确数据定义的统一性，确保不同部门、不同系统间数据的互操作性和一致性。其次，建立数据质量监控机制，定期检查和评估数据准确性、完整性和时效性，及时发现并解决数据质量问题。最后，通过数据字典和元数据管理，提供数据资产的全面视图，支持数据的有效利用和共享。在数据治理体系的建设过程中，企业应注重跨部门协作，确保各项治理措施的有效执行和持续优化。

培养数据分析人才。数据分析人才是企业数字化转型的核心驱动力。为了充分挖掘数据价值、优化企业运营和创新业务模式，企业应加强对数据分析人才的培养和引进。首先，建立系统的培训计划，涵盖数据分析基础知识、统计方法、数据挖掘技术和业务理解能力等多个方面。通过内部培训和外部引进相结合的方式，构建一支高素质的数据分析团队。其次，鼓励数据分析人员深入业务一线，了解业务需求和市场动态，确保数据分析结果贴近实际，具有可操作性。最后，建立数据分析成果激励机制，激发数据分析人员的积极性和创造力，推动企业数据分析工作的持续创新和发展①。

### （三）投入与收益的不平衡应对策略

在项目的初始阶段进行风险评估与管理。在数字化项目的初始启动阶段，进行详尽的风险评估与管理是至关重要的。这一过程需要综合运用定性和定量的方法，对市场风险、技术风险及财务风险进行全面而深入的剖析。市场风险方面，需评估市场需求的不确定性、竞争对手的动态以及行业政策变化可能对项目带来的影响。技术风险则聚焦于技术选型的适宜性、系统稳定性及数据安全性等方面。财务风险则涵盖投资规模、资金回收周期及成本控制等因素。通过构建风险矩阵，明确各项风险的优先级和潜在影响，进而制定针对性的风险控制措施，包括风险规避、减轻、转移和接受等策略，以确保项目能够平稳推进。

制定阶段性投资策略。为有效缓解初期大规模投资带来的不确定性，建议实施阶段性投资策略。这一策略将数字化项目细化为多个相互关联而又相对独立的实施阶段，每个阶段均设定明确的目标、任务及预期收益。在每个阶段结束后，通过严格的评审机制，对阶段成果进行评估与验收，确保项目按既定路径稳步推进。同时，根据前一阶段的实施效果和市场反馈，灵活调整后续阶段的投资计划，确保资金的合理配置与高效利用。阶段性投资策略不仅有助于降低投资风险，还能在项目执行过程中不断优化资源配置，提升项目的整体效益。

探索多元化的融资渠道。为确保数字化项目的顺利实施，企业应积极探索多元化的融资渠道。首先，争取政府补贴是降低融资成本、分担投资风险的有效途径。企业应密切关注国家和地方政府的政策导向，积极申报符合条件的数字化项目，争取获得财政资金的支持。其次，向银行贷款也是常见的融资方式之一。企业应根据项目需求和自身财务状况，选择合适的贷款产品，合理安排还款计划，确保资金流的稳定。最后，吸引合作伙伴投资也是值得考虑的途径。通过寻求与产业链上下游企业、投资机构等建立战略合作关系，共同分担投资风险，共享项目收益，推动项目的快速发展。多元化的融资渠道有助于降低对单一资金来源的依赖风险，提高项目的抗风险能力。

建立效益跟踪与评估机制。为确保数字化项目的可持续发展，建立健全的效益跟踪与评估机制至关重要。企业应制定详细的评估指标体系和评估周期，定期

---

① 续继，王于鹤. 数据治理体系的框架构建与全球市场展望——基于"数据二十条"的数据治理路径探索［J］. 经济学家，2024（1）：25-35. DOI: 10.16158/j.cnki.51-1312/f.2024.01.003.

对项目的经济效益与社会效益进行客观、全面的评估。经济效益方面，主要关注投资回报率、成本节约、收入增长等量化指标；社会效益方面，则考虑项目对提升品牌形象、增强客户满意度、推动行业进步等方面的贡献。通过定期的效益评估，企业可以及时了解项目的实施效果和市场反馈，为后续的决策调整提供科学依据。同时，根据评估结果，企业还可以及时调整投资策略、优化资源配置，确保项目目标的顺利实现和项目的可持续发展。

### （四）设备适应性与运维难题解决方案

实施定制化研发策略。在复杂多变的井下作业环境中，设备的适应性是决定其性能稳定性和运行效率的关键因素。因此，建议采取定制化研发策略，即针对井下环境的具体特点，进行设备的专项设计与改造。这一策略要求深入了解井下环境的温度、湿度、气压、粉尘浓度等参数，以及地质结构、煤层厚度等地质条件，从而确保设备能够在极端条件下稳定工作。定制化研发过程中，应注重材料的耐腐蚀性、抗磨损性和耐高压性能，以及设备的密封性、防爆性和抗震性等方面的设计。同时，通过模拟实验和现场测试，不断优化设备结构，提升其在复杂环境中的适应能力。

加强物联网与大数据技术的应用。为了进一步提升设备的运行效率和稳定性，建议充分利用物联网和大数据等先进技术。通过在设备上安装传感器，实时采集运行数据，如温度、压力、振动频率等，将这些数据传输至云端服务器进行集中处理和分析。利用大数据分析技术，可以识别出设备运行中的潜在问题，预测设备故障的发生概率，为设备的预测性维护提供数据支持。同时，结合物联网技术，实现设备的远程监控和智能诊断。通过构建智能监控系统，可以实时监测设备的运行状态，一旦发现异常情况，立即触发预警机制，并给出具体的维护建议。此外，物联网技术还可以实现设备的远程控制，提高维护效率，降低运维成本。

重视专业运维团队的建立。为确保设备故障能够得到及时、有效的解决，建议建立专业的运维团队。这个团队应具备丰富的井下设备维修经验和专业技能，能够迅速响应设备故障，提供准确的故障诊断和修复方案。团队成员应接受系统的培训，熟悉各种井下设备的结构和工作原理，掌握先进的维修技术和工具。同时，团队应建立全天候的快速响应机制，确保在设备出现故障时能够迅速到达现场，进行紧急修复。此外，运维团队还应建立设备故障数据库，记录和分析每次故障的原因和处理过程，为未来的设备改进和维护提供参考。

### （五）科技与人工平衡发展策略

重视科技与人工的和谐共生。在数字化转型的浪潮中，企业需深刻理解科技与人工的共生关系，构建人机协作的新型工作模式。这要求企业在引入先进科技设备的同时，充分考虑如何将其与人工操作无缝对接，形成互补优势。具体而言，企业应设计智能化的工作流程，使科技设备承担重复性高、劳动强度大的任务，而人类则专注于决策制定、问题解决及创新思考等关键环节。通过这样的分工合作，不仅能够显著提升工作效率，还能确保工作质量的持续提升。同时，企业需持续关注人机协作过程中的摩擦点，不断优化工作流程，实现科技与人工的最佳融合。

加强社会责任与企业文化建设。在推进数字化转型的过程中，企业不应忽视自身的社会责任与企业文化建设。首先，企业应确保数字化转型不会引发大规模的岗位流失问题，通过优化岗位设置、开展内部转岗培训等方式，为受影响的员工提供新的职业发展机会。其次，企业应强化企业文化建设，通过宣传数字化转型的战略意义、分享成功案例等方式，增强员工对变革的认同感与参与度。同时，企业还应鼓励员工提出改进建议与创新想法，建立开放、包容的创新氛围，激发员工的创造力与积极性。

建立创新激励机制。为进一步激发员工的创造力与积极性，企业应建立有效的创新激励机制。包括设立创新基金、举办创新大赛、设立专项奖励等多种形式。具体而言，企业可以设立创新项目孵化平台，为有潜力的创新项目提供资金、技术与市场支持；举办年度创新大赛，鼓励员工围绕数字化转型提出新思路、新方法；设立"创新之星"等奖项，对在数字化转型中做出突出贡献的个人或团队给予表彰与奖励。通过这些措施，企业能够充分调动员工的创新热情与积极性，为数字化转型注入源源不断的动力。

# 数字经济背景下能源安全问题研究

## ——以甘肃省能源企业数字化转型为例

邹夏露　李洁　王璐瑶　朱蕊　雷梁宸　富思宇　周航[*]

**摘要：** 随着信息技术的飞速发展，数字经济已成为推动经济增长的新引擎。甘肃省作为我国重要的能源基地，其数字经济和能源安全对于该地区乃至国家经济发展具有重要意义。本文通过对甘肃省数字经济和能源安全的现状进行深入调研，发现甘肃省传统能源资源丰富，但部分地区面临着能源供应不足，能源产业结构单一，转型升级压力大等问题。随着数字经济的发展，越来越多的能源企业已经实现数字化转型，有效减少不必要的能源浪费，降低环境污染，推动工业发展绿色转型。由此，本文向甘肃省能源企业的员工进行问卷调查，结果显示大部分员工对能源企业数字化转型了解较少，但总体认为数字经济会成为之后经济发展的主流，对于促进企业生产率、推动就业有正向作用。针对上述现状，本文提出了相应的建议，认为甘肃省在数字经济背景下保障能源安全，需充分发挥数字经济的优势，推动能源产业转型升级，实现能源安全与经济发展的协同。

**关键词：** 数字经济；能源转型；能源安全；企业数字化转型

# 一、引 言

能源是建设双循环新发展格局的动力来源和基础保障，能源安全也是当今影响经济与社会发展的重要议题。随着能源供给侧结构性改革的持续推进，我国多轮驱动的能源供应体系基本建成，能源绿色低碳转型的步伐不断加快，能源

---

[*] 邹夏露、李洁、王璐瑶、朱蕊、雷梁宸、富思宇、周航，西北大学经济管理学院硕士研究生。

安全保障能力不断提升。然而，近年来受传统化石能源退出、气候变化、贸易摩擦、新冠疫情和地缘政治冲突等多种因素影响，全球的能源供应链遭受了严重冲击，世界能源市场不确定性增大，这给国家能源安全带来了新的风险与挑战。

作为新一轮科技革命的产物，数字经济是经济工业化进入高级阶段之后的必然发展趋势，能够有效赋能数字经济与能源系统的融合发展，进而深刻影响能源企业数字化转型，保障国家能源安全。随着新一代信息技术的广泛应用，数字技术与能源行业逐步融合，并为行业高质量发展赋能。煤矿智能化、智慧油气田、智能电网建设得到快速推进，电网、热网、燃料网甚至水网等多网融合，可以使现代能源体系呈现包容、韧性、绿色、低碳、智慧的特征①。目前，甘肃省正处在数字经济发展的机遇期与窗口期，"数字甘肃"进程的快速推进拓展了甘肃省传统能源供应安全的内涵与维度。甘肃省数字经济的发展不仅可以推动能源企业转型，还可以推动能源体系的可持续发展。现有研究对能源安全与能源转型的研究成果较为丰富，在能源安全面临的挑战方面，学者们主要认为其原因集中在能源对外依存度高②和能源系统韧性不足③等方面，而且现有能源转型的研究主要集中于能源供应安全④等视角。但能源转型本身具有高度复杂性和多维性，需要进行更为全面和系统的研究，以实现研究结果的深化与拓展。上述研究翔实充分，但数字经济影响能源安全的相关研究较少，且未有文献从特定地区能源企业转型这一角度切入，以往的研究可能更多关注数字经济在宏观层面或其他地区的影响。

基于此，本次调研通过实地考察、访谈及问卷调查的方法，对甘肃省庆阳市长庆油田第七采油厂环江生产基地、全国一体化算力网络国家枢纽（甘肃·庆阳）节点、庆阳能源化工集团有限公司及甘肃瑞庆新能源集团有限公司进行实地调研，了解数字经济对甘肃省庆阳市能源化工相关企业的影响，深刻剖析能源企业的数字化转型程度与路径，从中总结在数字经济背景下能源企业数字化对保障国家能源安全的可能路径，并为甘肃省庆阳市能源企业的数字化转型

① 高俊莲，张博，张国生，等．数字经济时代我国能源模型的创新发展研究［J］．中国科学院院刊，2024，39（8）：1336-1347.

② 徐孝民，刘星月，陈平泽．能源安全保障的驱动路径与实践策略：基于地方财政自主度的视角［J］．中国软科学，2024（7）：13-24.

③ 朱彤．能源安全新风险与新逻辑：系统韧性的视角——兼论新逻辑下我国能源安全问题与战略思路［J］．技术经济，2023，42（2）：1-10.

④ 王永中，万军，陈震．能源转型背景下关键矿产博弈与中国供应安全［J］．国际经济评论，2023（6）：147-176+8.

提供经验与借鉴。

# 二、研究背景与问题提出

## （一）研究背景

数字经济关系到国家发展大局，是掌握新一轮科技革命和产业变革的战略选择，数字经济的快速发展在促进能源发展转型方面发挥了重要作用，并为其带来了新的机遇和挑战。如何实现短时间内的能源转型，已成为我国政府部门迫切关注的现实问题，能源转型离不开能源产业。目前，关于数字化能源发展转型与能源安全研究仍存在诸多不足，学者们对该方向的研究文献数量较少，研究视角较为单一，研究方法也极度缺乏。甘肃省能源转型发展具有典型性和代表性，因此，分析甘肃省数字经济对能源转型的影响及作用机制，可以深入探讨资源型省份在能源转型过程中面临的挑战和机遇，为其他省份提供借鉴经验，推动中国能源绿色低碳转型。此外，通过深刻剖析能源企业的数字化转型程度与路径，研究数字经济背景下能源企业数字化对保障国家能源安全的作用机制，并为相关部门提供建议。

## （二）文献综述

### 1. 数字经济与能源转型

大部分学者认为数字经济可以实现能源发展转型，作用机制主要有创新驱动、降低成本、政府补贴，提高城市经济、产业和人才的集聚程度，此外，数字经济对能源发展转型存在非线性影响[①]。聚焦能源领域，大部分的研究集中在能源效率和能源消费上，认为通过推动技术进步，促进技术外溢，加速先进技术的传播，促进区域间知识共享，进而间接提升能源利用效率、优化资源配置等方式，数字经济能够有效提升能源利用效率，降低碳排放强度，推动城市可持续发展[②]。数字经济以技术创新和产业结构升级作为传导机制，影响能源效率。一

---

① 林永佳，杨畅，蔡幸. 企业数字化转型与绿色创新能力升级——基于网络效应的分析 [J]. 现代财经（天津财经大学学报），2023，43（2）：3-19.

② 方冬莉. 数字经济对中国城市能源利用效率的影响——基于技术赋能和技术外溢视角 [J]. 资源科学，2023，45（2）：296-307.

方面，数字经济加速数字技术在创新活动中的渗透和应用，降低创新成本，提高创新效率，从而推动清洁能源技术的应用和能源效率的提升，称为技术创新驱动效应。另一方面，数字经济催生新产业、新业态和新模式，推动产业结构升级，优化资源配置，降低能源消耗，进而提升能源效率，称为产业结构优化效应①。

2. 数字经济与能源安全

在数字经济纵深发展的时代，能源系统的数字化建设成为能源发展的新思路。数字与能源系统趋于融合发展，一方面，数字经济具有高技术属性。有助于解决能源生产端和消费端信息供需不平衡的矛盾，使能源供需精准匹配，形成定制化生产。并且，数字经济的广泛渗透，可以对能源系统进行实时监管，从技术层面提高能源安全。另一方面，数字经济具备高能耗属性，其能耗随着数字经济的发展呈指数级增长态势，将影响能源供应的稳定性，从而降低能源安全。数字经济深入联系着能源的生产、运输、消费、技术创新等各个环节，从各方面对能源安全产生影响②。目前，关于数字经济影响能源安全的相关研究较少，缺少微观层面上从个体到企业到整体的分析。在研究方法上，现今关于数字化能源转型的研究更多以地区总体数据进行定量分析，对具体的实际访谈以及针对能源企业个体的定性与定量分析都极为缺乏。

# 三、研究分析

## （一）研究设计与实施

1. 调研地点

（1）甘肃省环县。

环县③，隶属于甘肃省庆阳市，位于甘肃省东部，总面积9236平方千米，总人口36.42万人。环县拥有丰富的矿产资源，煤炭预测储量684亿吨，煤层气3480亿立方米，石油地质储量超过5亿吨，年产量超过200万吨，是长庆油田主

---

① 刘建江，李渊浩. 数字经济如何赋能全要素能源效率提升？[J]. 财经理论与实践，2023，44（2）：105-113.

② 余紫菱，马莉莉. 数字经济与能源安全：基于能源消费和能源转型速率的视角 [J]. 北京石油管理干部学院学报，2023，30（6）：72.

③ 《环县年鉴2022》. 庆阳市人民政府.

产区。此外环县实施"引强入环"工程，以优势产业和龙头企业为引领，以清洁能源开发、产业项目发展、社会公共服务为抓手，5年来招引项目55个，引入资金200.19亿元。①

（2）甘肃省庆阳市。

庆阳市，甘肃省辖地级市②，总面积27119平方千米。截至2023年末，庆阳市常住人口213.25万人，被誉为"红色圣地、岐黄故里、农耕之源、能源新都"。庆阳市能源资源富集，境内油煤气风光资源共生，是鄂尔多斯盆地的重要组成部分和陕甘宁能源"金三角"规划的重点区域③。境内已探明石油地质储量20亿吨、已探明天然气总资源量2万亿立方米、煤炭预测储量2360亿吨。估算全市风光资源可开发利用量约1030万千瓦，其中风电800万千瓦、光伏230万千瓦。2023年，庆阳市实现地区生产总值1100.37亿元、增长8.5%，居全省第四位；第二产业增加值增长为11.1%，居全省第三位；规模以上工业增加值增长12.6%，居全省第二位（见图1）。④

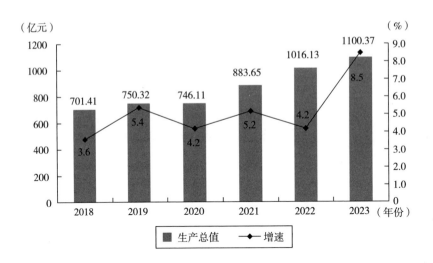

图1　2018~2023年庆阳市地区生产总值及增速

资料来源：2023年庆阳市国民经济和社会发展统计公报.甘肃省统计局。

---

① 环县概况.环县人民政府。
② 庆阳简介.庆阳市人民政府。
③ 自然资源.庆阳市人民政府。
④ 庆阳市2023年国民经济和社会发展统计公报.庆阳市人民政府。

2. 调研对象

（1）长庆油田第七采油厂环江生产基地。

长庆油田第七采油厂隶属于中国石油天然气股份有限公司，是长庆油田公司2000年后新组建的采油厂之一，是以石油开发、生产建设为主的专业化采油生产基地。该厂成立于2006年10月，生产勘探区域达4479.23平方千米，员工平均年龄26岁，近年来按照长庆油田公司原油产量以每年20万吨以上的增幅快速攀升。在本次调研过程中，团队走访了环江作业区环三联合站，对厂区作业流程、日常管理、数字化操作技术进行了解。

（2）全国一体化算力网络国家枢纽（甘肃·庆阳）节点。

庆阳是全国一体化算力网络国家八大枢纽节点和十大数据中心集群之一，是冉冉升起的"中国算谷"。算力是AI时代的核心生产要素，也是驱动新质生产力的基础能源。庆阳市深刻把握人工智能时代算力发展脉搏，定位智算、链接智能、发展智产，加速推进十大绿色数据中心建设，全力打造数字经济千亿级产业链。目前已建成投运标准机架1.5万台，算力规模从去年底的5000P增加到1.2万P，庆阳数据中心集群建设跃上了新能级。

（3）庆阳能源化工集团有限公司和甘肃瑞庆新能源集团有限公司。

庆阳能源化工集团有限公司成立于2013年[①]，是由庆阳市政府注册成立的全市唯一一家以能源化工产业开发和相关配套服务为主营业务的国有独资企业，下设能源勘探开采、开发利用、钻采工程服务、机械制造维修、能源开发融资担保5个股份制子公司，首期注册资本5亿元，中长期计划为120亿元，已于2018年完成了股权融资。

甘肃瑞庆新能源集团有限公司[②]，成立于2022年7月27日，位于甘肃省庆阳市，是一家以从事电力、热力生产和供应业为主的企业。企业注册资本5000万元。许可项目包括发电业务、输电业务、供（配）电业务；输电、供电、受电电力设施的安装、维修和试验；建设工程施工等。

**（二）研究结果分析**

1. 样本基本情况

在本次调研实践中，本团队分别在环江油田、甘肃能源化工集团有限公司和甘肃瑞庆新能源集团有限公司各自进行了调查。首先，通过座谈会的形式与三家企业的管理者进行访谈，随后，利用"问卷星"小程序投放问卷，经筛选，截

① 庆阳能源化工集团有限公司正式成立. 中国网。

② 甘肃瑞庆新能源集团有限公司. 天眼查。

至 7 月 25 日共有 100 份有效调查问卷，样本情况的描述性统计如表 1 所示。

表 1　描述性统计

| 题目 | 选项 | 频数 | 百分比（%） |
|---|---|---|---|
| 您的性别是? | 男 | 36 | 36.00 |
| | 女 | 64 | 64.00 |
| 您的年龄是? | 25 岁以下 | 14 | 14.00 |
| | 25~35 岁 | 29 | 29.00 |
| | 36~45 岁 | 50 | 50.00 |
| | 45 岁以上 | 7 | 7.00 |
| 您的工作年限是? | 3 年以下 | 40 | 40.00 |
| | 3~5 年 | 24 | 24.00 |
| | 6~8 年 | 17 | 17.00 |
| | 9~10 年 | 8 | 8.00 |
| | 10 年以上 | 11 | 11.00 |
| 您的员工性质是? | 全职员工 | 20 | 20.00 |
| | 合同制员工 | 59 | 59.00 |
| | 临时工/实习生 | 21 | 21.00 |
| 您的工资是? | 3000 元以下 | 13 | 13.00 |
| | 3000~4999 元 | 22 | 22.00 |
| | 5000~10000 元 | 21 | 21.00 |
| | 10000 元以上 | 44 | 44.00 |
| 合计 | | 100 | 100.0 |

由表 1 可知，在受访者中，女性比例略高于男性，女性占 64%，而男性占 36%。受访者的年龄主要集中在中青年阶段，其中 36~45 岁的人群占比最高，达到 50%。随后是 26~35 岁的人群，占比为 29%。25 岁以下和 45 岁以上的受访者分别占比 14% 和 7%。近一半的受访者（40%）工作年限在 3 年以下，显示出较高的流动性或新入职比例。工作年限在 3~5 年的人群占 24%，6~8 年的占 17%，9~10 年的占 8%，而 10 年以上的老员工仅占 11%。合同制员工是受访者的主要构成部分，占比高达 59%。全职员工和临时工/实习生分别占 20% 和 21%，显示出多元化的用工形式。受访者的工资水平呈现两极分化趋势，高收入和低收入群体均占较大比例。具体来说，工资在 10000 元以上的受访者占比最高，达到 44%；其次是 3000~4999 元和 5000~10000 元两个区间，分别占比为 22% 和

21%；而工资在 3000 元以下的受访者占比最低，为 13%。

2. 信效度分析

（1）信度。

根据表 2，我们发现针对数字经济发展、数字化转型及经济发展三个领域的问卷或量表，其内部一致性均表现优异，具体表现为克隆巴赫 Alpha 系数分别高达 0.852、0.832 和 0.863，均远超 0.7 的良好标准。同时，每个变量均包含 5 个测量项目，确保了评估的全面性和均衡性。总维度的克隆巴赫 Alpha 系数更是达到了 0.929，显示出整个量表极高的内部一致性和可靠性。这些数据充分证明了该问卷或量表在评估上述领域时具有较高的科学性和有效性，为相关研究和应用提供了坚实的基础。

表 2　信度分析

| 变量 | 克隆巴赫 Alpha | 项数 |
|---|---|---|
| 数字经济发展 | 0.852 | 5 |
| 数字化转型 | 0.832 | 5 |
| 经济发展 | 0.863 | 5 |
| 总维度 | 0.929 | 15 |

（2）效度。

由表 3 可知，本次研究的 KMO 取样适切性量数高达 0.878，显示出变量间具有较强的共同因素，非常适合进行因子分析。同时，巴特利特球形度检验的近似卡方值为 898.346，自由度为 105，且显著性水平低于 0.001，强烈拒绝了变量间相互独立的假设，进一步确认了数据适合进行因子分析。综上所述，本次数据集具备高度的内部相关性和因子分析的适宜性。

表 3　效度分析

| KMO 取样适切性量数 | | 0.878 |
|---|---|---|
| 巴特利特球形度检验 | 近似卡方 | 898.346 |
| | 自由度 | 105 |
| | 显著性 | 0.000 |

（3）主成分分析。

从表4可以看出，前三个主成分共同解释了65.433%的方差，将题目划分为三个维度。旋转后的成分矩阵如表5所示。

表4　主成分分析

| 成分 | 总力差解释 | | | | | | | | |
|---|---|---|---|---|---|---|---|---|---|
| | 初始特征值 | | | 提取载荷平方和 | | | 旋转载荷平方和 | | |
| | 总计 | 方差百分比 | 累积% | 总计 | 方差百分比 | 累积% | 总计 | 方差百分比 | 累积% |
| 1 | 7.579 | 50.527 | 50.527 | 7.579 | 50.527 | 50.527 | 3.819 | 25.462 | 25.462 |
| 2 | 1.230 | 8.197 | 58.725 | 1.230 | 8.197 | 58.725 | 3.134 | 20.891 | 46.353 |
| 3 | 1.006 | 6.709 | 65.433 | 1.006 | 6.709 | 65.433 | 2.862 | 19.080 | 65.433 |
| 4 | 0.812 | 5.413 | 70.846 | | | | | | |
| 5 | 0.785 | 5.231 | 76.077 | | | | | | |
| 6 | 0.638 | 4.251 | 80.328 | | | | | | |
| 7 | 0.593 | 3.953 | 84.281 | | | | | | |
| 8 | 0.510 | 3.397 | 87.677 | | | | | | |
| 9 | 0.481 | 3.209 | 90.886 | | | | | | |
| 10 | 0.335 | 2.233 | 93.119 | | | | | | |
| 11 | 0.262 | 1.745 | 94.864 | | | | | | |
| 12 | 0.224 | 1.493 | 96.356 | | | | | | |
| 13 | 0.195 | 1.298 | 97.655 | | | | | | |
| 14 | 0.192 | 1.283 | 98.938 | | | | | | |
| 15 | 0.159 | 1.062 | 100.000 | | | | | | |

注：提取方法为主成分分析法。

表5　旋转后的成分矩阵

| 题目 | 成分 | | |
|---|---|---|---|
| | 1 | 2 | 3 |
| 1. 我认为数字经济的发展能够改变居民的生活方式 | | | 0.811 |
| 2. 我认为数字经济的发展能够增加就业岗位 | | | 0.807 |

续表

| 题目 | 成分 | | |
|---|---|---|---|
| | 1 | 2 | 3 |
| 3. 您认为数字经济的发展能够优化产业结构 | | | 0.716 |
| 4. 您认为数字经济的发展提升了当地的创新能力 | | | 0.644 |
| 5. 您认为数字经济对当地 GDP 增长的贡献程度较高 | | | 0.769 |
| 6. 我了解能源企业数字化转型的相关政策 | 0.504 | | |
| 7. 我认为能源企业数字化转型应该关注的重点是技术创新 | | 0.702 | |
| 8. 我认为能源企业数字化转型应该关注的重点是能源安全 | 0.608 | | |
| 9. 我认为能源企业数字化转型应该关注的重点是机制体制创新 | | 0.751 | |
| 10. 我认为能源企业数字化转型应该关注的重点是发展新能源 | | 0.542 | |
| 11. 您认为数字经济与能源企业数字化转型在促进当地经济发展方面存在协同效应 | 0.679 | | |
| 12. 您认为数字经济与能源企业数字化转型的协同作用，对当地 GDP 增长有额外贡献 | 0.786 | | |
| 13. 您认为数字经济与能源企业数字化转型的协同作用，对当地就业市场有影响 | 0.738 | | |
| 14. 您认为数字经济与能源企业数字化转型的协同作用，对当地产业结构的优化有影响 | 0.703 | | |
| 15. 您认为数字经济与能源企业数字化转型的协同作用，对当地经济的可持续发展有推动作用 | 0.659 | | |

从表 5 中可以看出，1~5 为一个维度（数字经济发展）、6~10 为一个维度（数字化转型）、11~15 为一个维度（经济发展）。

3. 问卷设计

为了探究企业层面员工对能源安全和数字化转型的认知，本团队设置了问卷内容，涵盖员工对能源转型、数字经济等问题的见解。

（1）问卷结构设置。

由前文可知，"能源企业转型和数字化应用调查"共 15 题，由三部分构成，1~5 题为数字经济发展相关；6~10 题为数字化转型相关问题；11~15 题为经济发展维度问题，下文将对该问卷进行分析。

（2）问卷分析。

由表6可知，能源企业转型重点：大多数受访者（40%）认为技术创新是能源企业转型应关注的首要重点，其次是能源安全（24%）和机制体制创新（17%）。这表明在能源领域，技术创新被视为推动转型的关键因素，同时能源安全和内部机制的优化也备受重视。新能源技术应用前景：40%的受访者对新能源技术的应用前景持乐观态度，认为其将得到广泛运用。另有26%的受访者认为新能源技术有一定发展潜力，但面临挑战。整体而言，大多数受访者（66%）对新能源技术持积极或中性看法，显示出对新能源技术的信心和期待。数字经济对我国经济发展的重要意义：受访者普遍认为数字经济在促进就业（37%）、转型升级（28%）和增强竞争力（24%）方面具有重要作用。同时，也有11%的受访者认为数字经济能提高企业生产率。数字经济的发展前景：超过一半的受访者（51%）认为未来消费者会更多地选择数字交易，显示出数字经济在消费领域的巨大潜力。然而，也有37%的受访者持保守态度，认为热度过后消费者可能会回归传统。仅有1%的受访者认为数字经济将成为未来的主流经济形式，而11%的受访者则认为商家会开发更多数字经济领域的生意。数字经济发展对员工生活的影响：大多数受访者（58%）认为数字经济使员工的生活方式更加方便，同时也有22%的受访者认为数字经济能带来额外收入增加。然而，也有14%的受访者认为数字经济会增加就业岗位，仅有6%的受访者提到了支出增加的可能性。

**表6　问卷概览**

| 题目 | 选项 | 频数 | 百分比（%） |
|---|---|---|---|
| 您认为能源企业转型应关注的重点是什么？ | 技术创新 | 40 | 40.00 |
| | 能源安全 | 24 | 24.00 |
| | 机制体制创新 | 17 | 17.00 |
| | 发展清洁低碳能源 | 8 | 8.00 |
| | 节能优先 | 11 | 11.00 |
| 您对新能源技术的应用前景是什么看法？ | 很乐观，将得到广泛运用 | 40 | 40.00 |
| | 有一定发展潜力，但面临挑战 | 26 | 26.00 |
| | 不确定，需要更多研究和发展 | 23 | 23.00 |
| | 不太乐观，将面临限制和困难 | 11 | 11.00 |
| 您认为数字经济对我国经济发展的重要意义是什么？ | 提高企业生产率 | 11 | 11.00 |
| | 促进转型升级 | 28 | 28.00 |
| | 促进就业 | 37 | 37.00 |
| | 增强竞争力 | 24 | 24.00 |

续表

| 题目 | 选项 | 频数 | 百分比（%） |
|---|---|---|---|
| 您认为数字经济的发展前景怎么样？ | 成为未来的主流经济形式 | 1 | 1.00 |
| | 消费者会更多地选择数字交易 | 51 | 51.00 |
| | 热度过后消费者还是会回归传统 | 37 | 37.00 |
| | 商家会开发更多数字经济领域的生意 | 11 | 11.00 |
| 您认为数字经济发展对员工生活的影响有哪些？ | 就业岗位增加 | 14 | 14.00 |
| | 生活方式更方便 | 58 | 58.00 |
| | 额外收入增加 | 22 | 22.00 |
| | 支出增加 | 6 | 6.00 |
| 合计 | | 100 | 100.0 |

综上所述，调查结果显示，受访者普遍对能源企业转型、新能源技术应用及数字经济发展持积极或中性看法，并认为这些领域将对经济和社会发展产生深远影响。

（3）单因素方差分析。

由表7可知，能源企业转型应关注的重点是男性平均评分为$2.78\pm1.46$，女性平均评分为$1.97\pm1.21$。$F$值为8.894，$p$值为0.004，小于0.01，表明男女在能源企业转型应关注的重点上存在极其显著的差异。在新能源技术的应用前景方面，结果表明男女在新能源技术应用前景的看法上没有显著差异。在数字经济对我国经济发展的重要意义方面，结果表明男女在数字经济对我国经济发展的重要意义上存在显著差异。在数字经济的发展前景方面，男性平均评分为$2.61\pm0.80$，女性平均评分为$2.56\pm0.64$。$F$值为0.110，$p$值为0.740，大于0.05，表明男女在数字经济发展的前景上没有显著差异。在数字经济发展对员工生活的影响方面，男性平均评分为$2.17\pm1.06$，女性平均评分为$2.53\pm1.22$。$F$值为2.258，$p$值为0.136，大于0.05，表明男女在数字经济发展对员工生活影响的看法上没有显著差异。尽管女性平均评分略高于男性，但这种差异在统计学上并不显著。

表7　性别单因素方差分析

| 题目 | 您的性别是？（平均值±标准差） | | $F$ | $p$ |
|---|---|---|---|---|
| | 男（$n=36$） | 女（$n=64$） | | |
| 您认为能源企业转型应关注的重点是什么？ | $2.78\pm1.46$ | $1.97\pm1.21$ | 8.894 | 0.004** |

续表

| 题目 | 您的性别是?（平均值±标准差） | | F | p |
| --- | --- | --- | --- | --- |
| | 男（n=36） | 女（n=64） | | |
| 您对新能源技术的应用前景是什么看法？ | 2.14±1.10 | 2.00±1.01 | 0.410 | 0.524 |
| 您认为数字经济对我国经济发展的重要意义是什么？ | 2.42±0.97 | 2.92±0.90 | 6.913 | 0.010** |
| 您认为数字经济的发展前景怎么样？ | 2.61±0.80 | 2.56±0.64 | 0.110 | 0.740 |
| 您认为数字经济发展对员工生活的影响有哪些？ | 2.17±1.06 | 2.53±1.22 | 2.258 | 0.136 |

注：*代表p<0.05，**代表p<0.01。

综上所述，方差分析揭示了性别在能源企业转型应关注的重点和数字经济对我国经济发展的重要意义两个问题上的显著差异。

由表8可知，在能源企业转型应关注的重点方面，不同年龄段的平均评分存在差异，特别是36~45岁年龄段的评分（1.74±0.99）显著低于其他年龄段。F值为6.996，p值为0.000，小于0.01，表明不同年龄段在能源企业转型应关注的重点上存在极其显著的差异。在新能源技术的应用前景方面，结果表明不同年龄段在新能源技术应用前景的看法上存在极其显著的差异。在数字经济对我国经济发展的重要意义方面，各年龄段的平均评分相近，且标准差也较小，表明观点较为一致。F值为0.253，p值为0.859，大于0.05，表明不同年龄段在数字经济对我国经济发展的重要意义上没有显著差异。在数字经济的发展前景方面，25岁以下年龄段的评分（3.14±0.86）显著高于其他年龄段，而36~45岁和26~35岁年龄段的评分相对较低。表明不同年龄段在数字经济发展的前景上存在显著差异。综上所述，方差分析揭示了不同年龄段在能源企业转型应关注的重点、新能源技术应用前景以及数字经济的发展前景等问题上存在显著差异。而在数字经济对我国经济发展的重要性和对员工生活的影响等问题上，年龄差异并不显著。

表8　年龄单因素方差分析

| 题目 | 您的年龄是?（平均值±标准差） | | | | F | p |
| --- | --- | --- | --- | --- | --- | --- |
| | 25岁以下（n=14） | 26~35岁（n=29） | 36~45岁（n=50） | 45岁以上（n=7） | | |
| 您认为能源企业转型应关注的重点是什么？ | 2.79±1.48 | 2.59±1.48 | 1.74±0.99 | 3.57±1.40 | 6.996 | 0.000** |

续表

| 题目 | 您的年龄是?（平均值±标准差） | | | | $F$ | $p$ |
| --- | --- | --- | --- | --- | --- | --- |
| | 25 岁以下 ($n=14$) | 26~35 岁 ($n=29$) | 36~45 岁 ($n=50$) | 45 岁以上 ($n=7$) | | |
| 您对新能源技术的应用前景是什么看法? | 2.00±0.88 | 2.48±0.91 | 1.68±0.96 | 3.00±1.29 | 6.765 | 0.000** |
| 您认为数字经济对我国经济发展的重要意义是什么? | 2.64±1.01 | 2.69±1.04 | 2.76±0.92 | 3.00±0.82 | 0.253 | 0.859 |
| 您认为数字经济的发展前景怎么样? | 3.14±0.86 | 2.52±0.69 | 2.44±0.61 | 2.71±0.49 | 4.238 | 0.007** |
| 您认为数字经济发展对员工生活的影响有哪些? | 2.43±1.83 | 2.59±1.24 | 2.22±0.84 | 2.86±1.35 | 0.995 | 0.399 |

注：* 代表 $p<0.05$，** 代表 $p<0.01$。

（4）多元线性回归结果。

由表 9 可知，基于线性回归模型分析，数字经济发展（标准化系数 $Beta=0.216$，$p<0.05$）和数字化转型（$Beta=0.600$，$p<0.001$）均对经济发展有显著正向影响，其中数字化转型的影响更为显著。模型整体拟合度良好（$R^2=0.594$，调整 $R^2=0.586$），且自变量间无严重多重共线性（VIF=2.097）。这些结果表明，推动数字经济发展和数字化转型对于促进经济持续增长具有重要作用。

表 9　多元线性回归结果

| 题目 | 非标准化系数 | | 标准化系数 | $t$ | $p$ | 共线性诊断 | |
| --- | --- | --- | --- | --- | --- | --- | --- |
| | $B$ | 标准误 | $Beta$ | | | VIF | 容忍度 |
| 常数 | 0.719 | 0.234 | — | 3.071 | 0.003** | — | — |
| 数字经济发展 | 0.198 | 0.086 | 0.216 | 2.304 | 0.023* | 2.097 | 0.477 |
| 数字化转型 | 0.604 | 0.094 | 0.600 | 6.412 | 0.000** | 2.097 | 0.477 |
| $R^2$ | 0.594 | | | | | | |
| 调整 $R^2$ | 0.586 | | | | | | |
| $F$ | $F(2, 97)=71.060$，$p=0.000$ | | | | | | |
| D-W 值 | 2.247 | | | | | | |

注：因变量=经济发展。

4. 研究结果

当前，我们正站在数字技术与实体经济深度融合的新时代门槛上，国家坚定实施数字化转型战略，为各行各业带来了前所未有的发展机遇，能源企业作为我国能源战略的重镇，面临着前所未有的发展机遇与挑战，加快数字化建设迫在眉睫、势在必行。以长庆油田为例，作为我国第一大的油气田，长庆油田拥有石油总资源量 85.88 亿吨，天然气总资源量 10.7 万亿立方米，同时还蕴藏着丰富的煤炭、岩盐、煤层气、铀等资源，这在全国范围内具有绝对优势。然而，长庆油田企业数字化水平依然有待进一步加快。比如产业的数字化人才欠缺；数字基础设施仍需加强；数据共享利用度不高，数据要素活力尚未释放；绿色、智能技术及装备应用不足等使长庆油田企业数字化转型进程受阻。

综上所述，能源企业必须加快提升企业数智化水平。推动新能源产业生产智能制造水平升级，提升风能、太阳能、氢能及其他新能源的应用水平，支持企业开展数字化、网络化、智能化改造，提升整体工序智能化水平。此外，要强化数字化人才支撑，聚焦引进和培育相结合，形成一批能够带动企业数字化转型的高层次领军人才，一批既熟悉技术又擅长资源整合的管理人才，支持企业与高等院校及科研院所加强合作，开展高素质人才联合培养和科学研究。

# 四、研究结论

## （一）资源丰富，产业规模大

甘肃省风能和光能资源丰富，其有效储量分别达到 2.37 亿千瓦和 1 亿千瓦以上，分别位居全国第五位和第三位，这为甘肃省提供了基地化、规模化、一体化开发新能源的优越条件。甘肃省已建成酒泉千万千瓦级风电基地和张掖、金昌、武威、酒泉四个百万千瓦级光伏发电基地，新能源基础雄厚，在特高压输电线路的建设上取得了显著成就。与此同时，甘肃省积极推进能源产业的高质量转型发展，包括优化能源结构、增加新能源利用品类、提升能源利用效率和智慧化水平，以及加强储能、氢能、生物质能等细分领域的发展。总的来说，甘肃省在新能源资源、产业发展、跨区域电力输送能力以及能源转型等方面具有明显优势，使其成为国家能源战略发展的重要基地。

### （二）能源转型促进当地发展

甘肃省的能源转型对当地经济产生了多方面的影响：一是新能源的快速发展推动了电力基础设施的建设，不仅为大规模电源开发和电力外送奠定了基础，还加强了与华中、华东及西南等受端市场的沟通衔接，实现了资源的优化配置。二是新能源项目的建设和运营为甘肃省带来了显著的经济增长和就业机会。例如，国家能源集团、中国华能、长江三峡等大型企业在甘肃省投资了多个新能源项目，这些项目的实施为当地创造了大量就业机会，并带动了相关产业链的发展。三是甘肃省新能源的发展使其在全国能源版图中的地位得到提升。新能源的装机容量和发电量的大幅增长，增强了甘肃省在全国能源供应中的影响力。

### （三）数字经济快速发展

甘肃省制定了详细的数字经济发展规划，并提供了相应的政策支持，2021 年印发的《甘肃省"十四五"数字经济创新发展规划》明确了发展目标，积极推进产业数字化转型升级，发展体验式消费、个性需求定制服务等新业态，培育壮大数字内容产业。在国家"东数西算"工程中，甘肃省积极参与其中，这一工程旨在通过构建数据中心、云计算、大数据一体化的新型算力网络体系，解决我国数据中心东西部供给失衡问题。甘肃省加快了算力产业的发展，包括通用算力、智能算力、超级算力的综合布局。此外，甘肃省还在探索打造数字政府协同治理模式，提升政务服务水平，通过信息化手段推动服务事项"一网通办"，实现跨地区、跨部门、跨层级协同，还发展了短视频政务等新型政务服务模式，以提升政府服务的效率和质量。

### （四）现存的问题

在能源安全方面，甘肃省的新能源装机和发电量占比分别达到 42% 和 21.6%，位居全国前列，但同时使新能源消纳压力持续增大，全省电力电量平衡、电力系统安全运行面临新挑战，虽然大部分电力企业能够依法履行安全生产职能，但仍有一些企业存在安全监管机制不健全、安全教育培训不规范、隐患排查治理不深入、安全措施不到位等问题。在数字经济方面，尽管甘肃省在数字基础设施建设方面取得了一定进展，但仍可能存在覆盖不足、质量不均等问题，不同地区和群体在数字技能和资源获取方面可能存在显著差异，导致数字鸿沟的加剧。同时数字经济发展需要高水平的技术人才和创新能力，甘肃省可能在吸引和保留这类人才方面面临挑战，需要在制定和实施相关政策方面进行更多的探索和优化。

# 五、对策建议

## （一）完善政策体系，加强顶层设计

政府应坚持"政策导向明确、支持重点突出、产业链条完整"的总体发展思路，强化政策引领和考核导向，结合国家能源发展战略和甘肃省实际情况，制定甘肃省能源转型发展规划，明确转型目标、路径、重点任务和时间表，为能源转型提供政策指导。要加大政府的财政支持力度，设立甘肃省能源转型专项资金，用于支持新能源产业发展、技术研发、基础设施建设等方面，优化财政补贴政策，引导社会资本投入能源转型领域，鼓励金融机构创新金融产品和服务，为能源转型项目提供优惠贷款、融资租赁等金融服务，推动绿色信贷、绿色债券等金融工具在能源转型领域的应用。适当提高清洁能源贷款考核权重，发挥考核正向引领作用，引导清洁能源客户通过吸收脱贫群众或防返贫监测对象就业、土地作价入股等方式，发挥联农带农效益。

## （二）优化能源结构，因地制宜发展

甘肃省风能、太阳能资源丰富，具备发展新能源产业的天然优势，政府应加大新能源产业扶持力度，联合政府、企业、高校和科研机构共同参与，建立多层次、多渠道的人才培养体系，充分利用各类媒体，提高公众对能源转型的认知度。同时，政府应该突出地域差异和支持重点，如全力支持"河西走廊清洁能源重点开发区"，打造酒泉特大型风电基地和金张武千万千瓦级风光电基地；突出支持"陇东和东南部多能互补综合能源开发区"，加大支持天水、陇南抽水蓄能项目，提升清洁能源输送比例；重点支持"中部和中南部能源融合创新区"，发展分散式发电、分布式光伏发电和黄河上游抽水蓄能电站建设，打造风光水储综合能源基地。探索支持清洁能源全产业链，聚焦清洁能源原材料生产供应、技术研发、消纳输送等环节，通过多种金融产品支持清洁能源产业集群，加大对抽水蓄能、生物质能等清洁能源项目支持力度。

## （三）加快产业数字化转型，赋能甘肃高质量发展

推动数字经济高质量发展，以"数字产业化"带动"产业数字化"，重点是提高数字化技术在经济社会的渗透度、提升数字经济对甘肃发展新动能的贡献

率。一是要加快大数据、物联网和云计算等各种数字技术大面积渗透到传统行业，促使传统产业改造升级，促使各个产业数字化、智能化、智慧化发展，持续赋能甘肃高质量发展。二是要深入推进各行业各领域数字化转型，大力推进数字技术同农业、工业、服务业融合发展，促进产业数字化加速转型提档，充分释放数字对经济发展的放大、叠加、倍增作用。三是要加快构建工业互联网，赋能甘肃高质量发展。在推进工业互联网应用中要坚持平台和现场并重、平台和现场功能匹配，实现工业互联网的最佳应用效果。

### （四）促进数字经济与能源转型相结合

甘肃省要加强数字经济与能源转型相结合，出台一系列政策措施，包括财政补贴、税收优惠、金融支持等，制定相关标准规范，保障数字能源产品和服务的质量。制定数字经济与能源转型融合发展规划，明确发展目标、重点领域和保障措施，加快数字基础设施建设，在新能源基地优先布局数字基础设施，提升能源系统的智能化水平，为能源转型提供信息支撑，利用数字技术提高能源设施的运行效率、安全性和可靠性。支持企业利用数字技术拓展能源服务市场，推动能源大数据交易平台建设，促进能源市场与数字市场的有效对接，提升产业链价值，实现能源数据的商业价值。加强与国际先进能源企业和数字技术企业的合作，参与国际数字能源标准制定，引进先进技术和管理经验，提升甘肃省在全球数字能源领域的影响力。

产业发展

# 产业振兴与生态振兴协同发展的佛坪模式研究

吴丰华　刘昊霖　李玉靓　赵萌　孙博文　温慧　罗小丹　王琦[*]

**摘要：**党的二十大提出，全面建设社会主义现代化国家，最艰巨最繁重的任务仍然在农村。如今，乡村振兴工作已经成为我国农村地区的重点工作，而乡村振兴的实现则有不同的路径和策略。陕西省汉中市佛坪县就以产业振兴与生态保护协同驱动，为我们提供了一条新的乡村振兴路径。本调研报告围绕佛坪县的乡村振兴路径进行深入研究。首先概述了佛坪县的自然环境和社会经济状况，强调了该县在生态保护与产业发展方面的协同推进，通过发展生态旅游、林下经济和中药材产业，成功将丰富的生态资源转化为经济增长动力，实现了绿水青山与金山银山的有机融合。报告还分析了佛坪县在推进乡村振兴过程中面临的挑战，如基础设施不足、人才短缺和金融服务薄弱，并提出了相应的解决策略。最后，报告总结了佛坪县在产业振兴与生态保护互动机制上的经验，强调了绿色发展理念在乡村振兴中的重要性。

**关键词：**乡村振兴；产业振兴；生态保护；协同驱动

# 一、引言

## （一）研究背景

乡村振兴是党和国家着眼于实现"两个一百年"奋斗目标提出的重要战略

---

　*　吴丰华，西北大学经济管理学院教授；刘昊霖、李玉靓、赵萌、孙博文、温慧、罗小丹、王琦，西北大学经济管理学院硕士研究生。

部署，旨在通过产业兴旺、生态宜居、乡风文明、治理有效、生活富裕的总要求，全面推动农村经济社会全面发展。在新时代背景下，实施乡村振兴战略，是解决人民日益增长的美好生活需要和不平衡不充分的发展之间矛盾的必然要求，是实现"两个一百年"奋斗目标的必然要求，是实现全体人民共同富裕的必然要求。佛坪县，隶属于陕西省汉中市，位于陕西南部、汉中东北部，地处秦岭南麓，总体地形西北高、东南低，属亚热带北缘山地暖温带湿润季风气候区域，有显著的山地森林小区气候特征。县内夏无酷暑，冬无严寒，气候温润、山清水秀，被世界旅游组织认定为最具 AAAAA 级生态旅游开发价值的地区，是陕西省首批加入联合国教科文组织"人与生物圈保护区网络"的县，是国家南水北调工程的重要水源涵养地和陕西省引汉济渭工程的主要调水点。佛坪县依托得天独厚的自然条件，通过发展生态旅游、林下经济、电商卖货等产业形态，不仅拓宽了农民的增收渠道，还促进了农村产业结构的优化升级，形成了以生态赋能产业、产业保护生态的协同驱动模式。

**（二）研究意义**

（1）理论意义：本文针对产业振兴和生态振兴协同发展的佛坪模式进行了研究。在分析佛坪县发展现状的基础上，还通过整理数据，利用模糊综合评价法、情感极性分析法及问卷调查法来分享佛坪县的乡村振兴模式，在调研和分析方法上有所创新。最终得到佛坪县有关产业振兴和生态振兴协同发展的独特经验，为此类研究的推进增添了现实中的优秀案例。

（2）实践意义：随着国家对乡村振兴战略的深入实施，各地都在积极探索符合自身特点的乡村振兴之路。佛坪县作为秦岭腹地的一颗璀璨明珠，其独特的地理位置、优美的自然风光以及丰富的生态资源，为乡村振兴提供了得天独厚的条件。通过深入研究佛坪县的乡村振兴实践，不仅可以总结提炼出可复制、可推广的经验模式，还可以为其他类似地区提供有益的借鉴和参考。

**（三）研究思路（见图1）**

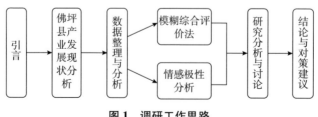

**图1　调研工作思路**

资料来源：笔者绘制。

# 二、文献综述

## （一）乡村产业振兴的相关文献

2020 年，我国脱贫攻坚战已经取得了全面的胜利，为全面建成小康社会再添一份保障。在脱贫攻坚战下，我国农村贫困人口大规模减少、贫困地区经济社会全面发展、贫困地区脱贫能力显著提升，并且为全球减贫事业做出巨大贡献。但是消灭绝对贫困并不意味着乡村发展的结束，而是为新一轮农业农村发展奠定了基础。而要实现乡村振兴，就必须发展乡村产业，以乡村产业的增值促进农民增收，农民的收入提升了，乡村振兴战略的实施才会有基础保障（程欣，2023）。近年来，虽然我国乡村产业发展欣欣向荣，但也出现了一些问题，比如在农业产值增加方面，就有农业生产效率不高、资源要素利用率低下等问题，这大大制约了乡村产业发展（刘同山和韩国莹，2021）。目前，大部分的乡村仍然是以低增值的农林牧渔产业为主体，还没有充分发挥出对农业产业链和价值链的延伸和渗透的功能，对传统技术的依赖的生产方式迫切需要改变（李钰等，2022）。除了以上问题，发展乡村产业对于生态的破坏将会对产业的进一步发展有着负面作用。因此，认清和界定乡村产业发展与生态保护的辩证关系与互动机制成了迫在眉睫的问题。

## （二）乡村生态振兴的相关文献

作为庞大系统工程的乡村振兴，要有条不紊地推进战略实施，必须分门别类地系统谋划。而从生态文明建设和农业农村可持续发展以及人与自然和谐共生的角度来看，"保护生态环境就是保护生产力，改善生态环境就是发展生产力"，乡村生态振兴在乡村振兴中居于基础性地位，也是乡村振兴的应有之义及重要组成部分（张俊飚和王学婷，2021）。在国内外长期的乡村建设理论研究与实践中，乡村生态并不是一开始就被重视的问题，但随着城市消费观念与消费结构的转变，优美的田园风光逐渐成为稀缺资源，人们开始思索乡村的功能与价值，重构"生产、生活、生态"兼具的多功能乡村。但是，目前乡村生态振兴面临着乡村生态价值观念薄弱、资金技术人才难以保障、乡村管理松散缺乏激励和村民参与的积极性不高等困境，因此需要通过树立多功能乡村理念、增强资金和人才保障、增加贫困地区的收入、强化造血型发展动力、提升环境治理有效性等方式提高乡村生态演进韧性，以建设长久的、可持续发展的乡村（阳盼盼，2019）。可见，生态振兴是实施乡村振兴的关键环节，是推进美丽乡村建设的实践举措，是落实乡村生态文明建设的核心依托。

### （三）产业振兴与生态振兴相互关系的相关文献

乡村产业振兴与生态振兴之间是辩证统一的关系，乡村产业振兴与生态振兴可以相互融合、相互促进、协同发展，在推进乡村全面振兴的过程中要处理好产业振兴与生态振兴的关系，既要加强乡村的生态保护，也要推动乡村产业的可持续发展。通过厘清乡村产业振兴与生态振兴的关系，深入分析两者协同发展存在的问题，通过培育生态资源优势、实现生态产业化、壮大乡村产业、实现产业生态化，构建产业振兴与生态振兴协同发展保障机制助力产业振兴与生态振兴协同发展（张栋，2024）。推动产业生态化和生态产业化，是我国生态文明新时代、经济高质量发展新阶段和国家治理新时期的迫切需要，尤其是协同推进经济建设和生态文明建设的迫切需要，也是满足人民对美好生活的需要。推动乡村产业振兴与生态振兴的协同发展是全面推进乡村振兴的内在要求，既能推动乡村产业的壮大、经济的发展，也能保证乡村的生态安全，实现绿水青山与金山银山的相互转化（王思斌，2022）。因此，在推进乡村产业振兴与生态振兴的过程中，要充分认识到产业振兴与生态振兴是相互融合、协同共生，相互促进、相互制约的关系；既要遵循经济规律，推动生态资源的价值转化，也要遵循自然规律，顺应自然、保护自然，不能违背经济规律，忽视生态资源的经济价值，也不能违背自然规律，以牺牲生态环境来谋取产业的发展，要以产业生态化和生态产业化，实现产业发展与生态资源的深度融合。

## 三、佛坪县产业振兴与生态振兴的现状

### （一）农业产业发展现状

近年来，佛坪县坚定不移实施"生态立县、林药兴县、旅游强县"发展战略，以"林下养殖""林下种植"为支点，持续打造标准化绿色药源基地，推动中药材产业延链、补链、强链，推动中药材产业的产业链布局建设，并大力发展集有机、营养、保健于一体的食用菌产业。

1. 中药材产业蓬勃发展

近年来，佛坪县巩固发展林下经济面积29.8万亩，其中山茱萸10余万亩，林下猪苓、天麻的栽培面积也有1.2万亩。2024年上半年全县中药材总面积11.84万亩、总产量981.2吨、总产值3683万元。此外，佛坪县拥有中药材规范化种植基地7个、省市级中药材生产加工仓储销售龙头企业和本土企业6家，中药材专业合作社120个、家庭农场60个；与多家知名药企合作，研发上市系列中药产品；大力实施农文旅延链强链行动，打造中药材特色健康旅游精品路线，提升中药材产业的附加值。

2. 食用菌产业稳步发展

佛坪县采用多种发展模式推动食用菌产业的发展，如大河坝镇凤凰村等地的"支部+合作社+专业人才+农户"模式、秦之菌产业发展有限公司的龙头企业带动作用。2023年，佛坪县发展食用菌400万袋，产值3200万元，带动就业2000人以上，助推村民增收致富。另外，佛坪县还通过积极引进优质菌种、加强技术培训、提高管理水平等措施确保食用菌的高产高效，并积极对接市场，拓宽销售渠道，将食用菌产品销往周边城市及外省市场。

3. 其他农业产业

除了中药材和食用菌产业外，佛坪县还积极发展其他农业产业，如养蜂、种植冬桃、草莓、猕猴桃等。养蜂带来的效益十分明显，现年产蜂蜜250吨左右，产值达2500万元。袁家庄街道办王家湾村、西岔河镇西岔村等一批冬桃、草莓、猕猴桃"一村一品"专业村打造也已初具规模，果品业逐渐成为农业增效、农民增收的重要支柱产业之一。

（二）生态旅游业现状

近年来，随着生态环境保护力度的提高，佛坪县转变思路、因地制宜，提出建设"静美佛坪、熊猫家园"生态发展路线，不断促进当地文旅经济升温。

依托熊猫资源打造熊猫IP"熊小鑫"，并加速形成"秦岭大熊猫文化"产业集群。同时，先后打造省级旅游特色名镇4个、省级乡村旅游示范村5个、全国乡村旅游重点村1个，成功开发8条森林旅游精品线路。举办多种旅游活动，如"茱萸花海踏春游"等，并利用上沙窝红军旧址等文化遗址，进一步促进旅游业的发展。

在发展中药材产业时，建成多个融合载体，如"山茱萸谷""花海公园"等；探索"康养+"发展模式，引进小红书苑、携程度假农庄、花筑等中高端民宿，发展农家宾馆、乡村酒店及农家乐等旅游经营户100多家；培育中小型旅游商品生产企业13家，通过多种途径带动群众致富增收。

在佛坪县的游客中，以西安、汉中以及周边省市为主，多是自驾游和高铁游，有家庭游、亲子游、中老年旅游团等多种类型。2023 年，佛坪县全年累计旅游接待 259.01 万人次，旅游综合收入 11.15 亿元，同比增长 15.08%，17.37%，游客数量的增加也给生态环境带来了压力，因此，佛坪县如何在保护生态环境的前提下实现旅游业的可持续发展是需要面对的重要课题。

### （三）数字经济发展现状

佛坪县把数字经济作为促进县域经济高质量发展的新引擎，抢抓中央网信办和阿里巴巴集团帮扶等利好政策机遇，取得了一定的成绩，整体呈现出蓬勃向上的态势。

数字基础设施建设大力推进，筑牢数字经济根基。5G、千兆光网建设统筹推进，城乡数字鸿沟得以弥合；秦岭生态环境管理综合监控平台、市场监管智慧云平台、数字化城市管理平台等建成，实现生态与经济的双赢。数字经济赋能产业发展，助推县域经济持续增长。构建数字化网络与智慧物流管理系统，实现县镇村服务网点三级体系全域覆盖、高效联动；积极推进农业数字化转型，打造优质农产品全链条大数据建设，引进多个知名品牌独家直播间，拓宽农产品销售渠道；与高德地图、飞猪旅行等平台开展深度合作，打造系列文创产品，建设全域旅游大景区数字化视觉导览体系、飞猪户外智慧露营地等，推动文旅产业融合发展。加强数字经济人才培养与引进，提高数字经济核心竞争力。实施应用型、技能型人才培养计划，加大柔性引才力度，完善人才绿卡、人才公寓、政府购买等政策，为数字经济提供智力支持；邀请阿里巴巴特派员入驻佛坪，常态化开展电商直播人才培训；与西安交通大学等高校开展校地合作，建成秦创原（汉中）创新促进中心佛坪分中心、创新创业孵化园等。

### （四）生态保护现状与挑战

佛坪县山大沟深，境内 240 多条河流纵横交错，自然灾害频繁，加之人类的活动频繁，破坏了生态环境，也威胁着社会经济发展和人民群众生命财产安全。针对此，佛坪县采取了多项有力措施，不仅保护了当地的生态环境，还促进了经济的可持续发展。

构建县、镇（街道）、村（社区）和特殊功能区"3+1"环境监管网络，构建"党政同责、一岗双责、失职追责"的环境保护工作责任体系，完善体制机制和责任制度；深入开展五年行动和三年行动，稳步推进"五乱"整治和大气污染综合治理等专项行动，严把项目准入关口，杜绝"三高"企业落户建设；充分利用林下土地资源，发展农林产业，打造秦岭原生态山地休闲度假旅游目的地；实行县级领导包抓大气污染防治重点工作机制，严格规范河道施工行为、涉河违法行为、建设用地准入管理，确保水质稳定、用地安全；利用大数据平台、宣传教育、志愿服务等方式，提升生态环境治理能力。

综上所述，佛坪县整合区域资源优势，立足于经济发展实际，实现了产业振兴与生态保护的协同发展。党的二十届三中全会强调要因地制宜发展新质生产力。在新的形势下，发展新质生产力是推动高质量发展和赋能乡村产业振兴的内在要求和重要着力点。佛坪县如何结合地方自然资源禀赋、地理生态环境、人口教育水平、数字基础设施、创新研发能力等因素探寻比较优势和合适路径，更进一步抢抓发展机遇，使经济发展和人民生活水平有更大的提高则尤为重要。

# 四、佛坪县乡村产业振兴与生态振兴协同发展调研与评价

## （一）基于模糊综合评价法的乡村产业振兴分析

对于政策实施效果的评价，受访者往往是从多种因素出发做出较为模糊的评价。通过模糊数学提供的方法进行运算，得到定量的综合评价结果，从而为正确决策提供依据。

在佛坪县的乡村振兴情况调研中，针对九个指标进行模糊综合评价，参考张挺等（2018）以及闫周府和吴方卫（2019）的相关研究，构建指标体系，如表1所示。

表1　佛坪县生态保护与乡村产业振兴协同发展综合评价指标详情表

| 一级指标 | 二级指标 |
|---|---|
| 佛坪县乡村振兴基础设施建设情况 | 农业基础设施建设情况 |
|  | 产业基础设施建设情况 |
|  | 公共服务基础设施建设情况 |
| 佛坪县乡村产业发展情况 | 佛坪县乡村产业人才储备情况 |
|  | 佛坪县乡村产业金融支持情况 |
|  | 佛坪乡村产业发展体系和产业生态构建情况 |

续表

| 一级指标 | 二级指标 |
| --- | --- |
| | 乡村产业振兴过程中生态保护情况 |
| 佛坪县生态保护和乡村产业振兴的协同情况 | 佛坪县生态优势对乡村产业振兴的贡献情况 |
| | 佛坪县生态保护与产业振兴融合发展情况 |

资料来源：笔者绘制。

针对一级指标和二级指标分别建立因素集：

U＝{X，Y，Z}

X、Y、Z分别代表佛坪县乡村振兴基础设施建设情况、佛坪县乡村产业发展情况和佛坪县生态保护和乡村产业振兴的协同情况三个一级指标。

X＝{$x_1$，$x_2$，$x_3$}

$x_1$、$x_2$、$x_3$分别代表农业基础设施建设情况、产业基础设施建设情况、公共服务基础设施建设情况。

Y＝{$y_1$，$y_2$，$y_3$}

$y_1$、$y_2$、$y_3$分别代表乡村产业振兴过程中生态保护情况、佛坪县生态优势对乡村产业振兴的贡献情况、佛坪县生态保护与产业振兴融合发展情况。

Z＝{$z_1$，$z_2$，$z_3$}

$z_1$、$z_2$、$z_3$分别代表佛坪县乡村产业人才储备情况、佛坪县乡村产业金融支持情况、佛坪县乡村产业发展体系和产业生态构建情况。

根据层次分析法的权重标度方法，在利用德尔菲法咨询专家意见的基础上，X、Y、Z对应的因素两两相对重要性判断矩阵如下：

X 的判断矩阵 $\begin{pmatrix} 1 & 3 & 5 \\ \frac{1}{3} & 1 & 3 \\ \frac{1}{5} & \frac{1}{3} & 1 \end{pmatrix}$ Y 的判断矩阵 $\begin{pmatrix} 1 & 3 & \frac{1}{3} \\ \frac{1}{3} & 1 & \frac{1}{5} \\ 3 & 5 & 1 \end{pmatrix}$ Z 的判断矩阵

$\begin{pmatrix} 1 & 1 & \frac{1}{3} \\ 1 & 1 & \frac{1}{3} \\ 3 & 3 & 1 \end{pmatrix}$ U 的判断矩阵 $\begin{pmatrix} 1 & 1 & 1 \\ 1 & 1 & 1 \\ 1 & 1 & 1 \end{pmatrix}$

通过计算可得到各因素集的权重

X 的权重 B＝(0.633，0.261，0.106)

Y 的权重 C＝（0.261, 0.106, 0.633）

Z 的权重 D＝（0.200, 0.200, 0.600）

U 的权重 A＝（0.333, 0.333. 0.333）

最后，计算基于模糊综合评价法的佛坪县乡村振兴分项得分，分别得到 X、Y、Z 的分数为：

$$S_1 = B \times P \times Q^T = 78.903$$

$$S_2 = C \times P \times Q^T = 79.484$$

$$S_3 = D \times P \times Q^T = 81.792$$

根据评价模型，佛坪县乡村振兴综合得分为 $R = A \times (S_1, S_2, S_3) = 80.052$。综上所述，基于模糊综合评价法的佛坪县乡村振兴综合得分为 80.052 分。

### （二）基于情感极性分析的问卷主观建议题文本挖掘

情感极性分析是对带有感情色彩的主观性文本进行分析、处理、归纳和推理的过程。本次调研结合调查问卷中主观题"您对佛坪县乡村振兴有何实质性建议或意见？"进行情感极性分析，从而了解公众对推进乡村振兴的想法和认识。

情感极性分析的步骤如图 2 所示。

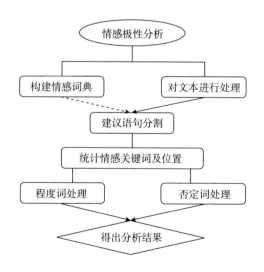

**图 2　情感极性分析的步骤**

资料来源：笔者绘制。

1. 词典构建

构建以情感词词典为代表的四种词典。本次调研的情感词词典来源于访谈和问卷调查过程中公众对佛坪县乡村振兴的建议和意见，属于第一手资料，因此分析结果具有一定的准确度和实用价值。

2. 文本处理

本文通过对调查问卷主观题回答的整理和分析，得到了公众对佛坪县推进乡村振兴的真实看法。将搜集到的文本数据进行处理，进行适当的筛选，提取情感关键词，分割建议语句，进一步对分词结果进行深度处理。

3. 词云绘制

通过文本处理统计得到具有实际意义的词频后，进一步绘制佛坪县乡村振兴建议词云图，更为清晰明了地展示当地民众对于佛坪县乡村振兴的建议侧重点和重点发展领域的关注度，具体如图3所示。

图3　佛坪县乡村振兴高频词词云

资料来源：笔者绘制。

(三) 研究结论

通过以上模糊综合评价法以及基于情感极性分析所绘制的词云图，可以得出以下关于佛坪县产业振兴与生态振兴协同发展模式的初步结论：

(1) 乡村产业振兴与生态振兴是相互促进、协同发展的关系。佛坪县在产业与生态的发展中形成的良性互动，是其改善农村居民生活质量、增强乡村发展内生动力、全面推进乡村振兴的关键。佛坪县依托独特的生态资源优势，秉承"两山"的发展理念，坚持实施"生态立县、林药兴县、旅游强县"绿色发展战略，深刻把握乡村产业振兴与生态振兴之间相互融合、协同共生的关系，成功联结了产业经济发展和生态文明建设，走出了一条以特色农业、农产品加工、电子商务和乡村旅游融合发展的"佛坪实践"之路。不仅实现了当地经济和居民收入的稳步增长，还促进了生态资源的保值增值，为乡村发展提供绿色动能，有效推动县域高质量发展，形成了生态保护与产业振兴相互促进的良性循环，促进了经济、社会和生态效益的和谐统一。

乡村生态文明建设与产业发展不是相互矛盾的两个方面，乡村地区拥有的独特自然资源和良好生态环境是其发展生态友好型产业、生态旅游业等特色产业的基础与优势。关于此，习近平总书记强调，要积极探索推广绿水青山转化为金山银山的路径，选择具备条件的地区开展生态产品价值实现机制试点，探索政府主导、企业和社会各界参与、市场化运作、可持续的生态产品价值实现路径。佛坪县的探索和实践，为如何将乡村地区具有的生态优势转变为强劲的生态经济竞争力提供了理论和实践支持。依托得天独厚的生态资源，并基于严格的环保政策对产业发展的限制等多种实际发展情况，以"生态立县"为重要战略，佛坪县委县政府提出了建设"静美佛坪、熊猫家园"的生态发展路线，着力推动农业优势特色产业、旅游业的发展与融合。

佛坪县借助良好的生态优势释放绿色发展新动能，大力发展绿色产业、林下经济，在全县培育了中药材、绿色食品、食用菌、土蜂蜜、冷水鱼、林麝、梅花鹿、稻鱼综合种养等生态产业，构建了"一旅二养三药"产业体系，初步形成了旅游一业突破、三产融合发展格局。将生态资源优势转化为产业优势，培育发展生态友好型产业，形成以生态资源为基础的产业链，实现生态价值的产业化。生态环境为佛坪的特色产业、绿色产业发展提供了必要的自然资源与生态系统的服务，而在生态友好型产业的实践中，强调对传统产业进行生态化改造，减少环境污染和资源消耗，并注重使用绿色技术、提高资源利用效率、保护生物多样性，将进一步强化对生态环境的修复和保护，推动产业向环境友好型、资源节约型方向发展。因此在产业与生态的协同发展中，而佛坪开展的有特色产业、绿色产业显著地促进了当地经济发展和农民增收，乡村产业的发展又反过来为生态保护提供了资金来源和技术支持，促进了生态补偿机制的实施，从而为生态保护提供经济激励，如设立"熊猫基金"等生态补偿机制，使得更多的资源可以被投入到生态保护活动中。

（2）农文旅融合模式是实现乡村产业振兴与生态保护协调发展的关键路径。农文旅融合模式作为新时代乡村振兴的重要路径，也是有效促进产业振兴与生态保护协同发展的关键路径。该模式以农业为基础、文化为灵魂、乡村旅游为重要载体，实现了乡村资源的优化配置和高效利用。一方面，农文旅的深度融合，能提升农产品附加值和丰富旅游内涵，激发乡村经济活力。佛坪坚持统筹推进农文旅融合发展，利用自身生态资源优势，积极推进"农业+""旅游+"，推动农业、旅游与文化、休闲度假、健康养生、研学、体育、创业等活动有机结合，形成了集特色民宿、餐厅、休闲娱乐设施于一体的农文旅融合模式。另一方面，佛坪县成功打造了生态旅游农村产业融合发展示范园和各特色旅游精品路线，建成山茱萸观光区、冷水稻观光园、曲尺坊木工学堂、特色民宿渔家乐等高质量项目，成功开发采摘游、赏花游、垂钓游、体验农业游等旅游线路，为广大游客呈现丰富多彩旅游体验，实现特色农业、文化与生态旅游的深度融合。不断提升农产品附加值和延长旅游消费链条，丰富了旅游业的发展内容和打响全域旅游发展战略品牌，赋能当地产业振兴。

佛坪在开展农文旅融合的过程中，注重发挥各村资源优势，深掘"一村一品、一户一景"的地域特色，因地制宜地发展并形成了一批以主导产业引领、多业态融合、共生共荣的现代乡村振兴示范村。长角坝镇沙窝村，临近秦岭金丝猴、大熊猫救护繁育基地及上沙窝红军旧址，发展了"中药材种植+特色养殖+康养休闲+研学培训"的四位一体产业模式；袁家庄街道东岳殿村，依托县城和高铁站的地理优势，打造了冷水鱼养殖观赏、稻鱼共生、果蔬采摘的体验农业模式；银厂沟村则通过与中央网信办合作，吸引互联网企业投资，塑造了"互联网小镇"旅游品牌和特色民宿产业。佛坪的农文旅融合模式，凸显了各村特色，有效避免了发展同质化。

乡村旅游作为践行"两山理论"的重要载体，对乡村生态环境改善具有积极的推动作用。区别于城市旅游，乡村旅游依托于其自然风光与良好生态，旅游开发与美丽乡村建设需有机结合。佛坪县的生态旅游在打造一批环境优美、宜居宜游、各具特色的生态农旅观光体验项目时，也在推动和美乡村建设。在常态化开展大气污染综合治理、水环境监测和水质提升行动、土壤污染状况调查、生活垃圾治理及"绿盾"专项行动等多措并举下，让村民切实感受乡村生态环境改善带来的好处，并自觉投入生态保护工作，从而助力乡村振兴"生态宜居"目标的实现。

（3）政策支持及激励机制对促进生态保护与乡村产业振兴协同发展具有决定性作用。政府引才聚才的激励政策，能有力推动当地生态产品价值化，加速传统产业的集聚融合、提质增效，催生出新产业新业态新模式，提升县域产业塑链能力和现代化水平。佛坪县大力实施"三培三优三提升"工程，通过筑巢引凤、建强人才引进根基、搭建人才发展平台等措施，帮助当地年轻人返乡就业创业，确保人才"引进来、育起来、留得住"。其中为增强佛坪电商市场竞争力，一方面引导龙头互联网企业进驻佛坪，在当地投资建设电商直播基地，把经验丰富的电商讲师请进来，开展技能培训，培育电商直播人才；另一方面把佛坪电商从业人员"送出去"，到江苏南通、浙江杭州等电商产业发达地区开展数字经济培训。通过"引""育"结合的方式培养电商人才为当地林下经济产业发展提供强有力的数字化人才和技术支撑。电商人才的培育和平台的发展，整合了本地产品，为本地企业与全国一线品牌对标竞技创造机遇，促进佛坪已有的本地电商企业走出秦岭大山成为汉中市农业龙头企业，参与相关行业标准制定，影响力覆盖本地以及周边脱贫县区。

通过融资担保、贴息贷款等措施，撬动社会资本与技术参与佛坪农产品价值链的延长。佛坪农产品种类单一，以香菇、木耳、土蜂蜜为代表的传统"老三样"面临成本高、外观不佳、初级加工和同质竞争的挑战。为将"特产土货"打造成市场"爆款俏货"，需丰富产品线、标准化生产、提升设计水平。在持续引导和优化下，企业和合作社逐步告别粗放经营，克服了本地加工能力弱、生产线投资大、品牌影响力小的问题，政府推动与外部企业合作，采用"原料供应＋代加工"模式，在专家技术指导下开发山茱萸药食同源饮料、保健品颗粒等新产品。同时，结合季节特点和农特产品周期，推出应季商品，确保全年供货，利用平台资源助力当地厂商和农户增收。

# 五、乡村产业振兴与生态振兴协同发展的提升路径

## （一）统筹产业发展，做好生态保护

佛坪在推进乡村振兴的过程中，坚持把产业振兴作为根本之策，通过大力发展乡村旅游、林下经济、农旅融合、休闲康养等新业态，实现了产业结构的优化升级。佛坪县域功能主要以生态保护为主，同时也是山茱萸、天麻、猪苓等名贵中药材的天然适生区。为了在发展特色种植业的同时尽可能保护县域生态环境，佛坪县未来应当继续坚定不移实施生态立县战略，切实把生态优势转化为经济价值。要优化特色农产品加工业布局，坚持科技导向，严格遵循生产质量规范，在开展多种经营的工业化生产同时将其对生态环境的影响降至最低。本文建议地方政府和相关部门进一步优化产业结构，发展高附加值的生态农业和旅游业，推动区域经济与生态环境协调发展。

## （二）发挥电子商务优势，精确市场定位

佛坪县未来应进一步发挥已有的电子商务建设优势，保持"绿色、生态"的农产品特色优势，在保护好生态环境的同时实现农户增收，促进农业经济良性发展。当前，佛坪县农业生产主要以土特农产品为主，未来应进一步强化"精准

营销"的销售理念：以客户为中心，通过互联网等方式建立客户群体，然后经过科学的数据分析和市场细分，确定潜在客户，从而引导生产厂商改变销售策略，定制一套可操作的销售推广方案。同时，积极发挥村集体的作用，协调生产目标，预先了解目标客户群体对相应农特产品的需求规模，实现 B2C 模式下的计划式生产，降低盲目生产带来的滞销、积压问题影响，并且要与目标客户群体建立高效沟通体系，消除产销双方的信息不对称等问题，降低隐性成本。

### （三）完善生态补偿制度，发挥市场作用

佛坪县未来要健全以生态环境要素为实施对象的分类补偿制度，综合考虑生态保护地区经济社会发展状况、生态保护成效等因素确定补偿水平，对不同要素的生态保护成本予以适度补偿。首先是要系统推进，政策协同。其次是要政府主导，各方参与。充分发挥政府开展生态保护补偿、落实生态保护责任的主导作用，加大生态补偿机制的实施力度，积极引导社会各方参与，推进市场化、多元化补偿实践。逐步完善政府有力主导、社会有序参与、市场有效调节的生态保护补偿体制机制。最后，应当强化激励，硬化约束。加快推进法治建设，运用法律手段规范生态保护补偿行为。此外，还要逐步探索统筹保护模式。佛坪县政府要在保障对生态环境要素相关权利人的分类补偿政策落实到位的前提下，结合生态空间中并存的多元生态环境要素系统谋划，依法稳步推进不同渠道生态保护补偿资金统筹使用，以灵活有效的方式一体化推进生态保护补偿工作，提高生态保护整体效益。有关部门要加强沟通协调，避免重复补偿。

### （四）完善地域基础设施，加强县域旅游业统筹规划

佛坪县政府未来要进一步加强加快补齐乡村经济基础设施和社会基础设施短板。统筹管理县域交通规划，依照旅游高峰月份、低谷月份游客人数与地区交通需求的异质性特征，合理设置共享电动车投放数量，鼓励更多劳动者从事出租车、网约车等有偿交通运输服务，尽可能满足县外游客的多样化交通需求，拉近县城内不同景区间的交通联系。要做好地区间统筹规划，依据游客体验需求明确各区域的功能定位。通过划分服务型、观赏型、体验型、居住型等不同类型景区，做到县域景区全域化。此外，应加强基础设施建设。例如，发展票务服务、导游服务智能化自动化，有效提高工作效率，节省游客时间；调整停车场位置、厕所位置数量和景区间道路分布，使景区布局合理；完善景区内外的餐饮条件和住宿条件，为游客提供舒适的游览环境。县政府和旅游局可依据游客的需求，进行整合分类，规划出多条旅游路线，如美食之旅、休闲之旅、历史文化之旅，全方位，多层次展现佛坪特色。尽快完善佛坪县道路交通建设，在全县范围内充分

贯彻宣传"全域旅游"意识，整合县内优势旅游资源，鼓励全民参与旅游产业发展。利用高铁沿线优势，可扩大宣传辐射范围，在西成高铁沿线地区进行宣传。在发展全域旅游，打造旅游目的地整体品牌的同时，也要结合区位优势，挖掘地域特色，围绕各村镇特色旅游资源开发差异化的旅游产品、旅游路线。

### （五）提高基层党组织治理能力，提升数字治理水平

《数字乡村发展行动计划（2022-2025年）》指出，"十四五"时期是乘势而上开启全面建设社会主义现代化国家新征程、向第二个百年奋斗目标进军的第一个五年，也是全面推进乡村振兴、建设数字中国的发力期。要加快推进数字乡村建设，充分发挥信息化对乡村振兴的驱动引领作用，整体带动和提升农业农村现代化发展，促进农业全面升级、农村全面进步、农民全面发展。而新型农民主体是实现乡村全面振兴的主力军，能够为乡村数字治理提供人才资源支持和智力保障。因此，应当从多渠道、全方位加快乡村数字治理制度建设，推动多主体协同参与治理，让村民在参与村务管理、接受政务服务、进行生产实践的过程中，持续地接触、了解、熟悉数字技术；同时，要积极引入数字经济，加快智慧农业建设和乡村传统产业的转型升级，打造"公开透明、廉洁高效"的数字政府，提供"以人为本"的数字化政务服务，让农村居民于多种数字红利中实现自身利益，通过利益共享推进实现共同富裕，驱动居民切身参与到乡村数字治理中。

# 参考文献

[1] 程欣. 新发展理念下数字经济赋能江苏乡村产业振兴研究 [J]. 商业经济，2023（1）：129-133.

[2] 刘同山，韩国莹. 要素盘活：乡村振兴的内在要求 [J]. 华南师范大学学报（社会科学版），2021（5）：123-136.

[3] 李钰，丛海彬，邹德玲. 数字经济对乡村产业高质量发展的影响研究——基于技术创新的中介效应分析 [J]. 科技与管理，2022，24（5）：23-35+69.

[4] 张俊飚，王学婷. 乡村生态振兴实现路径的对策思考 [J]. 中国地质大学学报（社会科学版），2021，21（2）：152-156.

[5] 阳盼盼. 乡村生态振兴：理论逻辑、历史演进与实现路径 [J]. 重庆理工大学学报（社会科学），2019，33（12）：70-79.

［6］张栋．全面推进乡村产业振兴与生态振兴协同发展的路径探析［J］．安徽农业科学，2024，52（14）：247-249+256.

［7］王思斌．乡村振兴中乡村社会基础再生产与乡镇社会工作站的促进功能［J］．东岳论丛，2022，43（1）：169-175+192.

［8］张挺，李闽榕，徐艳梅．乡村振兴评价指标体系构建与实证研究［J］．管理世界，2018，34（8）：99-105.

［9］闫周府，吴方卫．从二元分割走向融合发展——乡村振兴评价指标体系研究［J］．经济学家，2019（6）：90-103.

# 以建设"三大体系"促进农业现代化的白银实践

王颂吉　张丹妍　王一搏　聂子雯　徐博伦　王新雅<sup>*</sup>

**摘要：**白银市位于甘肃中部，地处黄土高原与腾格里沙漠过渡带，自然条件对农业现代化构成挑战。在乡村振兴战略引领下，白银市大力推进现代农业体系建设，围绕牛羊、瓜菜、文冠果等产业，通过政策扶持、科技创新和企业带动，形成寒旱特色农业集群化模式，推动农业高质量发展。特别在文冠果产业，依托资源优势和历史基础，实现产业链延伸和附加值提升。同时，推动农村产业融合，形成农业全产业链条，促进农产品加工增值和农民增收。白银市力争提升农业科技水平，推广农机装备，建设高标准农田，以提高农业生产效率。在农业社会化服务方面取得成效，提升了农业组织化与科技含量。然而，仍面临农业竞争力不足、品牌影响力有限等问题，需继续加大科技和基础设施投入，完善服务体系，提升农业现代化水平，推动农业高质量发展，为乡村振兴和粮食安全提供保障。

**关键词：**农业现代化；农业三产融合；新型农业经营主体；农业社会化服务；乡村振兴；智慧农业

# 一、引言

## （一）研究背景

党的二十大报告强调，坚持农业农村优先发展，加快建设农业强国，扎实推

---

* 王颂吉，西北大学经济管理学院教授；张丹妍、王一搏、聂子雯、徐博伦、王新雅，西北大学经济管理学院本科生。

动乡村产业、人才、文化、生态和组织振兴。农业现代化已成为推动国家经济持续健康发展的重要引擎，是实现乡村振兴、促进农民增收、保障国家粮食安全的必由之路。

白银市地处甘肃省中部，黄土高原与腾格里沙漠过渡地带，拥有独特的自然条件和丰富的农业资源，但长期以来，受自然条件、农业基础设施、产业结构等因素影响，农业现代化水平相对较低，随着人口增长和城镇化进程的加快，对农产品的需求不断增加，而农村青壮年劳动力大量外流，农业劳动力老龄化问题日益突出，进一步加剧了农业发展的困境。在此背景下，白银市积极响应国家乡村振兴战略，为破解发展难题，实现农业增效、农民增收、农村繁荣，以建设"三大体系"——现代农业产业体系、生产体系和经营体系为核心，探索出一条具有地方特色的农业现代化道路，其实践经验对于同类地区乃至全国具有重要的借鉴意义。

### （二）研究意义

1. 理论意义

本文通过对白银市"三大体系"建设实践的深入剖析，总结提炼其成功经验与做法，为农业现代化理论体系提供新的案例和素材，有助于丰富和完善我国农业现代化理论体系，探索农业现代化新路径。在全球化背景下，农业现代化路径具有多样性和复杂性。本文通过深入研究白银市的农业发展，不仅可以总结提炼出可复制、可推广的经验模式，还可以为其他类似地区提供有益的借鉴和参考。

2. 实践意义

本文通过对白银市"三大体系"建设现状、问题及对策的深入分析，为白银市制定了更加科学合理的农业现代化发展规划和政策措施提供决策依据，推动白银市农业现代化进程。通过优化农业产业结构、提升农业生产效率、拓宽农产品销售渠道等措施，促进农业增效、农民增收，助力乡村振兴。农业现代化不仅是农业自身的发展，更是城乡融合发展的重要内容。本文通过推动农业现代化，促进农村一二三产业融合发展，推动城乡要素自由流动和平等交换，加快城乡融合发展步伐。

### （三）研究内容

本文围绕建设现代农业产业体系、建设现代农业生产体系、建设现代农业经营体系展开深入研究。通过文献研究、实地调研、案例分析、数据分析等多种方法，全面深入地探讨了白银市在"三大体系"建设中的实践经验，为同类地区乃至全国的农业现代化提供了有价值的参考。通过收集整理和分析国内外关于农业现代化、"三大体系"建设的相关文献、政策文件、研究报告等，了解农业现代化的理论基础、发展趋势及实践经验，为本文提供了理论支撑和背景信息。

组织研究团队深入白银市各区县，对当地农业产业、生产设施、经营主体等进行实地考察，通过访谈、问卷调查等方式收集第一手资料，了解"三大体系"建设的具体情况、成效及存在的问题。选取白银市在"三大体系"建设中的典型案例，如现代农业产业园区、农业龙头企业、家庭农场等，进行深入剖析，总结其成功经验、运营模式及推广价值。通过分析白银市当前农业产业结构特点、生产加工特点、经营主体现状，探讨如何通过发展特色优势产业、打造农产品品牌、推广先进适用农业技术、培育家庭农场、农民合作社、农业企业等新型农业经营主体来推动构建白银市农业"三大体系"。

# 二、文献综述

学界对中国农业现代化的研究聚焦于现状剖析、问题识别及实现路径探索。近年来，农业现代化取得了显著成效，具体体现在：一是农业综合生产能力显著增强，确保了粮食和重要农产品的稳定供给（陈锡文，2018）；二是农业技术持续进步，科技进步对农业发展的贡献率稳步提升；三是农业现代化水平呈现出"东高西低"的地域差异，区域间发展不平衡现象明显（辛岭和蒋和平，2010）。此外，国家层面不断推出相关政策，如《2024年数字乡村发展工作要点》，旨在借助信息化力量推动农业农村现代化进程。然而，中国农业仍面临"大而不强"的困境，农产品供给压力与农业可持续发展挑战并存。总体而言，中国农业现代化水平近年来显著提升，但总体发展仍显滞后，且地域间不平衡问题亟待解决，其中东部地区农业现代化水平最高，中部次之，西部最低（胡海和庄天慧，2024）。

关于农业现代化问题的研究，主要围绕农业产业发展、生产方式与经营方式三大维度展开。首先，我国农业发展面临产业布局与资源禀赋不匹配的问题，传统特色产业集群发展滞后，市场竞争力不足（黄祖辉和胡伟斌，2022）；其次，农业生产以小农经济为主，生产方式落后，效率低下，导致资源环境双重压力、技术要素投入不足及农产品结构失衡等问题（陈龙，2018）；最后，农业经营方式单一，以小规模、分散经营为主，抗风险能力较弱（黄祖辉和胡伟斌，2022）。

针对农业现代化的实现路径，学者提出了构建现代农业产业体系、生产体系、经营体系及强化政府引导等策略。一是构建现代农业产业体系，优化农业资源配置，促进农林牧渔协调发展，形成合理的产业结构（陈锡文，2018），并引入现代产业组织方式，推动产业链、价值链与利益链的深度融合，实现农村一二三产业的融合发展（赵强社，2022）；二是构建现代农业生产体系，强化数字科技在农业现代化中的引领作用，通过智慧农业提升农业劳动生产率、资源利用率与土地产出率（李周等，2021）；三是构建现代农业经营体系，鼓励适度规模经营，推动农地流转与农业规模化、集约化经营（匡远配和陆钰凤，2018），并健全农业社会化服务体系，为小农户与新型经营主体提供全方位的社会化服务（冀名峰，2018）；四是加强制度创新与政策支持，整合资源，改善物质装备技术条件，确保农业现代化各项措施的有效实施，同时鼓励社会资本参与项目投资建设与经营，促进农业多元化发展。

# 三、白银市农业现代化的"三大体系"建设

## （一）建设现代农业产业体系

1. "四集群+四片带+N"产业体系初步形成

白银市政府坚持现代寒旱农业发展方向，围绕"土特产"进行产业布局，推动牛、羊、猪、瓜菜集群化，文冠果等片带化，特色林果等区域化发展，形成"四集群+四片带+N"的新格局。市政府出台奖补政策，每年列支 4500 万元支持牛、羊、瓜菜、文冠果、枸杞标准化种养基地、加工产业园、品牌建设和关键技术研发等。此外，白银市还启动了农业和农产品招商引资专项行动，围绕"四集群+四片带+N"产业布局和百亿级产业集群、百亿级产业园、现代寒旱特色农业综合示范区建设等重点，聚焦农产品精深加工和发展食品工业延链强链补链，通过招引龙头企业，打造高效生产模式，建设物流园区，引进科技型企业，提升农机装备创新能力。

（1）案例概况。

文冠果，被誉为"东方神树"，原产于甘肃、宁夏黄土高原，具有强抗寒抗旱性，能绿化荒山荒漠、保持水土，兼具生态、经济、社会效益及食用、药用功能。白银市栽培历史悠久，现存最老古树逾 600 年，位于靖远东湾镇。2000 年以来，白银市依托国家重点生态工程，推动文冠果产业发展，形成产业基础和资源优势。在政府、企业和科研合作的发展模式下，白银市文冠果产业迅速崛起，成

为当地经济和生态建设亮点。

（2）主要做法及成效。

一是加强政府引导。白银市"十四五"规划①将文冠果列为"十大特色"农业产业，2021年将文冠果产业作为现代丝路寒旱农业示范区重要建设内容，列入三年倍增行动计划积极推进；2023年，成立白银市文冠果产业协会，农业农村等四部门联合印发《白银市文冠果产业奖补资金管理实施细则》，推动文冠果产业高质量发展。2023年组织申报项目27项，符合奖补条件的共16项，奖补资金1220万元，奖补资金从市级财政对各县区衔接资金中解决。

二是强化企业带动。白银市加强基地建设和经营主体培育。坚持"内育外引"，多层次多途径培育经营主体，全市现有文冠果经营主体57家，其中，企业21家、合作社36家；依托农业产业化龙头企业，全市建成市级文冠果加工产业园3个。分别建成油和茶加工生产线3条和5条，产能分别为600吨和75吨。2023年，文冠果种子产量0.38万吨、鲜叶590吨。全市建成0.1万亩以上文冠果种植基地79个，其中万亩以上基地12个。其中政府支持平川区（甘肃忠沃文冠果生态农业发展有限公司）创建国家林业产业示范园区，支持靖远陇原农林生态有限公司创建国家林下经济示范基地。

三是推进科研合作。白银市注重文冠果的精深加工和产业链延伸，支持企业与中国科学院、兰州大学、西北农林科技大学等科研院所在文冠果丰产品种培育、医药医美产品开发及临床试验、茶油生产工艺改进等方面深度合作，为文冠果品牌提升、高附加值产品开发、包装设计提档升级等提供坚实技术保障。全市已上市文冠果产品有9款，与科研院所合作的在研产品有5个，其中保健食品2个、药品3个。已获得国家发明专利4项，实用新型专利2项，正在申请的发明专利有4项。截至2023年，白银市文冠果全产业链产值已达2.35亿元，同比增长27%。

（3）主要龙头企业及其发展模式。

以甘肃陇原农林生态科技开发有限公司为例。甘肃陇原农林生态科技开发有限公司成立于2013年，位于白银市靖远县东升乡东升村，是一家以"文冠果"为主打产品的省级农业龙头企业。此外，公司还涉及中药材种植、畜禽养殖及屠宰、农业生产机械、技术服务等多个领域。公司采取"公司+合作社+农户"的模式，通过土地流转和雇佣当地村民，实现了企业与农户的双赢。流转荒地28000多亩，先后投资5000万元，成功种植"文冠果"树20000多亩，苜蓿草3000多亩。带动东升镇上淌、保安两村农户150户659人（其中脱贫户144户

---

① 为《白银市国民经济和社会发展第十四个五年规划和二〇三五年远景目标纲要》的简称。

631 人）增加收入，有效解决了农村留守人员务工问题，推动乡村振兴。公司成为以"文冠果"为主打产业的省级"农业产业化重点龙头企业""林业产业化重点龙头企业"。

公司引进文冠果茶叶生产线和物理冷榨、精炼全自动榨油生产线，实现文冠果的深加工。茶叶生产线能日产茶叶 500 斤，满足本地和周边地区对文冠果茶深加工的需求；榨油生产线日生产量可达 10000 斤以上，满足文冠果油的市场供应。持续加大产品研发力度，延伸产业链。与中科院、山东水发集团等科研机构和企业合作，建立文冠果研究院，推动文冠果在医疗、化工、化妆品、药品、食品等领域的精深加工和应用。公司注册"陇原文冠"茶和"陇原臻宝"食用油两个国家级商标，提升了产品的品牌知名度和市场竞争力，有力地带动了文冠果产业的发展。

2. 农村一二三产融合发展势头强劲

白银市坚持因地制宜、兴水造田，充分发挥黄河水资源优势，挖掘寒旱特色农业绿色有机特质，依靠科技发展特色产业，建成了百万亩高效旱作农业示范区、绿色高效农业基地和黄河上游规模最大最集中的引黄高扬程灌溉农业区，建设高标准农田 248.65 万亩，黄河灌溉农业与旱作农业交相辉映，形成了以沿黄高质量发展农业带、高扬程节水高效农业区、南部旱作绿色有机农业区、北部戈壁绿洲生态农业区为主体的"一带三区"农业空间布局，成为甘肃主要的特色农业大市。

通过制定科学合理的发展规划，明确农文旅融合的重点区域与发展方向。如白银区围绕黄河资源禀赋，规划打造沿黄生态旅游经济带，将乡村旅游"六朵金花"等景点串珠成线。加强对乡村旅游从业人员的培训，增强其服务意识提升其专业技能，为农文旅融合发展提供人才保障。通过传统媒体和新媒体等多种渠道，进行广泛宣传推广，提高白银乡村旅游的影响力和吸引力。

## ［案例 1］ 会宁县推广"中央厨房"运营模式，促进一二三产业融合发展

（1）背景介绍。

预制菜是一类运用现代化设备规模化制作的，在常温或低温条件下冷藏或冻藏、直接或通过加热或简单烹饪后即食的工业化特色菜品，是源于传统菜肴的工业化预制食品。随着国家经济转型和民众消费方式的变化，预制菜成为食品行业发展速度最快的品类之一。中央厨房作为预制菜的加工中心，有力连接了一产农业种植、二产食品加工与三产餐饮配送与服务，是促进农产品加工增值、农民增收、消费升级的三产融合型产业。

（2）会宁县中央厨房建设项目主要进展。

"中央厨房"一头连接着田间地头，另一头连接着百姓餐桌。借助东西部协作的东风，会宁县通过开展凯尔亮中央厨房建设工作，着力打造集种植养殖加工、物流仓储、商贸流通为一体的省级、市级农业产业化重点龙头企业。会宁县凯尔亮中央厨房服务有限公司成立于2015年3月，是一家集农产品基地种植、加工、包装、仓储配送、线上线下批发、销售于一体的多元化民营企业，由会宁县凯尔亮超市小作坊发展而来。目前公司已建成豆制品加工、面点加工、熟食品加工等五大生产车间，占地面积40000平方米，注册资金1000万元，总资产8653万元，年销售额6000多万元。

在运营模式上，公司按照"公司+合作社+家庭农场+种植大户"的模式，吸纳稼轩等18家专业合作社，会宁建雄等7家家庭农场，王学军等20户种植大户参与农业产业发展，创建白塬高原夏菜等6家农产品生产基地，流转土地3000多亩，在白草塬镇、土门镇建设蔬菜示范日光温室100座，露天蔬菜示范种植1600亩，在刘寨镇、新塬镇、大沟镇种植良谷米、荞麦等会宁小杂粮1000余亩。带动农户种植的露天蔬菜、大棚、小杂粮产值达3000万元，户均增收4500元。同时基地长期用工就业人数200人以上，短期工达300人以上。公司农产品产、贮、加、销的整体链条全面形成，并逐步向专业化、规模化方向发展，同时经营模式多体合一，"三变"政策得到全面落实，有效实现企业与农户双赢。在具体实践中，凯尔亮中央厨房通过嘉禾酒店、凯尔亮连锁超市、饿了么同城配送、农村中小学学生营养餐、田间预冷集配、蔬菜种植基地配送体系优化建设。中央厨房的建设推动了农产品的电商化、品牌化、标准化、打造完善精深加工等全链条服务。同时产品的品质、价值及质量得到了保障。

（3）未来展望。

上游连"三农"，下游惠民生。未来，会宁县凯尔亮中央厨房服务有限公司将有效衔接农产品食品化，把食品安全作为公司发展的生命线，继续加强资源整合、延长产业链、研发新产品，精准服务各类消费群体，增加农民收入，加快农业农村现代化进程。同时，将凯尔亮超市优质产品和服务推向各个乡镇，形成"田间地头—中央厨房—大众餐桌"的产业链条，打通城乡产品与服务的"最后一公里"。

## ［案例2］ 靖远县东湾高效农业示范园以产业融合构建现代农业生产体系

（1）案例概况。

产业融合发展是构建现代农业产业体系的迫切要求，也是促进农民持续较快增收的重要支撑。靖远县东湾镇，因黄河由西而来至此转北流去，呈弯形，又在县城之东而得名，以其独特的地理位置和丰富的农业资源，成为农旅融合发展的典范。近年来，东湾镇立足"打造设施蔬菜名镇、建设县域副中心城镇和法泉寺沿黄风情旅游特色小镇"的发展定位，打造高效农业示范园，积极探索出农旅融合的发展路径。园区占地面积700亩，总投资2.85亿元，大力发展现代农业展示中心、特色林果区、特色水产养殖区、特色水产种植区、荷花种植区、农业景观区六个功能区，涵盖现代农业展示、科技创新、科普培训、试验示范等多种功能，不仅提升了农业产业附加值，还促进了乡村旅游的蓬勃发展，为乡村振兴注入了新活力。

（2）主要做法及成效。

一是推动产业结构优化升级。东湾高效农业示范园以蔬菜种植为主，发展有机水稻、水产养殖等特色产业，引进农产品加工企业，延长产业链，提升附加值。推广现代农业技术，实现智能化、精准化生产，提高农业生产效率。截至2024年8月，蔬菜种植面积达3.5万亩，年产量5400万公斤，村集体经济收入显著增长。二是开发特色乡村旅游业态。通过举办各类活动和推出特色美食，打造乡村旅游示范村，提供民宿体验吸引游客。通过活动带动产业和人气促进消费，实现旅游收入大幅增长。三是推动农旅深度融合。东湾高效农业示范园探索"三变+高效农业+乡村旅游"模式，引导农民参与经营，构建利益共同体。依托旅游景区优势，举办各类活动，推动特色产业与生态文化旅游融合发展，为镇域经济发展增添活力。四是完善基础设施建设。园区加强道路硬化、巷道整治等工作，提升乡村环境。建设民宿、农家乐等接待设施，为游客提供舒适便捷的旅游环境。五是加强品牌建设与营销推广。通过举办活动、参加展销会等方式宣传推介东湾乡村旅游品牌。利用互联网和新媒体平台开展线上营销，提升知名度和美誉度。

（3）启示。

靖远县充分发挥资源禀赋，结合美丽乡村建设、休闲农业、乡村振兴等要素，通过推动产业结构优化升级、开发特色乡村旅游业、推动农旅深度融合、完善基础设施建设等措施，成功推动农文旅融合发展，有效增强了镇、村发展的内生动力，激发了乡村振兴新活力，不仅为东湾镇带来了显著的经济效益和社会效益，也为其他地区的乡村振兴提供了借鉴思路：一是注重产业融合与升级，通过农业产业升级和特色产品开发，提升农业附加值和旅游产品吸引力；二是深挖文化内涵与旅游活动创新，挖掘地方文化内涵，创新旅游活动形式和内容。

### （二）建设现代农业生产体系

1. 白银市农业科技水平持续提升

随着科技进步和现代农业的发展，农业科技水平在农业生产中的作用越发显著。对于白银市，加快农业科技推广服务体系建设、不断引进农业新技术新品种以及深化产学研合作，是该市农业科技水平持续提升的三个关键方面。农业科技推广服务体系是科技成果转化的桥梁和媒介。白银市通过构建覆盖城乡、综合配套的农业科技推广服务体系，能够确保先进的农业技术和管理方法迅速传达给农业生产者。具体措施包括建立多功能的服务站点、提供技术支持与咨询服务、举办各类培训班等，增强农民的科技应用能力和创新意识，推动科技成果在农业生产中的广泛应用。

白银市注重引进国内外先进的农业技术，如滴灌节水技术、智能温室控制系统等，这些技术可以有效提高作物产量和质量，降低资源消耗。同时，引进耐旱、抗病等性能优良的新品种，对提升农产品竞争力、适应气候变化具有重要意义。产学研合作是推动农业科技创新的重要模式，白银市鼓励和支持高校、科研机构与企业之间的合作，共同进行农业技术研发、试验示范和成果应用。通过联合研究项目、共建研发平台、实验室等方式，加强科研成果的孵化和转化，促进科研与生产的紧密结合，提升整个市的农业科技创新能力。

2. 发挥农机设备优势，助力农业生产

在现代农业生产中，农机设备所发挥的优势越来越明显。它不仅提高了农业生产效率，还降低了农民的劳动强度。然而，对于一些山区来说，由于地形复杂，大型农机无法进入，这就需要研发和推广使用适宜山区的小型农机。

强化农机购置补贴是鼓励农民购买和使用农机的重要手段，政府可以通过提供购置补贴，降低农民购买农机的成本，从而激发他们购买和使用农机的热情。例如，根据《农业机械化促进法》，政府对购买农机设备的农民给予一定比例的补贴，这极大地推动了农机的普及和应用。推广系统开展农机装备技术集成示范也是发挥农机装备优势的重要途径。通过建立农机装备技术集成示范基地，可以向农民展示农机装备的实际效果和操作方法，加深他们对农机装备的认识和信任。同时，示范基地还可以作为农机装备技术的交流平台，促进农机装备技术的更新和改进。此外，推动适宜山区的小型农机研发和推广使用是发挥农机装备优势的关键。例如，手扶拖拉机、微耕机等小型农机就适合在山区使用。同时，我们还需要通过政策引导和市场推广，让更多的农民了解和使用这些小型农机。

总而言之，在当前的农业发展进程中，通过不断强化农机购置补贴政策，使更多的农民能够有能力购置先进的农机设备。同时，积极推广系统开展农机装备技术集成示范，让先进的技术得以广泛传播和应用。大力推动适宜山区的小型农机研发和推广使用，有效解决山区农业生产面临的难题，使山区的农民也能享受到农机设备带来的便利。如此，能够充分发挥农机设备在农业生产中的优势，提高农业生产效率，降低农民的劳动强度，从而助力农业生产，为农业的可持续发展奠定坚实的基础。

3. 加强高标准农田建设，补齐农业基础设施短板

2024 年初，白银市农业项目集中向上申报 4 批次 154 项，其中 67 项补充进入"十四五"项目储备库和中央预算内项目储备库，31 项进入国家 2023～2027 年农业农村重大基础设施建设暨社会资本投融资项目库，全市"三农"项目库进一步充实，达到 18 个专项 783 项。会宁县"百县千乡万村"乡村振兴示范项目列入国家首批试点项目，白银市被确定为全省设施农业建设奖补试点市、农村社会化服务整省推进试点市。这些项目包括高标准农田建设、绿色种养循环农业试点等。白银市还制定并实施《白银市高标准农田建设规划（2021—2030年）》，动员各方力量，合力推动高标准农田建设。

白银市通过政府主导、因地制宜、综合治理、土地流转和绿色发展等一系列措施，大力推进高标准农田建设，有效提升了农业生产能力和农产品供给保障能力。未来，白银市应继续加大投入力度，不断提高高标准农田建设标准和质量，提高耕地质量水平和水资源利用率，为守牢国家粮食安全底线、发展现代农业、全面推进乡村振兴蓄势赋能。

### （三）建设现代农业经营体系

1. 培育壮大新型农业经营主体

重点培育农民合作社和家庭农场，促进龙头企业、种植大户发展。首先是抓规范提升，推动农民专业合作社高质量发展，通过"规范提升、试点推动、示范建设、清理退出、宣传培训、监督检查"六个抓手，推动农民专业合作社由量质并举向高质量发展转变。其次是抓培育创建，引导支持家庭农场迈向大市场，按照"把农业规模经营户培育成有活力的家庭农场，引导经营不善的农民专业合作社转型成为家庭农场"的工作思路，深入实施家庭农场培育计划，围绕强化农村家庭经营的基础作用，引导和支持广大小农户走同现代农业相结合的发展之路。此外，政府还通过保价收购、财政补贴等政策支持，壮大新型农业经营主体。

2. 健全联农带农机制

健全新型农业经营主体和涉农企业扶持政策与带动农户增收挂钩机制，鼓励农业企业通过订单收购和吸纳就业的形式带动小农户。白银市政府积极落实省政府以养殖业为牵引带动农业的方针，鼓励龙头企业下联合作社带农户，建设高标

准化、规模化养殖基地,充分发挥吸纳就业功能。强化"龙头企业+育肥基地+扩繁农户"的利益联结机制,以保底收购、保底分红、利润返还、订单收购等模式,引导屠宰加工企业与合作社、家庭农场和农户建立利益联结关系,提升原料供给保障能力。在财政扶持方面,白银市政府制定了"四个一千万,一个五百万"的扶持政策,扶助农业稳定发展。各县区充分利用财政专项资金、财政衔接推进乡村振兴补助资金、涉农整合资金、土地增减挂资金、地方财政证券资金、土地出让收益等现有财政资金渠道,通过以奖代补的方式,对畜牧业发展发挥带动作用的种畜禽场、扩繁场、育肥场、产业园和抓点示范场进行补助,对专业乡镇(村)和养殖大户给予奖励扶持。各县区制定出台在融资担保、财政贴息等方面的优惠政策,金融部门针对农业发展出台专门金融产品,切实解决新型经营主体融资难、融资贵的问题。

3. 农业社会化服务成效显著

从农技推广、农机服务、统防统治、金融保险、产品检测、销售及农业科技等方面着力推动农业社会化服务。白银市政府通过农业生产托管,充分发挥"一乡一农机合作社"和市级以上示范农机合作社的优势,整合土地、农资、农机和人才等资源,统一协调、统一管理,有效破解"谁来种地,怎么种地"的难题。2024年甘肃省厅下达白银市中央财政扶持农业社会化服务项目资金1360万元,任务面积17万亩,全市开展农业社会化服务组织达2663个,农业生产托管服务面积249.24万亩,服务对象15.65万户。大力推广"服务主体+农村集体经济组织+农户""服务主体+各类新型经营主体+农户"等组织形式,深入推进农业社会化服务创新试点。此外,市政府集中推广一批优良品种和增产技术,提高技术到位率和覆盖面,提升粮食单产和品质。逐步扩大加厚地膜推广应用面积、推广应用农田高效节水技术、大豆玉米带状复合种植技术、测土配方施肥、水肥一体化、绿色种养循环等化肥减量增效技术。深入推进农药化肥减量增效行动,提升农作物病虫害监测预警能力,积极推广高效低毒农药及高效药械,提升统防统治和绿色防控水平。

# 四、白银市农业现代化存在的问题

## (一)农业产业竞争力不足

第一,农业龙头企业的带动能力有限。特别是在提升农户工资性收入和多元化发展方面还有较大提升空间。科技应用与创新能力不足,部分农业龙头企业在科技推广和应用方面投入不足，导致产品创新和品牌建设能力有限，难以提升产品档次和附加值。农业龙头企业尤其是中小企业在发展扩张阶段面临资金需求，但融资渠道不畅，土地等资产难以作为抵押，导致资金成为制约企业发展的主要问题。农业生产基础设施如农田水利、交通、电力等相对滞后，影响了农业产业的现代化和稳定发展。形成全产业链方面还有较大的提升空间，需要进一步整合资源要素。农产品加工企业多数从事初级产品加工，深层次加工比重小，产品档次低，产业链条短，导致农产品加工转化率低，生产效益不高。

第二，缺乏有影响力的农产品品牌。尽管白银市拥有一些地理标志产品，如靖远枸杞、会宁小杂粮等，但与全国知名的农业品牌相比，其品牌影响力和市场认知度还有待提升。白银市品牌体系尚未完善，包括品牌规划、宣传推广、产销对接、人才培训、产品认证和监管保护等方面。品牌建设包括农业生产、加工、冷链物流等设施项目建设，以及品牌宣传和市场推广等，存在资金不足的问题。尽管有区域公用品牌，但由于缺乏统一的标准、包装和附加标识等，品牌、包装、服务、信誉等营销上缺少应有的竞争力，导致在全国、全省市场上叫得响、影响大、销量多、价格高的农产品加工品牌极少。

### （二）农业生产效率有待提升

第一，高标准农田建设任务艰巨。白银市大部分农田为干旱地，农业生产受自然条件限制较大。农业农村基础设施建设相对滞后，资金稳定投入长效机制尚未建立，耕地质量整体偏低，水资源约束比较突出，旱作农业占比大，自然灾害多发，防灾减灾能力不强。存在土地碎片化、坡耕地等不利于规模化种植的情况。农田污染问题不容忽视，生态环境保护任务艰巨。该地区生态环境较为脆弱，需要在发展农业的同时注重生态保护和修复，这增加了农业发展的难度。

农田灌溉、排水等基础设施不完善，影响农业生产稳定性。虽然已经开始运用滴灌、喷灌等节水技术，但是存在覆盖面小、投资成本高等原因，造成了白银市农业基础设施不完善的状况。农业用水效率不高，农业灌溉节水程度较低，深度控水、极限节水意识不强，措施不够有力，覆盖延伸不全面。污水处理及利用问题，存在污水处理不及时、水资源浪费现象，以及重点乡镇污水收集管网配套不到位等问题。

第二，农业科技推广体系有待完善。农村人口老龄化严重，劳动力短缺，影响农业生产效率和农业生产的可持续性。外出务工多、农村存在空心化问题，生产积极性不强。农民合作社、家庭农场和农业产业化龙头企业带头人绝大多数是农民，文化层次、技术素质、经营理念、市场意识、管理水平和创新能力相对较低。

缺乏适合本地农业和农田的特殊作业机械，农机具推广不足，农业科技转化难。目前，白银市还可能面临科技人才不足的问题，特别是在农业生产一线的科技推广人员。基层农技推广服务能力有待增强，需要提升基层农技推广人员的技术水平和服务能力，以更好地服务小农户。需要加强农业科技创新，推动新品种、新技术、新装备的引进与示范推广，提升农业科技进步贡献率。在推动大数据、云计算、物联网等现代信息技术在农业领域的应用方面，白银市存在一定的滞后性，需要加快智慧农业的发展。

### （三）农业经营方式转型滞后

第一，小农户仍在农业经营之中占主体地位。他们以家庭为单位，利用自有或租赁的少量土地进行农作物的种植、畜牧养殖等活动。小农户面对市场和自然风险的抵御能力较弱，容易受到价格波动和自然灾害的影响。小农户经营规模普遍较小，不利于农业的集约化和现代化，这限制了他们采用现代技术、提高生产效率和降低成本的能力，影响农业的竞争力和现代化进程。小农户在市场竞争中往往处于劣势，难以获得公平的定价权和销售渠道。土地、水、资金等资源有限，且分配不均，限制了小农户扩大生产规模和提升生产能力的可能性。缺乏获取先进农业技术和信息的渠道，以及必要的培训和支持，限制了小农户的技术创新能力。

第二，新型经营主体带动小农户的作用需要加强。培育家庭农场，通过优先承租流转土地、提供贴息贷款、加强技术服务等方式，鼓励小农户稳步扩大规模，提升其经营能力和管理水平。多数新型农业经营主体仍处于成长期，单体规模偏小、整体实力偏弱，全产业链收益能力较低，联合合作不够，对小农户的带动能力不强。小农户与新型农业经营主体之间的利益联结机制不够紧密，小农户处于弱势地位，难以充分享受产业链延伸、价值链增值的收益，合作共赢关系没有完全建立。农村物流"最后一公里"尚未完全打通，小农户和新型农业经营主体通过网络销售农产品的能力有待提升，品牌化、标准化和质量可追溯体系还需进一步完善。农业生产经营成本刚性增长，粮食等大田作物生产效益较低，影响农民种粮积极性。同时，扶持小农户的政策集成联动效果还不够，精准性和操作性有待加强。

## 五、白银市加快农业现代化的路径

第一，加强农产品品牌建设。白银市以"绿色生产、绿色消费、绿色发展"

为主题，举办"质量月""绿色食品宣传月"活动，组织多家绿色食品企业进行集中宣传，通过产品展示、现场品鉴、发放宣传材料等形式向市民宣传绿色食品，相关新闻媒体跟踪报道宣传活动，扩大绿色食品的社会影响力和美誉度。利用节假日，组织开展"戈壁原生态农产品展"等农产品展销活动，通过产销对接为全市农产品开拓了更多的销售渠道，搭建起永不落幕的产销平台，农产品销售额达 500 多万元。也要加强文化营销，深入挖掘文冠果的文化内涵，将文冠果与当地的自然风光、历史文化相结合，打造具有地方特色的文冠果文化品牌。

第二，提高农产品精深加工水平。发展精深加工产品：加大对瓜菜、枸杞、文冠果、畜产品等营养成分、功能成分、活性物质提取以及其副产物的精深加工支持力度，开发高附加值产品。为推动白银市农业精深加工产品的发展，需要政府、企业和科研机构等多方面的共同努力。政府应加大政策扶持力度，提供财政补贴、税收优惠等激励措施；企业应加强与科研机构的合作，提升产品研发能力和市场竞争力；科研机构应加强基础研究和技术创新，为产业发展提供有力支撑。加大农产品加工企业扶持力度，解决其融资难、融资贵问题。加强财政支持，农村一二三产业融合等支农资金和项目要向符合条件的农产品加工企业倾斜。完善农产品产地初加工补助政策，有条件的地方要扩大补助资金规模。财政要积极支持农产品加工原料基地、公共设施、物流配送体系建设和技术改造。强化金融服务，鼓励银行业金融机构加大信贷支持力度，为农产品生产、收购、加工、流通和仓储等各环节提供多元化金融服务。加强标准化建设，建立健全农产品加工标准体系，推进标准化生产和管理，提高产品质量和安全性。推进加工园区建设，以优势特色农产品为纽带，加强农产品加工园区规划，促进基础设施和公共服务平台建设，完善功能、突出特色、优化分工，吸引农产品加工企业向园区集聚。以园区为主要依托，创建集标准化原料基地、集约化加工、便利化服务网络为一体的产业集群和融合发展先导区。以休闲农业、农村手工业、特色传统小吃为纽带，加快建设农产品加工特色小镇，实现产城融合发展，鼓励企业打造全产业链。

第三，完善农业科技推广体系。加大农技研发支持力度，引导民间资本与社会资本向农业科技研发流动，提升科技创新能力。构建农产品加工协同创新、资源共享、成果转化、信息咨询服务基地与平台，建设农产品加工技术研发体系和技术集成示范基地。加强农技人才队伍建设，与政府、科研院所、农业企业多方合力，分层培育复合型数字农业人才；建立农业科技人才实训基地，提升实践操作能力。开展职业技能和创业培训，建设农产品加工创业创新孵化园，支持返乡下乡人员创办领办加工企业。聚焦特色产业，推动科技成果转化，加速科技成果转化推广。围绕特色优势农产品，筛选一批成熟适用加工技术、工艺和关键装备，搭建科企技术对接平台,加强科研单位、高等院校与企业技术创新的对接。支持科技人员积极服务企业,以科技成果入股加工企业,实行股权分红等激励措施。

第四,强化高标准农田建设。实施农田整治工程,改善灌溉条件,提高土地肥力。各县区、各相关部门要加大统筹协调力度,对未划入基本农田的高标准农田要及时划入基本农田进行特殊保护,对违法占用或恶意破坏高标准农田的单位和个人,依法依规严肃处理。推广测土配方施肥,减少化肥农药使用,保护生态环境。加强农田基础设施建设,提高农业综合生产能力。加强建后管护。各县区、各相关部门要多渠道筹措管护资金,积极探索和总结推广高标准农田建设项目工程管护有效模式,可将高标准农田建设管护员纳入村级公益性设施共管共享岗位进行管理,通过购买服务委托管护、专职管护员网格化精细化管护、引入专业化市场化管护主体等,提升建后管护水平,确保工程长期稳定运行,效益持续正常发挥。

第五,发挥新型经营主体对小农户的带动作用。增强新型农业经营主体自身发展能力:鼓励新型农业经营主体立足"一村一品""一县一业"发展适度规模经营;促进新型农业经营主体不断延长农业产业链;加强农业经营主体的培训,提高其经营管理和市场开拓能力。强化新型农业经营主体作为生产主体和服务主体的双重功能:完善新型农业经营主体补贴机制,包括技术、资金等方面支持;促进新型农业经营主体以社会化服务为依托,带动周边小农户发展,为小农户提供产前、产中、产后等社会化服务;促进新型农业经营主体与小农户形成利益联结机制;设立信息发布机制,建立新型农业经营主体与小农户之间的信息交流平台。重视对小农户的人力资本投资:加强对小农户技术推广培训;培育新型职业农民;引导小农户加入农民合作社等新型农业经营主体,提升小农户组织化程度。

# 参考文献

[1] 陈锡文. 实施乡村振兴战略,推进农业农村现代化 [J]. 中国农业大学学报(社会科学版),2018,35(1):5-12+40

[2] 辛岭,蒋和平. 我国农业现代化发展水平评价指标体系的构建和测算 [J]. 农业现代化研究,2010,31(6):646-650.

[3] 胡海,庄天慧. 中国式农业农村现代化水平测度与影响因素分析 [J]. 科学管理研究,2024,42(1):126-134.

［4］黄祖辉，胡伟斌．全面推进乡村振兴的十大重点［J］．农业经济问题，2022（7）：15-24.

［5］陈龙．新时代中国特色乡村振兴战略探究［J］．西北农林科技大学学报（社会科学版），2018，18（3）：55-62.

［6］李周，温铁军，魏后凯，等．加快推进农业农村现代化："三农"专家深度解读中共中央一号文件精神［J］．中国农村经济，2021（4）：2-20.

［7］匡远配，陆钰凤．我国农地流转"内卷化"陷阱及其出路［J］．农业经济问题，2018（9）：33-43.

［8］赵强社．构建现代农业产业体系［J］．中国乡村发现，2020（2）：106-112.

［9］冀名峰．农业生产性服务业：我国农业现代化历史上的第三次动能［J］．农业经济问题，2018（3）：9-15.

# 财税政策支持下茵香河村"三农"产业发展的调查

王敏　李昱锦　李丹　李浚赋　刘怡闲　姚颖　王梅蕾　王艺霖*

**摘要：**在乡村振兴战略背景下，农村经济发展迎来了新的机遇和挑战，乡村进行建设需要大量资金，而财政政策可以引导资金向乡村流动。在财政政策的支持下，全国乡村振兴发展状态良好，成效显著，但仍然存在一些可改进的地方。本文以陕西省宝鸡市茵香河村为例，聚焦财政支持对"三农"产业振兴带来的变化，首先对乡村振兴和财政支持的概念进行探讨，对茵香河村的产业基础进行分析，阐述财政支持对茵香河村"三农"产业发展的巨大意义，在此基础上具体分析该村不同"三农"产业发展现状，对获得的关于蒲公英种植、商业产业等产业发展相关数据进行分析得出有关结论，提出了推动农村经济发展的策略与建议，旨在推动农村经济可持续发展，为财政支持乡村振兴提供更多路径，为缩小城乡差距提供参考。

**关键词：**乡村振兴；财政支持；财政政策

# 一、引言

## （一）调研背景

乡村振兴战略是我国为解决农业农村农民（"三农"）问题、实现农业农村现代化而制定的重大战略。该战略的核心目标在于通过促进农村经济发展、改善

---

\* 王敏，西北大学经济管理学院副教授；李昱锦、李丹、李浚赋、刘怡闲、姚颖、王梅蕾、王艺霖，西北大学经济管理学院本科生。

农村生活环境、提高农民生活水平等一系列举措，实现农业农村现代化，缩小城乡发展差距，促进区域协调发展。为推动乡村振兴战略的实施，我国政府出台了一系列支持政策，其中包括财税政策。这些政策旨在通过财政补贴、税收减免等方式，加大对农村基础设施建设、农业科技创新、农业保险等方面的投入力度，为农村经济发展提供资金支持。

**（二）调研目的**

本次调研以宝鸡市茵香河村为例，深入探索财税杠杆如何撬动"三农"产业增长极，紧贴乡村振兴国家战略步伐。调研小分队依托实地调研数据与深度访谈内容，分析茵香河村在财税政策扶持下的文旅综合建设与特色农业发展，揭示政策红利转化为农村生产力的具体机制，填补现有研究中政策效果评估与地方实践结合的空白，并展现习近平经济思想指导下，财税激励如何精准滴灌，激活西部乡村经济内生动力，为同类地区提供可借鉴的模式，进一步强化经济理论与振兴实践的共生共荣。

# 二、研究背景与问题提出

**（一）概念界定**

财税政策：国家或地方政府通过财政和税收手段，支持农业、农村和农民发展的政策措施，包括补贴、税收减免、贷款优惠等。"三农"产业：涵盖农业、农村和农民的经济活动，包括农作物种植、养殖业、乡村旅游等，重点关注其在财税政策支持下的发展情况。乡村振兴：一个综合性的发展战略，其核心目标是推动农村地区的全面发展，提升农村的综合发展水平和居民的生活质量，包括经济振兴、社会振兴、文化振兴、生态振兴、治理振兴。

**（二）文献综述**

首先，财政政策是推动"三农"产业发展的关键因素。研究表明，政府的财政投入可以有效改善农业生产条件，提升农村基础设施水平，增加农民收入水平。例如，中央和地方政府的财政补贴政策对农业技术推广、农田水利设施建设和农村公共服务提供了重要支持。专项财政资金的投入不仅能提高农业生产效率，还能促进农村经济多样化发展，从而实现农业现代化和农村振兴的目标。

其次，税收政策在"三农"产业中的作用同样重要。税收优惠政策，如农产品增值税退税和农民收入免税政策，能够直接降低农业生产成本，提高农民的经济收益。这些政策鼓励农业企业和农户增加投资，扩大生产规模，并促进农业技术的应用和升级。此外，合理的税收政策还能够调节农村经济结构，支持农业和农村经济的协调发展。

最后，现有研究也指出，财税政策在实际操作中存在一些问题，如政策落实不均和资金使用效率低下[①]。为此，未来的研究需要关注财税政策的优化路径，提出更加精准和有效的政策措施，以提升"三农"产业的整体效益和可持续发展能力。通过进一步的政策创新和实施监督，可以更好地发挥财税政策在推动"三农"产业发展中的作用，促进农业、农村和农民的全面振兴。

### （三）研究的意义与价值

本文旨在深入探讨财税政策在茴香河村"三农"产业发展中的具体作用和影响，具有重要的理论和实践意义。首先，通过分析茴香河村的案例，可以为了解我国农村地区财税政策实施效果提供具体案例和经验总结，为未来政策制定提供理论依据和实证支持。其次，研究将探讨财税政策在促进农业结构调整、增加农民收入、改善农村基础设施和公共服务等方面的具体效果，有助于进一步优化政策设计，推动农村经济的可持续发展。最后，本文的研究还有助于提升农村地区的发展战略和政策效果评估能力，为政府部门和决策者提供科学依据，以实现经济发展与社会公平的双重目标。

# 三、研究分析

### （一）研究设计与实施

1. 研究地点：陕西省宝鸡市渭滨区石鼓镇茴香河村

茴香河村位于秦岭北麓，渭河之滨，地理位置独特，自然资源丰富。村庄总面积约 15 平方千米，其中耕地面积占 30%，其余为山林、河流和建设用地。但

---

① 刘天琦，宋俊杰. 财政支农政策助推乡村振兴的路径、问题与对策［J］. 经济纵横，2020（6）：
55-60.

长期以来，受制于地理条件和产业结构单一，经济发展相对滞后。全村耕地面积有限，主要种植小麦、玉米等传统作物。茵香河村往日发展落后，交通不便，导致青壮年流失，村里人口老龄化严重，经济发展止步不前。2015年以来，随着国家对乡村振兴战略的重视和一系列政策的出台，茵香河村开始探索发展新模式，力求改变现状，如今，茵香河村通过"党建+三治"模式，使美丽乡村建设取得了初步成果，乡村旅游也变得火热，真正创建成为和谐、美丽、生态、宜居的美丽乡村，群众获得感、幸福感、安全感明显提升，保障了乡村振兴战略向纵深推进。而茵香河村的自然风光秀丽，文化底蕴深厚，是开展乡村振兴研究的绝佳地点。

2. 研究对象：茵香河村乡村振兴实践

茵香河村自2015年国家实施乡村振兴战略以来，积极探索适合本村发展的路径，主要研究对象包括：①生态环境保护与修复：茵香河村启动了生态环境修复工程，重点整治了茵香河，进行了湿地公园建设；发展绿色农业和绿色农产品，推广生态农业。②产业转型升级：发展特色种植业（如茵陈茶、中草药），结合乡村旅游，形成产业链；依托自然风光和历史文化发展乡村旅游，建设特色民宿和农家乐，保护创新秦腔、剪纸等非物质文化遗产，举办民俗文化节积极宣传以吸引游客；进行电商营销，拓宽销售渠道，打造品牌，提升农产品知名度和市场占有率。

3. 研究方法

本文采用实地考察与访谈相结合的方式，以确保分析的全面性和深度，通过考察茵香河村特色产业，采访当地村干部、村民，收集了大量一手资料。收集和分析国家及地方关于乡村振兴的政策文件，了解政策导向和实施背景并结合茵香河村情况，了解其基本背景。在实地考察中，深入茵香河村，实地走访村民，参观村容村貌（村委会、村史馆）、生态环境（茵香河）、产业布局（蒲公英种植基地）等，获取有效数据信息。在访谈调研中，通过开展座谈会，与村委、村民、返乡创业青年、游客等进行深度访谈，了解当地产业发展成效和乡村振兴的实践过程、成效与挑战。通过数据分析，向村干部了解当地产业发展相关数据，收集并分析茵香河村的经济社会统计数据，包括人口、收入、产业、教育、文化等方面，以数据支持研究结论。

4. 研究实施

在研究准备阶段，首先组建研究团队，确定带队老师和参与同学。其次制定研究计划，联系当地村干部确认行程，确保调研活动有序进行。在实地调研阶段，出发前进行资料收集，通过文献回顾和网络调研，收集茵香河村及乡村振兴的相关资料。最后实地考察，深入茵香河村，通过实地走访、访谈、问卷调查等方式，收集第一手资料，完善调研知识。

（1）分析与总结阶段。

本次调研随机选取了 50 名村民作为样本，其中 5 名为村干部，其余村民中包括 20 位从事该村特色产业（油菜及蒲公英种植）和 25 位非从事该产业的村民。调查数据显示，茵香河村种植蒲公英面积为 200 亩，产业建设初期的启动资金主要来源于村集体中村干部每人 2000 元的资金，共计 3.6 万元、税务局投入的 3 万元财政支持以及财政局注入的 7 万元扶贫资金（见图 1），作为 15 户贫困户的入股资金。以合作社方式经营。油菜种植面积为 300 亩，启动资金主要来源于 20 万元自筹资金，后期农业农村局进行了 10 万元的财政补贴，其中 7 万元用于购买种子、化肥、机械、4.5 万元作为种植补偿，平均每亩 150 元。土地流转费减少至 300 元/亩油菜籽亩产量在 90~100 千克，产量较低但品质较高，无污染无添加，加工成菜籽油后定价 12 元/斤可实现年均 10 万元的收益。在农业保险补贴方面，中央财政补贴 50%，省级补贴 25%，县级补贴 5%，农户自担 5%，农户一年需自付的保险费金额小于 100 元。为便捷农产品运输，2022 年政府投资 200 万元修建道路，将茵香河村通往市区的时间缩短至 6 分钟。根据对村民个人的采访结果，72.9% 的农户对政府给予农业的财税优惠比较了解，27.1% 的农户有所了解，并且 90% 以上的农户知道自己曾在农业税收优惠中受益过。在从事种植产业的农户中，78% 的家庭月收入在 4500~8500 元，19% 的家庭月收入低于 4500 元，3% 的家庭月收入高于 10000 元。

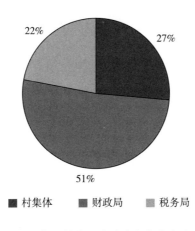

图 1　蒲公英产业启动资金各方占比

资料来源：笔者绘制。

通过随机抽取样本估计总体可知，在全村人口中，约有 40% 的人口从事种植产业，从事种植的人口数量较少，这种样本结构侧面体现出从事种植收益较低、农村青壮年劳动力流失的现状，同时也表现出该村的种植业机械化程度较高，人力依赖程度低。在蒲公英种植过程中产生的13.6万元资金中，政府财政支持占78%，政府在财政资金有限的情况下能较大力度支持该村蒲公英种植，说明政府对"三农"产业、对种植业的关注，体现出种植业关系民生的基础性地位，以及政府对乡村产业发展必不可少的支持性作用。在该村发展油菜种植的过程中，政府对土地流转税以及农业保险进行大幅度减免，减免力度达50%以上，鼓励该村积极发展种植业，打造特色"三农"产业。该村油菜种植实行高成本、低产量、中等价格、中等收益的生产销售策略，体现出该村产业在生产营销等全方位规划战略的正确性。在公路建设方面，资金更是完全来源于政府支持，该村能有如今的发展成果离不开政府的带动引领作用。在从事种植业的村民方面，虽然绝大多数人知晓自己从农业税收中受益过，但仍有一小部分对农业税收没有充分的认识，其中的原因一方面是自身主动了解政策的积极性不够，另一方面是由于政策宣传力度不够。同时也侧面反映出农业税收优惠繁杂、缺乏体系化、逻辑性的问题，不便于理解宣传①。通过分析农户家庭月收入可发现，该村种植业虽有政府大力支持，但效益仍有待提升，农户月收入有待提升，如何激发产业内生动力，让政府支持成为锦上添花而非救命稻草是一个有待解决的问题。总的来说，财税支持对该村产业发展起到了极其重要的兜底性、领导性作用，为乡村振兴注入强大动力②。但该村产业自身发展仍有可完善的地方。

（2）成果分享阶段。

先进行报告发布，在学校相关公众号及平台上进行投稿，发表相关报告和展示视频。在政策建议方面，基于研究发现，向政府相关部门提出政策建议，为乡村振兴提供参考和相关建议。

### （二）研究结果分析

#### 1. 样本基本情况

茵香河村位于陕西省宝鸡市渭滨区石鼓镇，处于秦岭山脉北麓，渭河之滨，地理位置优越，自然环境优美。其常住人口约2028人，村民年龄结构相对均衡。茵香河村具有丰富的自然资源，但因地理条件和产业结构单一，经济发展较为滞后。随着国家对乡村振兴战略的重视，茵香河村基础设施建设也得到了显著改

---

① 陈海龙. 财政支持乡村振兴发展的问题与对策分析［J］. 市场周刊，2024，37（3）：107-110.

② 刘天琦，宋俊杰. 财政支农政策助推乡村振兴的路径、问题与对策［J］. 经济纵横，2020（6）：55-60.

善，同时积极探索发展新模式，努力改善现状。村庄的主要经济活动包括传统农业、特色种植业和乡村旅游等，坚持"农商文旅融合"发展，以"一线三心"AAAAA级景区创建为契机，成功引入宏昇世茂公司入驻，盘活已有的2.6万平方米商铺资源，打造成集"商业购物+文化休闲+精品民宿"于一体的奥莱小镇，进行多元化发展。

2. 发展成就与特色

渭滨区石鼓镇茵香河村党支部坚持党建引领，紧紧围绕"四美"红旗村创建，挖掘潜力，重新谋划区域内业态布局，引进项目，多措并举，初步实现了产业美、乡风美、治理美、生活美，高质量推进乡村全面振兴。农旅融合，助推"产业美"，坚持"农商文旅融合"发展；传承文明，引领"乡风美"，坚持"文化铸魂"赋能，修订村规民约，新建"家风馆""党风廉政教育基地""新时代文明实践站"；健全机制，推动"治理美"，坚持"党建+社会治理"模式；环境整治，服务"生活美"，全面深化农村人居环境综合整治。"四美"并举，共同推动茵香河村发展。

3. 面临问题与对策

茵香河村目前在产业发展方面存在以下问题：第一，经济发展滞后，茵香河村的经济基础薄弱，农业生产方式传统，收入来源单一，村民的生活水平较低。对策：发展特色农业，利用当地的自然资源，发展高附加值的特色农业，如有机种植、特色水果、药材种植等；推动农产品加工，建立农产品加工厂，提高农产品的附加值，延长产业链；鼓励利用电商平台，借助互联网，发展农产品电商销售渠道，拓宽市场，增加村民收入。第二，基础设施不完善，村内交通不便，公共服务设施不完善，缺乏卫生设施、教育资源和文化活动场所。对策：改善交通条件，修建和维护村内及通往城市的道路，方便村民出行和农产品运输；提升公共服务设施，加强村内的供水、供电和排水系统建设。第三，人口流失与老龄化。由于缺乏就业机会，许多年轻人外出务工，导致村内劳动力不足和人口老龄化问题严重。对策：促进就业：通过发展当地产业创造就业机会，吸引年轻人返乡创业或工作；改善生活环境：提升村庄的基础设施和居住环境，让村民愿意留在或回到家乡；养老服务：建立老年人照护体系，为留守老人提供必要的生活和医疗保障。第四，环境问题。由于农业生产方式落后和缺乏环保意识，可能存在水土流失、农药污染和垃圾处理不当的问题。对策：推行环保农业：推广有机农业和生态农业，减少化肥和农药的使用，保护土壤和水资源；加强环境保护教育，增强村民的环保意识，开展相关培训和宣传活动；建立垃圾处理系统，建立科学的垃圾分类和处理系统，减少环境污染。

# 四、研究结论

## （一）现代农业产业升级

### 1. 科技支持提升农业生产力

茵香河村在推动现代农业产业升级过程中，充分利用了科技支持，尤其是与西北农林科技大学的合作，显著提升了农业生产力。西北农林科技大学为茵香河村引进了多项先进的农业技术和科学的管理方法，包括精准农业、绿色防控和水肥一体化等现代农业技术。通过这些技术的应用，茵香河村的农产品产量和质量得到了显著提升，尤其是在蒲公英产业的发展中。

### 2. 蒲公英产业的发展模式

蒲公英产业是茵香河村现代农业发展的核心项目之一。通过科技的引入，村庄不仅实现了蒲公英的规模化种植，还确保了其产品的高质量。蒲公英产业园在西北农林科技大学的技术指导下，采用了科学的种植和管理方式，例如，利用土壤检测技术，精准调控肥料和水分的使用，确保了蒲公英在不同生长阶段所需的营养。这一模式不仅提升了蒲公英的产量，还使其在市场上具有较强的竞争力。

### 3. 扶贫产业性质与农业科技示范

蒲公英产业的成功不仅是茵香河村农业发展的一个亮点，更具有重要的扶贫产业性质。该项目通过产业带动，帮助村庄中低收入家庭增加收入，带动了整个村庄的经济发展。此外，蒲公英产业还承担了农业科技示范的作用，成为其他村庄学习和借鉴的对象。茵香河村通过组织周边村庄的农民参观蒲公英产业园，并定期举办农业技术培训班，推广先进的种植技术和管理经验。这些举措不仅提高了周边地区农民的技术水平，还促进了区域内农业整体水平的提升。

### 4. 长期技术培训和可持续发展

除了在蒲公英种植上的技术支持，茵香河村还通过西北农林科技大学提供的长期技术培训，提高了村民的农业技能和知识。这些培训内容涵盖了从种植到收获的各个环节，包括农作物的病虫害防治、土壤改良、农机使用等。这些技术培训不仅使村民掌握了现代农业的先进技术，还增强了他们在农业生产中的自主发展能力，为村庄的可持续发展奠定了基础。

### (二) 文旅产业发展

1. PPP 模式的引入与应用

茵香河村的文旅产业发展得益于 PPP（Public-Private Partnership）模式的成功引入。PPP 模式是政府与社会资本合作的一种新型项目融资和管理方式，通过这种模式，茵香河村成功引入了大量的社会资本和先进技术，推动了村庄的文旅项目发展。例如，茵香小镇项目就是 PPP 模式下的成功典范。在这一项目中，村集体提供土地资源，开发商负责投资建设，政府则通过政策和资金支持，保障项目的顺利实施。通过 PPP 模式，茵香河村不仅解决了项目资金短缺的问题，还引入了先进的管理经验和技术，使文旅项目得以高效推进。

2. 税收优惠政策的实施

税收优惠政策是吸引企业投资、促进文旅产业发展的重要手段。政府为茵香河村的文旅项目提供了多项税收优惠政策，包括企业所得税减免、增值税退税等。此外，还设立了三年孵化期政策，帮助新入驻企业减轻初期的运营压力。这些税收优惠政策大大降低了企业的运营成本，激励了更多企业来投资。例如，茵香河村通过吸引文旅企业入驻，带动了住宿、餐饮、零售等相关产业的发展，为村民提供了更多的就业机会和收入来源。

3. 配套设施建设

茵香河村的文旅产业发展不仅依赖于政策支持，还得益于基础设施的不断完善。在政府的大力支持下，村庄的交通、通信、水利、电力等基础设施得到了全面升级。例如，村内新建的道路连接了主要景点和村庄，极大地方便了游客的出行，提高了旅游体验。此外，水利设施的建设不仅保障了农业灌溉需求，还为村庄的景观建设提供了水资源支持。通信设施的升级则确保了村庄的网络覆盖，方便了电子商务和智慧旅游的发展。电力设施的改造也使村庄的能源供应更加稳定，支持了各种文旅项目的顺利开展。

4. 综合发展模式提升村庄竞争力

茵香河村通过高标准规划文农旅产业发展，积极推进"旅游+"和"+旅游"战略，形成了农业与文旅融合的发展模式。具体而言，茵香河村围绕"城市后花园""乡村会客厅"等主题，打造了多个文旅融合示范项目。这些项目不仅提高了村庄的知名度，还带动了相关产业的发展。例如，"如意茵香奥特莱斯文旅水镇"项目将购物、休闲、文化、旅游有机结合，吸引了大量游客，为村民创造了新的收入来源。同时，村庄还通过举办各种文化节庆活动，丰富了旅游内容，增加了游客停留时间和消费频次，从而进一步提高了村庄的经济效益和整体竞争力。

### （三）政策实施效果及村民生活改善

**1. 政策实施效果综述**

茵香河村在财税政策、科技支持和基础设施建设等方面取得了显著成效，这些政策措施不仅促进了村庄经济的发展，还显著改善了村民的生活质量。通过引入 PPP 模式和实施税收优惠政策，村庄成功吸引了大量社会资本和企业投资，为文旅产业的快速发展奠定了基础。同时，科技支持的引入，不仅提升了农业生产力，还增强了村民的自主发展能力，为村庄的可持续发展提供了有力保障。基础设施的完善则进一步提升了村庄的整体竞争力，改善了村民的生活环境。

**2. 村民收入和生活条件改善**

政策的有效实施直接带动了村民收入的增加和生活条件的改善。以蒲公英产业为例，通过科技支持，村民的农产品产量和质量得到提升，市场销售收入显著增加。此外，文旅产业的发展为村民提供了更多的就业机会和创业机会，例如，村民可以在景区内开设民宿、餐馆或土特产商店，获取额外收入。基础设施的改善，如道路建设和水利工程，不仅方便了村民的生产生活，还提高了农产品的运输效率，减少了损耗，进一步增加了村民的经济收益。

**3. 教育和金融帮扶促进可持续发展**

教育是打破贫困代际传递的重要手段，茵香河村通过"雨露计划"等教育帮扶项目，确保了村内学生的受教育权利。通过资助义务教育阶段的学生，茵香河村提升了村民的文化素质，为村庄的长远发展奠定了基础。此外，金融帮扶措施，如小额贷款，为村民的生产经营活动提供了必要的资金支持。例如，全村共有 49 户获得了总计 155.6 万元的小额贷款支持，这些贷款帮助村民开展多种经营活动，如农产品深加工、小型旅游项目等，进一步提高了他们的经济收入。

**4. 医疗和社会保障提升**

随着城乡医保补贴政策的实施，茵香河村所有村民都参加了医保，特别是对患有慢性病的村民，提供了更多的医疗保障。这些医保支持不仅提高了村民的健康水平，还减少了因病致贫的风险，增强了村民的生活信心。此外，政府还通过实施各种社会保障政策，如低保、养老保险等，进一步提升了村民的生活保障水平，使他们的生活更加稳定和有保障。

**5. 各类举措效果的长期影响**

上述政策的实施不仅对茵香河村的当前发展产生了积极影响，还为其未来的持续发展奠定了坚实基础。通过合理利用财税政策、科技支持和基础设施建设，茵香河村成功实现了从贫困到振兴的转变。这些政策不仅增强了村民的经济实力，还提升了他们的整体生活质量和幸福感。茵香河村的成功经验为其他类似地区提供了宝贵的借鉴,展现了财税政策在乡村振兴中的巨大潜力和广阔前景。

# 五、对策建议

## (一)产业振兴

茵香河村的产业振兴以发展特色产业为核心,通过充分利用当地的自然资源,形成差异化竞争优势,提升农产品的市场竞争力,进而增加村民收入。在这一过程中,首要的是应大力发展特色农业。茵香河村的自然条件优越,应利用现有的林地资源,推进经济林带建设,以提升农产品的附加值和市场竞争力。同时,推动现代农业设施的建设,完善水利灌溉系统,提高农业生产效率。此外,发展农产品深加工也是提升产品附加值的重要手段,通过建设农产品深加工企业,如开发核桃油和花椒调味品等高附加值产品,可以增强市场竞争力。

电商平台的建设则是拓宽销售市场的重要途径。利用互联网平台,发展农产品电商销售渠道,扩大销售市场的覆盖面,并通过加强电商培训,提升村民的电商运营能力,确保电商平台的可持续发展。与此同时,茵香河村还需培育新型农业主体,支持农民合作社和家庭农场的发展,鼓励规模化和标准化生产,并引进和培养新型农业经营主体,以提升农业产业经营水平和生产效益[①]。

## (二)生态宜居

生态宜居不仅提高了村民的生活质量,还对外来游客形成了吸引力,进一步推动了当地旅游业的发展。为了实现这一目标,茵香河村首先应实施全面的环境治理,建设污水处理设施和垃圾处理系统,确保村庄环境整洁宜居,并通过绿化美化村庄来提升整体环境质量。其次,生态旅游的发展是推动经济和环境双赢的有效手段。茵香河村应利用其独特的自然景观,发展生态旅游项目,建设关中民居生活圈和生态康养基地,通过投资建设酒店式养老公寓和国医温泉康复疗养中心,吸引城市居民前来休闲度假。

此外,茵香河村还应继续推进茵香河的生态环境修复工程,建设湿地公园,改善村庄的生态环境。与此同时,推广绿色能源的使用,特别是光伏发电,降低村庄的能源消耗,实现可持续发展。依托茵香河村独特的自然景观和文化资源,

---

① 李国胜.论乡村振兴中产业兴旺的战略支撑 [J].中州学刊,2020(3):47-52.

打造"一山一水一文一宝一基地"的旅游文化品牌，并通过建设特色民宿和举办民俗文化节，吸引更多的游客，进一步推动乡村旅游的发展。

### （三）乡村文化建设

乡村文化建设是乡村振兴的重要内容，通过文化的传承和创新，可以增强村民的文化认同感和凝聚力，提升整体文明素质[1]。茵香河村应积极开展文化活动，建设村民文化广场，定期举办文化活动和传统节庆，以丰富村民的文化生活。此外，打造茵香大戏台，传承和弘扬地方戏曲文化，也有助于提升村民的文化素养和文化认同感。

其次，文化设施建设对于乡村文化的可持续发展至关重要。茵香河村应完善村级文化基础设施，如图书馆和文化活动中心等，以提升村民的文化素养和精神生活水平。同时，加强对非物质文化遗产的保护，如剪纸、书法等文化遗产，通过设立文化传承中心，进行文化创新和推广，不仅可以传承传统文化，还能吸引游客，推动文化旅游的发展。

### （四）人才培养

人才培养是推动乡村振兴的关键要素。茵香河村应通过多种形式的职业技能培训，提升村民的就业能力和创业意识，特别是针对农产品加工、电商运营和旅游服务等领域，培养相关的人才。此外，开展职业培训也是提升村民就业能力的重要途径。茵香河村应根据农业技术、电商运营和旅游服务等领域的需求，开展针对性的职业技能培训，帮助村民提升就业能力，吸引在外务工人员返乡创业。同时，茵香河村还应通过优惠政策，吸引外出务工人员和大学生返乡创业，鼓励各类人才参与乡村振兴的建设，为村庄的发展注入新的活力。

### （五）基层治理

基层治理在乡村振兴中发挥着至关重要的作用。茵香河村应加强基层党组织建设，发挥党组织在乡村振兴中的领导核心作用，建立健全村级治理体系，提升村干部的管理能力和服务水平。此外，推动村民自治也是基层治理的重要组成部分，通过增强村民参与村务管理和公共事务的积极性，可以更有效地解决村庄发展中的各类问题。

茵香河村的乡村振兴实践，展现了生态优先、产业融合、文化传承和人才培

---

① 卫才华，孙钰洁．文化艺术产业赋能乡村振兴优化路径研究［J］．经济问题，2024（9）：103–110.

训的综合发展模式。未来，茵香河村应持续深化这些策略，同时关注可持续发展、产业多元化和人才持续吸引等挑战，以实现更高质量、更全面的乡村振兴目标。本文提出的对策建议，旨在为茵香河村的未来发展提供参考，助力其实现经济繁荣、生态宜居、乡风文明、治理有效和生活富裕的目标。茵香河村的成功经验不仅为本村的发展提供了宝贵的案例，也为其他地区的乡村振兴提供了有益的借鉴，推动我国乡村振兴战略的深入实施。

# 参考文献

[1] 王巍. 县区财政助力乡村振兴的路径研究——以大庆市 H 区为例 [J]. 中国乡镇企业会计，2024（7）：3-5.

[2] 张红亮. 财政支持乡村振兴的方式与优化路径探讨 [J]. 西部财会，2024（6）：50-52.

[3] 于海龙，李成明. 乡村振兴背景下财政涉农扶贫资金政策有效衔接的关键环节和路径选择 [J]. 农村金融研究，2023（1）：72-80.

[4] 陈海龙. 财政支持乡村振兴发展的问题与对策分析 [J]. 市场周刊，2024，37（3）：107-110.

[5] 刘天琦，宋俊杰. 财政支农政策助推乡村振兴的路径、问题与对策 [J]. 经济纵横，2020（6）：55-60.

# 发展特色产业　赋能乡村振兴

## ——商南县特色产业调研报告

林建华　田弘基　高梓伦　张师凡　胥鹏鹏　王颖颖、肖洁*

**摘要：** 乡村振兴是中国新时代的国家战略，肩负着推进农业农村现代化、建设农业强国的重要使命。习近平总书记指出："发展特色产业是实现乡村振兴的一条重要途径，要着力做好'土特产'文章，以产业振兴促进乡村全面振兴。"本次调研选取商南县茶产业、特色农业、工业及旅游业四大特色产业为研究对象，运用实地观察及问卷调查等方法探究商南县特色产业发展现状和问题。研究发现：四大特色产业稳步发展，同时也呈现人才匮乏、融资困难及交通运输体系不健全等一系列问题。基于研究结果及分析，本文提出了推动商南县特色产业发展，赋能乡村振兴的政策建议。

**关键词：** 商南县；特色产业；乡村振兴

# 一、引言

党的二十大报告强调要全面推进乡村振兴，坚持农业农村优先发展，巩固拓展脱贫攻坚成果，加快建设农业强国。发展特色产业是实现乡村振兴的重要路径。习近平总书记在重庆召开的推进西部大开发座谈会上明确指出，要坚持把发展特色优势产业作为主攻方向，因地制宜发展新兴产业，加快西部地区产业转型升级。县域经济也需要因地制宜发展特色产业。商南县围绕乡村振兴和特色产业发展进行了探索，形成茶产业、特色农业、工业及旅游业四大特色产业。因此，

---

\* 林建华，西北大学经济管理学院副教授；高梓伦、张师凡、胥鹏鹏、王颖颖、肖洁，西北大学经济管理学院硕士研究生；田弘基，西北大学经济管理学院本科生。

西北大学商南县特色产业发展调查队赴陕西省商南县围绕四大特色产业选取了双山茶叶联营公司、店坊河村、商南县现代材料产业园和国家 AAAAA 级旅游景区金丝峡等代表性企业和村镇展开调研，了解当地状况、问题及制约因素，以期为商南县特色产业发展、赋能乡村振兴提供政策建议。

# 二、研究背景与问题提出

## （一）文献综述

### 1. 关于乡村振兴的研究

关于我国乡村振兴水平评价，指标体系的构建大多按照"五大振兴"的框架进行，评价方法的选择多是熵权法与其他方法的结合。关于实施乡村振兴战略困境的研究，魏后凯等（2020）认为实施乡村振兴战略在乡村基础设施、乡村公共服务、乡村科技与人才、乡村环境治理等方面存在短板。关于乡村振兴实现路径的研究，主要从数字经济赋能、城乡融合发展、制度保障以及脱贫攻坚与乡村振兴有效衔接等方面展开。

### 2. 关于特色产业的研究

关于特色产业功能的研究，张友良和吕灵华（2020）认为发展民族地区特色产业是脱贫致富的内生动力。关于特色产业发展困境的研究，韩广富和叶光宇（2021）认为发展乡村特色优势产业面临返贫风险长期存在、相对贫困群体庞大、产业发展短板及风险等阻碍。关于特色产业发展路径的研究，高鹏（2022）认为提升特色产业发展的速度和质量需要做好特色产业定位、强化政策支持和抓好特色产品的创新。

### 3. 关于特色产业与乡村振兴关系的研究

现有研究多从乡村特色产业的角度探讨特色产业与乡村振兴之间的关系，认为乡村特色产业发展能够促进乡村振兴。王艺明（2022）认为乡村特色优势产业的发展壮大有助于促进农民增收，助力乡村振兴。肖卫东（2023）认为，发展乡村特色产业不仅是构建现代乡村产业体系、推动农业农村经济持续和高质量发展的活水源头，也是赋能乡村全面振兴的重要路径。张雁鸿和刘光玲（2024）提出发展特色经济不仅有利于将乡村优势资源转化为产业优势，也为"产村一体"融合、富民强村提供了全新动力。

综上所述，学术界对特色产业和乡村振兴方面的问题进行了丰富且深入的研究，为本文的研究提供了理论基础，且关于二者的关系研究多侧重从乡村特色产业的视角进行分析。本文则通过实地调查、走访民众、交流研讨等多种形式，深入了解商南县特色产业的发展现状、面临的问题及未来的发展潜力，在此基础上探究该县特色产业发展对乡村振兴的作用。

### （二）研究的意义与价值

#### 1. 学术价值

乡村振兴战略的重要目标是实现农村产业兴旺，农民生活富裕。然而，相比商洛市的其他县域，商南县农村经济水平较低，农村居民人均可支配收入处于中下游，推动商南县乡村振兴尤为迫切。发展特色产业是实现乡村全面振兴的有力支撑，对建设中国式乡村现代化具有显著的赋能作用。本文结合发展经济学、区域经济学和产业经济学等相关学科基本理论，将发展特色产业与乡村振兴结合起来，提出商南县应通过发展特色产业赋能乡村振兴，具有一定的学术价值。

#### 2. 应用价值

本文依据国家发展特色产业，推动乡村振兴的战略目标，将商南县发展特色产业和乡村振兴结合起来研究，根据商南县的客观发展条件和制约因素提出发展特色产业的路径选择。本文对于促进商南县特色产业的发展以及乡村振兴具有现实意义和实践价值，同时，对全国其他地区发展特色产业推动乡村振兴也有参考价值和借鉴意义。

# 三、研究分析

### （一）茶产业发展基本情况

#### 1. 产业规模持续扩大

近年来，商南县茶产业在科学规划和政策扶持下实现了显著的规模扩张。自2022年起，商南县每年新建改建茶园面积均以万计，2022年新增1万亩，2023年达到2万亩，预计2024年再增1万亩。具体来讲，截至2022年底，商南县共建茶园26万亩，2023年是商南县新建茶园面积较大的一年，2024年上半年，商南县又新建了7000亩无性系茶园，改造了5000亩低产茶园，并培育了1万亩丰产茶园。目前，商南县年产茶叶8800吨，产值达15.6亿元，实现了

"人均一亩茶"，户均增收 7000 元，茶产业已成为农民增收的重要来源，对促进乡村振兴和经济发展起到了关键作用。

### 2. 茶叶品质不断提高

商南县的茶叶品质持续提升，得益于一系列科学的管理和创新措施。第一，商南县聚焦高品质建园，采用无性系技术栽植，引进了丰产期时间更短的优质适生茶苗。第二，商南县全面采用无性系技术栽植，确保了茶叶品质的一致性和稳定性，有效提升了茶叶的整体品质。第三，在茶园管护上，商南县推行了科学的除草、施肥措施，并采取绿色防控方法防治病虫害，从而确保了茶叶的纯净品质。第四，商南县通过举办斗茶大赛，汇聚各地制茶专家，交流提升技能，这些活动有效确保了茶叶品质的提升。随着茶叶品质不断提高，商南县的茶叶产业已成为推动当地经济发展和乡村振兴的重要力量。

### 3. 茶叶旅游融合发展

商南县以茶叶产业为基础，积极探索茶旅融合发展新模式，通过整合资源和创新业态，实现了茶叶产业与旅游业的深度融合。第一，在茶园建设方面，商南县共建可采摘茶园 20 万亩，这些茶园不仅为茶叶生产提供了物质基础，也成了游客体验茶文化的好去处。第二，在旅游产品开发方面，商南县开发了多条集生态休闲和研学实践等多功能于一体的旅游线路。同时，商南县还推出了"茶旅+民宿"和"茶旅+康养"等茶文旅融合新业态，进一步丰富了旅游产品，提升了旅游体验。第三，在政策支持方面，商南县政府高度重视茶旅融合发展，每年投入大量资金用于扶持品牌培育和茶旅融合等方面。茶旅融合发展的新模式为当地农民提供了大量就业岗位，从而提高农民非农收入水平，助力乡村振兴。

### （二）特色农业发展基本情况

#### 1. 农业整体发展态势持续向好

商南县的农业发展水平稳步提升，整体趋势积极向好。表 1 反映了商南县农业整体发展情况，2022 年粮食总产量 29700 吨，比上年下降 4.8%；油料产量 7844 吨，增长 1.49%；肉类总产量 10521.73 吨，增长 2.3%；蔬菜产量 76389 吨，增长 1.54%；食用菌产量 16000 吨，增长 3.39%；茶叶产量 1713 吨，增长 2.88%；中药材产量 23947 吨，增长 2.52%。整体来看，尽管商南县粮食产量有所下降，但相关经济作物产量规模有所提升，为农民提供了持续稳定的收入，为实施乡村振兴战略奠定了良好基础。

**表1　商南县农业整体发展情况**　　　　　　　　　　单位：吨；%

| | 粮食总产量 | 油料产量 | 肉类总产量 | 蔬菜产量 | 食用菌产量 | 茶叶产量 | 中药材产量 |
|---|---|---|---|---|---|---|---|
| 2022年 | 29700 | 7844 | 10521.73 | 76389 | 16000 | 1713 | 23947 |
| 比上年± | -4.8 | 1.49 | 2.3 | 1.54 | 3.39 | 2.88 | 2.52 |

资料来源：商南县2022年国民经济和社会发展统计公报。

**2. 各领域特色农业发展齐头并进**

本文选取了赵川镇坊河村的调研情况，发现其因地制宜发展特色农业，形成了"千亩瓜蒌、万亩板栗、十万头生猪、百万袋食用菌"四大致富主导产业。第一，在瓜蒌种植业方面，店坊河村采取村支部、企业、群众三方联动模式，使村集体、企业、群众三方受益。第二，在板栗种植业方面，店坊河村板栗种植主要通过嫁接等方式选育良种，同时，村集体通过租用村民土地建立板栗基地，雇佣村民收获，并以集体名义与企业签订销售协议，实现各方受益。第三，在生猪养殖业方面，店坊河村目前每年可向社会提供优质生猪1.2万余头，未来，生态循环养殖业与种植业结合将成为产业发展的重点，使村民通过资金、土地入股和务工等方式实现增收。第四，在食用菌种植业方面，店坊河村集体采取了"能人+基地+农户"的发展模式，有效推动全村160多户村民参与食用菌种植。

**（三）工业发展基本情况**

**1. 工业经济稳步增长**

商南县工业经济总量呈现稳步增长的态势。图1反映了2015~2022年商南县工业增加值及增长速度的情况，商南县工业增加值从2015年的26.5亿元增加到2022年的37.55亿元，增长了41.7%；工业增加值的增长速度从2015年的16.6%下降到2022年的3.2%，下降了13.4%，但是整体来看，增长速度均大于0，这说明商南县工业企业增加值不断增加，工业经济不断增长。商南县工业的持续发展为农民提供了更多的就业机会，带动农民增收。

**2. 工业多元化发展**

商南县工业呈现多元化的发展态势。第一，在行业分布方面，商南县的工业主要聚焦于装备制造和绿色食品等领域，行业分布广泛。第二，在传统产业转型升级方面，商南县充分发挥钒和镁等矿产资源优势，加快矿产资源"五化"转型，促进了传统材料产业向"绿色矿业+新材料"转型升级。第三，在新兴产业和未来产业发展方面，商南县积极推进新兴产业和未来产业快速发展，推动工业企业以科技创新推进产业创新，着力打造一批专精特新企业。因此，商南县工业

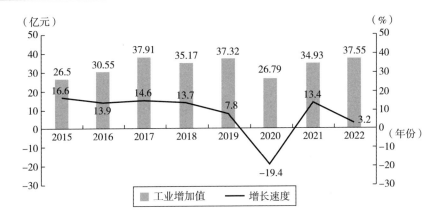

**图1　2015~2022年商南县工业增加值及增长速度情况**

资料来源：商南县2015~2022年国民经济和社会发展统计公报。

不仅行业分布广泛，且产业不断转型升级，展现了多元化的发展趋势，为农民提供了多元化的就业渠道。

**3. 工业产业形成地方特色的产业集群**

商南县在工业发展上注重产业链的完整性和集群效应，通过整合资源，形成了具有地方特色的产业集群。商南县依托主导产业和优势产业，以新材料、绿色食药、电子信息三大主导产业为发展方向，延长产业链条，做大做强产业集群，推动产业向园区集中，资源向园区倾斜，形成产业集群集聚集约发展的格局。目前，在商南县县域工业集中区，现代材料产业园、硅科技产业园等"区中园"已初具规模，新材料产业和电子信息产业等初步聚链成群，在产业集群发展上迈出了坚实步伐，也为乡村振兴提供了有力支撑。

**（四）旅游业发展基本情况**

**1. 景区品质不断提升**

商南县景区基础设施不断完善，服务质量不断提高。第一，商南县大力实施精品景区提升工程，不断优化国家AAAAA级旅游景区金丝峡的基础设施。第二，商南县实施景城联动，在全县设置全域全景图、全景导览图等旅游标识牌1070块，新建和改建旅游厕所95座，有较大规模生态停车场9个，停车泊位3000多个，建成27处游客服务点。第三，商南县建成游客集散中心，并完成智慧化改造升级。目前，商南县景区品质不断提升，推动了旅游业持续增长，从而带动了乡村经济的发展。

**2. 旅游模式呈多样化**

商南县积极打造农旅融合及茶旅融合等旅游新业态，旅游模式不断丰富。商南县按照打造"景区+特色小镇+美丽乡村"三位一体旅游综合体的发展思路，围绕农村环境综合整治和民风建设"十个一"的要求，建成了一批以生态农业观光和休闲养生度假等为主题的乡村旅游景点，形成了精品景区与美丽乡村遥相呼应、互为补充的精品旅游线路。目前，商南县依靠乡村旅游脱贫致富的农民已超过13万人，直接从业人员达到2万人，间接就业人员达4.2万人，占全县总人口的25%，涉及旅游产业的农民人均纯收入高于全县农民人均纯收入的22%。

3. 景业联动协同发展

商南县大力推动旅游业与其他产业协同发展。商南县以金丝峡景区为典型示范区，积极推进金丝峡旅游康养示范区建设项目，充分发挥生态优势，通过协同推进特色餐饮业、精品民宿业、旅游商品业、康养体验业和文化演艺业的发展，形成了互为支撑、共同发展的格局，成功培育了景业联动的新业态。通过这种景业联动模式，各个行业不仅实现了资源的优化配置，也为乡村经济的全面发展奠定了坚实的基础。

# 四、研究结论

通过对商南县特色产业发展现状的全面考察，可以发现四大特色产业均展现出积极的发展势头，对于推动乡村振兴具有重要作用。然而，商南县特色产业的发展仍面临一些共性问题。本文在分析这些共性问题的基础上，明确了制约商南县特色产业发展的因素。此外，本文还详细探讨了茶产业、特色农业、工业和旅游业在发展过程中遇到的特有问题。

## （一）商南县特色产业发展的制约因素

1. 专业人才匮乏

商南县存在着教育资源有限和教育基础设施落后等一系列问题，致使本地区青年人才的基础教育水平不高，难以满足现代化农业、工业与旅游业发展对高水平技术和管理人才的需求。同时，当地的人才外流现象较为严重，优秀人才更倾向于去经济更发达的地区或城市发展，以寻求更好的职业机会和生活条件，这种人才流失现象加剧了商南县产业发展中的人才短缺问题，当前的人才结构难以满足产业发展需求，导致部分项目难以落地，技术创新步伐缓慢，制约了当地产业的持续健康发展。

2. 企业融资困难

商南县金融业发展相对滞后，金融机构数量有限，金融服务创新度覆盖度不足，较难满足当地企业多样化的融资需求。同时，由于信用体系不健全、风险评估机制不完善等原因，当地企业在融资过程中往往面临较高的门槛和成本。这种金融发展水平的不足，使许多有潜力的企业和项目较难获得足够的资金支持，从而在客观上制约了当地特色产业的进一步发展和转型升级。

3. 交通运输体系不健全

商南县交通运输体系尚不完善，导致游客"引进来"与产品"走出去"难度较大。一方面，游客在选择商南县旅游时，可能会因为交通不便、信息不畅、路途较远等问题望而却步；另一方面，当地的产品在走向市场的过程中，也可能因物流成本高、运输时间长等问题失去一定的竞争优势。这种不健全的交通运输体系，阻碍了商南县旅游业的繁荣发展和特色工农业产品的市场推广。

### （二）商南县特色产业发展面临的问题

1. 商南县茶产业发展面临的问题

（1）品牌效应分散。

商南县茶产业发展虽取得显著成果，但品牌分散问题突出。虽然当地拥有如"金丝峡""秦露"等多个品牌，但集中度较低。一方面，由于品牌分散，缺乏统一的品牌形象和推广策略，这使商南县茶产业难以在消费者心中形成统一且深刻的品牌印象，从而影响了品牌的市场影响力和消费者的品牌忠诚度。另一方面，品牌分散还导致市场推广资源的分散使用，使每个品牌在推广上的投入可能都不足以产生显著的市场效应。这种分散的推广方式降低了市场推广的效率，使商南县茶产业在与集中度更高的竞争对手竞争时处于不利地位，从而限制了市场拓展和品牌价值的提升。

（2）茶产业链短小。

商南县茶叶产业链的短小主要体现在产品种类单一和加工层次初级方面。市场上的茶叶产品以炒青茶为主，大多偏爱明前茶和嫩叶茶，而对于夏秋茶和大叶茶的加工和利用相对较少。这种偏好导致茶叶种类开发不够广泛，限制了产业链的延伸。在加工层次上，商南茶叶产业主要停留在初级加工阶段，缺乏多样化的茶叶深加工产品。这种加工层次的限制，使茶叶产品的附加值不高，难以满足市场对高品质、多样化茶叶产品的需求。

（3）销售网络不健全。

商南县茶产业销售网络的不健全已成为制约其进一步发展的关键因素。首先，商南县茶叶的销售主要依赖于传统的销售渠道，且多以批发和零售为主，缺乏多元化的销售模式，这限制了茶叶销售的灵活性和市场适应性。其次，商南县茶叶在电商平台和社交媒体等新兴销售渠道上的布局也不够广泛，错失了利用互联网扩大市场影响力和吸引年轻消费群体的机会。最后，商南县茶叶的销售网络尚未形成全国范围内的布局，主要销售区域局限于本省及周边地区，导致其市场影响力和品牌知名度相对较低。

2. 商南县特色农业发展面临的问题

（1）农产品销售渠道受限。

商南县农产品销售目前仍主要依赖传统的农贸市场、批发市场、商户上门购买和部分零售渠道。这些销售渠道虽能在一定程度上满足当地及周边地区的需求，但因受限于地域和规模，难以支持大规模的销售。传统渠道面临着信息不对称和价格不透明的问题，这使农民在销售过程中处于弱势地位，难以获得合理的收益。此外，传统渠道的分销模式和流通环节复杂，常导致农产品在运输和销售过程中损耗增加，进一步削弱了农民的盈利能力。这些因素综合作用，使商南的特色农产品销售面临诸多挑战。

（2）农业产业链短。

商南县尚未建立起从生产到加工再到销售的一体化完整产业链，在生产销售过程中，这些农产品主要以原材料的形式直接销售。同时，由于缺乏系统的加工环节，农产品在市场上的附加值较低，未能实现产品的高附加值转化。此外，原材料销售的模式和农产品的市场价格波动对农民收入的影响更为直接，也难以形成稳定的市场需求和品牌效应。因此未能形成完整产业链的局限性，使商南的特色农业产业在发展中面临着增值潜力未被充分发挥的困境。

（3）产业规模化程度不高。

商南县农业是典型的山区农业，其特色农业规模化程度不高。第一，商南县耕地面积分散，难以集中管理和利用。第二，特色农业总体上仍未摆脱一家一户的分散生产经营模式，管理和组织协调的难度增加。第三，特色农业仍依赖传统的耕作技术和设备，缺乏现代化设备和管理方法。因此，商南县特色农业由于耕地面积分散、分散经营模式及落后的技术设备，难以形成规模效应。

3. 商南县工业发展面临的问题

（1）工业经济体量偏小。

商南县工业经济体量偏小，工业企业难以形成规模效应。从工业产值总量来看，商南县工业产值总量偏小，2022年全县规模以上工业企业累计完成工业总产值158.45亿元，低于同期商州区的191.48亿元、山阳县的250.09亿元、柞水县的235.59亿元等；从规模以上工业企业数量来看，商南县的规模以上工业企业数量较少，截至2024年，商南县规模以上工业企业户数仅为38家，低于同期商州区的 41 家、山阳县的 57 家等。因此，相比商洛市其他县域，商南县工业经济体量较小，有待进一步发展壮大。

（2）工业产业结构单一。

商南县工业产业结构单一，主要集中于非金属矿采选、农副食品加工、化学原料及化学制品制造等传统制造业，高技术含量和高附加值行业尚处于起步阶段，未形成规模。2022 年商南县规模以上工业企业累计完成工业总产值 158.45 亿元，其中矿产资源加工业产值占全县工业产值的 80% 以上。因此，商南县工业仍然以传统产业为主，产业结构单一，有待优化升级。

（3）企业创新水平较低。

商南县工业企业创新水平不高，已经成为制约其发展的重要难题。一方面，商南县工业企业创新意愿薄弱。商南县部分企业经营理念较为落后，缺乏长远打算，创新精神薄弱。另一方面，商南县工业企业创新能力不足。商南县工业企业规模普遍较小，融资渠道不畅通，资金的缺乏使其难以承担高成本的技术开发。同时部分企业存在管理结构僵化和企业治理水平较低等问题，难以为企业创新提供支持。因此，商南县工业企业创新意愿薄弱和创新能力不足导致其创新水平较低，技术"卡脖子"难题仍严重制约着工业企业发展。

4. 商南县旅游业发展面临的问题

（1）产品竞争力不足。

商南县旅游和康养主导产业定位不够明确，尚未形成一套充分体现地域特色、具有鲜明辨识度的产业体系。这导致商南县在开发和推广旅游康养产品时，对产品的内涵和潜质挖掘不够深入，缺乏足够的深度和广度。同时，由于专业化和标准化程度相对较低，商南县的旅游康养产品在市场上缺乏足够的吸引力和竞争力，难以有效吸引和留住游客。

（2）基础设施配套不完善。

商南县旅游景区大多还停留在传统的观光层次，游客的参与性、互动性和娱乐性项目相对较少，尚未形成涵盖"吃、住、行、游、购、娱"以及参与型、体验型等全方位的旅游消费体系。这会导致景区对游客的吸引力不强，难以满足现代游客对个性化和深度体验的需求以及延长游客的停留时间，进而影响了旅游业的整体效益。

（3）品牌影响力不足。

商南县尽管拥有得天独厚的自然资源和丰富的文化底蕴，但其旅游品牌影响力却未能与之相匹配，成为制约旅游产业进一步发展的关键问题。首先，旅游品牌知名度不高，国内外游客对商南旅游的认知度有限，品牌传播渠道单一，缺乏有效的市场推广策略。其次，品牌特色不鲜明，现有的旅游产品未能充分挖掘和展现商南独特的自然风貌、历史文化及民俗风情，导致旅游体验同质化严重，缺乏核心竞争力。最后，品牌管理体系不健全，品牌保护意识不强，品牌建设和维护的投入不足，难以形成持续的品牌效应和市场影响力。

# 五、建 议

本文对商南县特色产业发展的现状、问题及制约因素进行了全面梳理和分析，基于研究结果，提出以下发展建议：

## （一）商南县特色产业赋能乡村振兴的发展建议

### 1. 加强专业人才的培养和引进

一是提升基础教育水平。如加大对教育基础设施的投资，改善学校硬件设施，提升教学环境。增加师资力量，可通过提高教师待遇、提供专业培训等方式吸引和留住优秀教师。二是发展职业教育与培训，培养专业技能人才。根据当地产业需求，设立或优化职业教育课程，重点培养农业现代化、工业技术、旅游管理等领域的专业人才。三是优化人才引进政策。制定更具吸引力的人才引进政策，如提供住房补贴、税收优惠、创业扶持等，吸引外部优秀人才来商南工作。

### 2. 提升金融业发展水平

一是加强金融机构引进与建设。商南县应积极营造良好的金融生态环境，通过提供税收减免、办公场地优惠等政策，吸引更多银行和证券等金融机构在本地设立分支机构，增加金融服务供给。二是推动金融服务创新与覆盖。引导金融机构结合商南县特色产业和企业需求，创新开发特色信贷产品，满足企业多样化的融资需求。同时，推广使用金融科技手段，提升金融服务效率和覆盖面。三是健全信用体系与风险评估机制。加快建立健全企业和个人征信体系，完善银行信贷登记咨询系统，建立企业和个人的信用档案。依托"金税""金关"等管理系统，完善纳税人信用数据库，加强对失信行为的惩戒力度。

### 3. 推动交通运输体系建设

一是完善交通基础设施建设。加快高速公路、国省干线和农村公路的建设与改造，提高道路等级和通行能力。特别是要加强通往主要景区和农产品产地的道路建设，缩短游客和产品的运输时间。二是优化交通运输组织与管理。推动多式联运发展，加强公路、铁路、水运等运输方式的衔接和配合，形成综合运输优势。三是降低物流成本与时间。合理规划物流园区和配送中心布局，减少运输距离和成本。加强与周边地区的物流合作，共同构建区域物流网络，实现资源共享和优势互补。

### （二）商南县茶产业赋能乡村振兴的发展建议

**1. 加强茶叶品牌建设**

一是整合品牌资源。商南县政府应引导当地茶企整合，通过股份合作、品牌联盟等方式，将"金丝峡""秦露"等品牌整合，形成统一的商南茶品牌形象。这样既能减少品牌间的不良竞争，又能集中资源进行品牌推广。二是加强品牌宣传和推广。利用整合后的品牌优势，制定统一的品牌推广策略，加大在主流媒体、社交平台等渠道的宣传力度，提高商南茶品牌的知名度和美誉度。三是培养消费者品牌忠诚度。通过提供优质的茶叶产品和服务，以及举办茶文化体验活动等方式，增强消费者对商南茶品牌的认同感和忠诚度。

**2. 优化茶产业结构**

一是丰富茶叶产品种类。鼓励茶企研发多样化的茶叶产品，满足不同消费者的口味需求。同时，开发夏秋茶和大叶茶等以往较少加工的茶叶种类，拓宽茶叶的市场空间。二是提升茶叶加工层次。引导茶企引进先进的茶叶加工技术和设备，提升茶叶的加工水平和产品质量。同时，鼓励茶企开发茶叶深加工产品，提高茶叶的附加值。三是提高茶叶综合利用率。支持茶企对茶叶加工过程中产生的副产品进行开发利用，如将茶渣、茶籽等转化为茶肥、茶饲料等产品，实现资源的循环利用。

**3. 拓宽茶叶销售渠道**

一是拓展多元化销售渠道。鼓励茶企创新销售模式，提高销售的灵活性和市场适应性。同时，加强与大型超市、连锁店等的合作，拓宽销售渠道。二是布局新兴销售渠道。引导茶企积极拥抱互联网，利用电商平台和社交媒体等新兴销售渠道进行布局。通过开设线上店铺、进行直播带货等方式，扩大市场影响力和吸引年轻消费群体。三是完善全国销售网络。支持茶企在全国范围内建立销售网络，特别是在一线城市和重点消费区域设立销售点和体验店。同时，加强与外地茶商的合作，推动商南茶叶走向全国市场。

### （三）商南县特色农业赋能乡村振兴的发展建议

**1. 加强农业产业链合作**

一是延长产业链。鼓励和支持农民和企业进行农产品深加工，开发高附加值的农产品。通过延长产业链，提高农产品的附加值和市场竞争力。二是加强产学研合作。与高校、科研机构等建立合作关系，引入先进的农产品加工技术和设备，提升农产品加工水平。同时，开展农产品加工技术研发，推动产业技术创新。三是培育龙头企业。扶持和培育一批具有带动作用的农产品加工龙头企业，通过龙头企业的示范和引领作用，推动整个产业链的升级和发展。

2. 提升农业产业规模

一是推进土地流转与规模经营。鼓励和支持农民进行土地流转，将分散的耕地面积集中起来，形成规模化经营。通过规模经营，提高农业生产效率和管理水平。二是引入现代化农业技术和管理方法。推广先进的农业技术和设备，提高农业生产效率和质量。同时，引入现代化的农业管理方法，提高农业生产的组织化程度和管理水平。三是发展农业合作社与家庭农场。鼓励农民成立农业合作社或家庭农场，通过合作经营或家庭经营的方式，实现农业生产的规模化和集约化。这样可以降低生产成本，提高农产品的市场竞争力。

3. 拓宽农产品销售渠道

一是拓展多元化销售渠道，商南县应积极引导和支持农民利用电商平台、社交媒体等新兴销售渠道，开展线上销售，打破地域限制，扩大销售范围。二是加强品牌建设与营销，通过打造具有地域特色的农产品品牌，提升产品知名度和美誉度。利用品牌效应吸引更多消费者，增加市场份额。同时，加强品牌营销，提高产品在市场上的竞争力。三是完善物流体系，建立和完善农产品物流体系，降低运输成本，减少损耗。可以引入冷链物流技术，保证农产品在运输过程中的新鲜度和品质。

### （四）商南县工业赋能乡村振兴的发展建议

1. 强化政府引导支持

一是加大招商引资力度。商南县应积极制定更具吸引力的招商引资政策，吸引外部资金和技术进入，促进工业企业的快速发展。通过引进大型企业和项目，迅速提升工业经济体量，形成规模效应。二是培育本地企业成长。加大对本地企业的扶持力度，提供财政、税收等优惠政策，鼓励企业扩大生产规模，提升产值。三是推动产业集聚发展。规划建设工业园区或产业集聚区，引导工业企业集中布局，形成产业集群效应。通过产业集聚，降低企业生产成本，提高资源利用效率，进一步壮大工业经济体量。

2. 优化工业产业结构

一是发展多元化产业，鼓励和支持企业投资高技术含量和高附加值的新兴产业，推动产业结构优化升级。通过多元化发展，降低对传统产业的依赖，提高工业经济的抗风险能力。二是推动传统产业转型升级，引导传统制造业企业进行技术改造和升级，提高生产效率和产品质量。同时，鼓励企业开发新产品，拓展市场空间，提升传统产业的市场竞争力。三是加强工业产业链建设，围绕主导产业和新兴产业，延伸产业链条，形成上下游产业配套发展的格局。通过完善产业链，提高产业关联度，增强工业经济的整体竞争力。

### 3. 支持企业技术创新

一是增强企业创新意愿。加大对企业创新的宣传力度，提高企业对创新重要性的认识。同时，落实产业优惠政策，确保企业能够享受到政策带来的实惠，激发企业创新的积极性。二是提升企业创新能力。建立健全企业创新支持体系，为企业提供技术研发资金、人才引进、成果转化等方面的支持。鼓励企业与高校、科研机构等建立合作关系，开展产学研合作创新。三是优化企业创新环境。改善企业经营管理环境，推动企业治理结构和管理模式的创新。加强企业信息化建设，提高企业信息化水平。

### （五）商南县旅游业赋能乡村振兴的发展建议

#### 1. 增强旅游产品竞争力

一是挖掘地域旅游特色。商南县应进一步明确旅游和康养产业的定位，深入挖掘地域特色和文化内涵，打造具有鲜明辨识度的旅游康养产品。通过挖掘当地的历史文化、自然风光和民俗风情，开发具有深度和广度的旅游产品，提升产品的吸引力和竞争力。二是提升专业化和标准化水平。加强旅游康养产品的专业化和标准化建设，提高产品的质量和服务水平。可以引进专业的旅游开发和管理团队，进行产品的策划、设计和运营，确保旅游产品符合市场需求和行业标准。

#### 2. 完善旅游基础设施

一是完善旅游消费体系。商南县应加大对旅游景区基础设施的投资力度，完善"吃、住、行、游、购、娱"以及参与型、体验型等全方位的旅游消费体系。通过建设高品质的住宿设施、餐饮场所和娱乐项目，提升景区的吸引力和游客的停留时间。二是丰富旅游产品形态。在现有观光旅游的基础上，开发更多的参与性、互动性和娱乐性项目，如体验式旅游、研学旅游、康养旅游等，满足游客的多元化需求，提高旅游业的整体效益。

#### 3. 提升旅游品牌影响力

一是提升品牌知名度。加大商南县旅游品牌的宣传力度，通过多种渠道和媒体进行品牌推广，提高国内外游客对商南旅游的认知度。二是打造品牌特色。充分挖掘和展现商南县独特的自然风貌、历史文化及民俗风情，打造具有鲜明特色的旅游产品。通过差异化发展，避免旅游体验的同质化，提升旅游品牌的核心竞争力。三是健全品牌管理体系。加强对旅游品牌的管理和维护，建立健全品牌管理体系。加大对品牌建设和维护的投入力度，增强品牌保护意识，形成持续的品牌效应和市场影响力。

# 参考文献

[1] 魏后凯，郜亮亮，崔凯，等．"十四五"时期促进乡村振兴的思路与政策 [J]．农村经济，2020（8）：1-11.

[2] 张友良，吕灵华．推进湖南特色产业精准扶贫的对策 [J]．湖南社会科学，2020（4）：99-103.

[3] 韩广富，叶光宇．从脱贫攻坚到乡村振兴：乡村特色优势产业的战略思考 [J]．西南民族大学学报（人文社会科学版），2021，42（10）：136-143.

[4] 高鹏．农村地区特色产业经济发展现状与改善对策研究 [J]．现代经济探讨，2022（1）：124-132.

[5] 王艺明．乡村产业振兴的发力点和突破口 [J]．人民论坛，2022（1）：22-25.

[6] 肖卫东．特色产业赋能乡村振兴的内在逻辑与行动路径 [J]．理论学刊，2023（1）：117-126.

[7] 张雁鸿，刘光玲．特色经济助力乡村产业振兴的内在逻辑与实践路径 [J]．农业经济，2024（4）：17-19.

# 西部地区企业内外资承接与高质量发展情况调研报告

马莉莉　钟远　王璐瑶　刘钰栋　谷羽　武媛媛*

**摘要：** 在全球化与区域一体化浪潮中，西安承载着打造"西部经济中心、科技创新中心、先进制造基地"乃至推动西部地区经济实现高质量发展的宏伟使命。2023 年，习近平总书记两次亲临陕西，明确提出在西部地区发挥示范作用的战略要求，为西安乃至陕西的发展注入了强劲动力。本文深入剖析了西安在吸引内外资、促进产业高质量转移方面的现状、问题及未来规划，聚焦于新质生产要素的配置与优化问题，通过问卷调查、深入访谈和实地调研等多种方式收集了陕西文投集团（内资承接代表）和西安比亚迪分公司（外资承接代表）的宝贵数据，全面结合其他西部地区代表性企业（微芯制药）评估了企业在工作区设施满意度、创新行为、选址原因及未来规划等方面的实际情况。调研结果显示，西安在承接高质量产业转移方面已取得显著成效。比亚迪西安分公司作为外资承接的典范，凭借其技术领先和高效生产能力，不仅刷新了西安制造的"速度"，更在新能源汽车领域取得了突破性进展，成为西安乃至全国新能源汽车产量的重要支柱。而陕西文投集团则依托其深厚的文化底蕴和强大的市场平台，在影视生产、文化旅游等领域不断深耕细作，为西安的文化产业发展注入了新的活力。然而，在取得成绩的同时，西安也面临着诸多挑战。产业难以有效集聚、经开区布局分散、政策协调难度大等问题，成为制约西安经济高质量发展的关键因素。针对这些问题，调研组结合成都科创岛相关前沿企业（微芯制药）提出了针对性的对策建议，旨在通过优化生产要素配置、加强政策协调等方式，为西安乃至陕西实现高质量发展提供有力支撑。展望未来，西安将继续秉持开放合作的理念，积极融入全球产业链和供应链体

---

* 马莉莉，西北大学经济管理学院院长、教授；王璐瑶、谷羽、武媛媛，西北大学经济管理学院硕士研究生；钟远、刘钰栋，西北大学经济管理学院本科生。

系，以高质量承接国内外产业转移为突破口，推动经济实现更高质量、更有效率、更加公平、更可持续的发展。

**关键词：** 西部地区；高质量发展；内外资承接

# 一、引言

在全球化与区域一体化深入发展的今天，世界经济格局正经历着深刻变革。习近平总书记明确提出了"在西部地区发挥示范作用"的重大战略要求，为陕西乃至西安的发展指明了方向。作为陕西省的省会，西安承载着"发挥西安国家中心城市龙头带动作用"的重任，致力于打造"西部经济中心、科技创新中心、先进制造基地"。

当前，世界科技产业革命风起云涌，产业链正经历着前所未有的重构。在这一背景下，高质量承接国内外产业转移，促进产业集群化发展，成为西安乃至陕西经济发展的关键路径。然而，在吸引内外资、承接产业转移的过程中，西安也面临着诸多挑战，如产业难以有效集聚、经开区布局分散、政策协调难度大等问题。这些问题不仅制约了西安经济的高质量发展，也影响了其在西部地区发挥示范作用的进程。基于此，本文聚焦于西安在承接特色产业高质量转移过程中的新质生产要素配置与优化问题，以比亚迪分公司（作为承接外资的代表性企业）、陕西文投集团（作为承接内资的代表性企业）和成都微芯生物（西部其他地区高质量发展代表性企业）为研究对象，通过深入访谈、问卷调查及实地调研等多种方式，全面剖析西安在吸引内外资、促进产业高质量转移方面的现状、问题及未来规划。本文旨在揭示西安在承接产业转移过程中的关键制约因素，提出针对性的对策建议，为西安乃至陕西打造西部经济高地、实现高质量发展提供理论支撑与实践指导。

本文将围绕以下几个方面展开：首先，通过问卷调查收集员工对工作区设施满意度及创新行为的反馈，从微观层面评估企业在高质量发展方面的实际成效；其次，通过访谈从宏观层面了解两家代表性企业的发展现状、选址原因及未来规划，特别是针对撤资风险、合作模式及未来发展路径进行深入探讨；最后，结合实地调研结果，综合分析西安在承接产业转移过程中存在的问题与挑战，并提出相应的对策建议。

# 二、研究背景与问题提出

## （一）研究背景

### 1. 高质量发展的现实背景

改革开放以来，我国在各个行业、各个领域创造着震惊世界的奇迹，而中国的经济实力愈发强大的背后离不开中国共产党的支持、强大的政治制度、社会主义社会与市场经济的结合、中国特色社会主义道路以及广大人民的共同努力。2020 年，中国的经济在极短时间就得到了恢复，迅速处理问题防止经济下滑。尽管保持着高速的增长，也有效解决了发展初期中国人民日益增长的物质文化需求同落后的社会生产力之间的矛盾问题。但发展过程中也造成了环境的破坏，促进人与自然的和谐，是国民经济和社会发展全局赋予环境保护工作最重要、最根本的时代重任，是推进环境保护历史性转变的出发点和根本目标。坚持以人为本、全面协调可持续发展，积极推进生态文明建设，是新时期环境保护工作的基础和灵魂。习近平总书记在党的十九大上提出中国经济已由高速发展向高质量发展转变，要在发展经济"数量"的同时保证发展的质量。

### 2. 高质量发展的理论背景

高质量发展是指经济、社会各方面的系统发展质量，需要采用新的框架理解质量的内涵。如果说产品质量是微观层面的质量，那么高质量发展体现在宏观经济、产业发展、企业和产品等不同层面。如果说产品质量是指产品的固有特性满足需求的程度，那么宏观质量或经济发展质量则主要强调经济发展的外部性。无论是微观质量，还是宏观质量，都应有相应的评价指标和评价方法。宏观质量的具体评价指标可能包括规模、效益、生态、就业等不同的侧面。就其内涵而言，高质量发展至少包括要素投入、发展效益、成果共享三部分内容。因此，高质量发展要求重新定义质量的内涵与边界，明确研究对象是"发展质量"而非"产品质量"，是经济社会发展质量而非单纯的制造业质量。

长期以来，在以理性"经济人"为典型特征的经济发展思维下，经济发展过度追求 GDP 数量的增长，而忽略了经济发展中质的一面，企业一味把降低生产成本作为竞争优势，而很少关心对生态和资源的过度消耗。工业文明促进了物质财富的增加和社会发展的繁荣，但是盲目追求财富积累的发展质量观，严重忽视了发展的主体即对人的自身需求的满足。转向高质量发展，意味着在经济增长方式、产业结构、资源配置、消费模式等方面的变化，这一质量观要求在经济生产活动各环节坚持全面节约和优先环保为原则，减少对资源的依赖和消耗，倡导科学理性、优质安全、节能环保的理念，统筹协调生产、消费与环境生态和能源保护，最终的价值导向是民生和民享、公平与公正。

### (二) 文献综述

#### 1. 关于影响经济高质量发展的因素

关于促进经济高质量发展的研究主要的影响因素分别为环境规制、科技创新和外商直接投资：涂正革等 (2019) 通过工业企业数据分析得出增大环境规制力度可以促进经济的高质量发展；范庆泉等 (2020) 在其研究中也指出适当的环境规制政策对促进经济高质量发展有明显的促进效果，而科技创新是一个国家走向繁荣富强的立身之本，是在国际竞争中纵横捭阖的制胜之道。科技自立自强是我们主动识变应变、因时因势而动的战略选择，完善的科技创新体制机制将为加快实现这一战略选择提供坚强制度保障。因此影响经济高质量发展最主要的动因也是在于创新，经济发展实现根本转变要靠科技创新，通过科技创新可推动产业转型升级、化解环境污染与经济发展的困境，实现可持续发展。胡雪萍和许佩 (2020) 利用中国 30 个省份的数据分析高质量的外商直接投资促进经济的高质量发展，并且对于中国的不同地区有不同的影响；李佳霖和孙鹏 (2020) 对全国 30 个省份的数据进行研究发现外商直接投资质量对于中国全要素能源生产率的提升具有显著的正向作用。

#### 2. 外商直接投资与经济高质量发展

Jahanger (2021) 利用我国 2007～2015 年 30 个省份 (不包含港澳台地区及西藏) 的数据，研究了外商直接投资质量与经济高质量发展之间的关系，尽管没有发现外商直接投资的综合质量对经济高质量发展有显著影响，但是分地域分析显示了不同的外商直接投资质量对经济高质量发展的不同影响。Bai 和 Lv (2017) 在外国直接投资质量与中国经济发展方式转变的研究中，从外商直接投资盈利能力、管理水平、技术水平、实际规模以及出口能力等方面建立表征外商直接投资质量进行研究，发现高质量的外商直接投资可以促进经济发展方式的转变；Javorcik 和 Spatareanu (2011)、Arif 等 (2021) 在研究中指出高质量的外国直接投资能够带来更高的技术，更有利于经济高质量发展；Liu 和 Ren (2020) 研究外国直接投资的数量和质量对经济增长的影响。李佳霖和孙鹏 (2020) 在外商直接投资质量对中国全要素能源生产率的影响研究中，从外商直接投资盈利能力、管理水平、技术水平、实际规模以及出口能力等方面构建表征外商直接投资质量的指标体系分析了其对中国全要素能源生产率的影响。

### （三）研究意义与价值

目前我国正处在经济高质量发展转型以及碳减排的关键时期，并且始终坚持以"一带一路"建设为主线，坚持引进来、走出去的方针，实施高水平国内大循环为主体、国内国际双循环相互促进的新发展格局，并且一直实行对外开放的伟大决策，不仅是国际经济活力的重要动力，也是促进人类社会前进发展的规律遵循。改革开放初期为了快速发展经济引进先进技术，而随着中国经济的发展，出发点转向为以促进中国经济质量提升为目标，利用外国直接投资从规模管理转向数量和质量并重管理。因此基于中国经济高质量发展的现状，理清企业如何有效吸引外资、承接产业、适应国际化形势是我国目前急需解决的问题。本文为吸引投资与经济高质量发展的相关研究进行了补充，具有一定的理论意义。

# 三、研究分析

### （一）研究设计与实施

1. 调研对象

（1）陕西文投集团。

陕西文化产业投资控股（集团）有限公司（以下简称"陕文投集团"）成立于 2009 年 6 月，是陕西省属国有大型文化企业，也是陕西实施"文化强省"战略的重要市场平台。历经十五年的发展，陕文投集团总资产超 290 亿元，构建起以影视生产、文化旅游、文化金融为核心主业，以艺术文创、文化传媒和文化科技等为支撑的产业布局，成为全国最具集群优势和发展活力的文化企业之一。因此，本次调研选择陕文投集团作为本次研究的内资高质量发展调研对象。

（2）西安比亚迪分公司。

比亚迪西安生产工厂位于中国陕西省西安市，作为比亚迪在西北地区的重要布局，该基地不仅规模庞大，而且技术领先，该制造基地的生产能力十分惊人，能够在一分钟内制造出两辆整车，不断刷新西安制造的"速度"。这一高效的生产能力得益于比亚迪在新能源汽车技术方面的突破，包括刀片电池、DM-i 超级混动技术、e 平台 3.0 等颠覆性技术的运用，使比亚迪在纯电动和插电混动领域都取得了显著进展。2022 年，西安生产基地累计实现产值 1827 亿元，其中汽车业务产值达到了 1362 亿元，同比增长超 220%，结束了西安没有千亿级企业的历史。西安生产的新能源汽车产量占据了全国的显著份额，使得西安成为"新能源汽车产量第一城"，是西部地区高质量发展承接外资发展的典范。

（3）微芯生物有限公司。

成都微芯药业有限公司是深圳微芯生物科技股份有限公司（688321.SH）的全资子公司，成立于 2014 年 4 月，注册资本 86000 万元。是一家整合了新药早期研究、产品开发、GMP 生产、药政事务及药物警戒、营销、商务及市场准入、知识产权于一体，专注于恶性肿瘤、代谢病、自身免疫性疾病、中枢神经系统等领域的现代生物医药企业。公司是成都市政府 2014 年引进并落户高新区的生物医药行业第一个重大项目，截至目前，公司已累计投资 15 亿元，在高新西区建有"创新药生产基地"，高新南区建有"创新药研发中心和区域总部"。公司先后被评为国家高新技术企业、四川省新经济示范企业、四川省专精特新中小企业、成都市新经济梯度培育企业、高新区瞪羚企业等。

2. 研究方法

在资料收集方面，本次调研采用文献法收集与整理研究领域相关文献，在全面客观了解研究有关领域的基础上，充分参考陕文投集团、比亚迪公司与成都微芯制药的新闻报道，制定调查问卷和访谈大纲。本次调研采用问卷调查和访谈相结合的方法收集数据，从企业与企业微观个体（员工）层面收集内外资承接与企业高质量发展的一手数据。在资料分析阶段，采用数理统计的方法对问卷数据进行分析，主要利用样本的平均数、标准差、方差分析等有关统计量来研究各有关因素在微观个体上的反映现状，以此推导宏观层面的高质量发展情况。

**（二）问卷与访谈分析**

1. 样本基本情况

（1）访谈样本情况。

在本次调研实践中，本组分别在西安比亚迪汽车公司销售部与陕文投集团综合办选择了两位中层管理者进行 15 分钟的个别深度访谈，这是由于作为管理行为过程的主体，中层管理者常常是负责制订具体的计划及有关细节和程序，以贯彻执行高层管理者作出的决策和计划的人员。中层管理人员往往不直接指挥、协调一线人员的活动，他们主要是将高层管理者的决策和指示传达给基层管理者，同时将基层的意见和要求反映给高层管理部门，他们是连接高层管理与基层管理者的桥梁和纽带。中层管理者还要负责协调和控制基层生产活动，保证完成各项任务，实现组织目标。可见，选择中层管理者作为访谈对象有利于在宏观层面了解企业高质量发展以及承接内外资过程中的总体规划与实施情况，并且方便本组成员更加全面了解公司在实现高质量发展过程中遇到的阻碍。

（2）问卷调查样本情况。

本次调研实践中，调研组分别在西安比亚迪汽车公司与陕文投集团利用"问卷星"App 投放问卷，经过筛选，截至 2024 年 8 月 22 日共有 110 份有效调查问卷，样本情况的描述性统计如表 1 所示。

表 1 调查问卷样本人口学变量频率分析

| 变量 | 选项 | 频率 | 百分比（%） | 平均值 | 标准偏差 |
|---|---|---|---|---|---|
| 性别 | 男 | 74 | 67.30 | 1.33 | 0.47 |
| | 女 | 36 | 32.70 | | |
| 年龄 | 25 岁以下 | 23 | 20.90 | 2.55 | 1.08 |
| | 25~35 岁 | 31 | 28.20 | | |
| | 36~45 岁 | 29 | 26.40 | | |
| | 45 岁以上 | 27 | 24.50 | | |
| 工作年限 | 1 年以下 | 17 | 15.50 | 3.15 | 1.36 |
| | 1~3 年 | 20 | 18.20 | | |
| | 4~5 年 | 25 | 22.70 | | |
| | 6~8 年 | 25 | 22.70 | | |
| | 8 年以上 | 23 | 20.90 | | |
| 最高学历 | 本科 | 48 | 43.60 | 2.66 | 0.65 |
| | 硕士 | 51 | 46.40 | | |
| | 博士 | 11 | 10 | | |
| 所属部门 | 技术类 | 23 | 20.90 | 2.45 | 1.05 |
| | 管理类 | 37 | 33.60 | | |
| | 生产类 | 27 | 24.50 | | |
| | 服务类 | 23 | 20.90 | | |

根据以上的分析结果可以看出人口学变量的数值特征，也反映了本次被调查对象的分布情况。其中均值代表了集中趋势，标准差代表了波动情况。根据各个变量的频率分析结果可以看出，分布基本满足抽样调查的要求。如，性别调查结果，男性比例为 67.30%，女性比例为 32.70%。由此可以看出，本次调查的结果重点偏向的是男性的意愿。除此之外，教育水平、所属部门、工作年限以及年龄的样本分布均较为均匀。

2. 问卷设计概述

（1）问卷结构设置。

"企业高质量发展工作环境及创新意识调查问卷"共 24 题，由三大板块构成，1~5 题为个人信息；6~11 题为微观个体创新及高质量发展意识；12~24 题分别为内部及外部高质量发展环境调查。从题型上看，11~12 题为多选题，其余 6~24 题目均为量表题目，以方便本组成员进行数据分析。下面是本问卷的整体分析检验。

（2）问卷效度及差异性检验。

本次问卷效度分析是通过 SPSS 26 版本探索性因子分析的方法实现检验过程，根据下表探索性因子分析的结果可以看出，KMO 检验的系数结果为 0.715，KMO 检验的系数取值在 0~1，越接近 1 说明问卷的效度越好，可见问卷效度较为良好。根据球形检验的显著性也可以看出，本次检验的显著性无限接近于 0，在 5% 水平显著，从而可以拒绝原假设，该问卷效度检验通过（见表 2）。

表 2　问卷效度检验

| KMO 取样适切性量数 | | 0.715 |
|---|---|---|
| 巴特利特球形度检验 | 近似卡方 | 156.853 |
| | 自由度 | 153 |
| | 显著性 | 0.04 |

（3）差异性检验。

差异性检验是通过独立样本 t 检验、卡方检验以及单因素方差分析等检验方法去研究变量不同维度上差异情况。在本次分析中根据数据的特性主要运用独立样本 t 检验和单因素方差分析，软件使用 SPSS 26 版本实现分析步骤。

根据以下独立样本 t 检验的结果可以看出三个不同调查方向在性别上的差异情况，在性别上的差异显著性检验均大于 1（见表 3）。说明，不同性别的职工对于企业高质量发展的意识及满意度不存在明显差异，同理，本文还对年龄、工作年限、所属部门等维度进行了差异性检验，因年龄维度、工作年限维度结果并不显著，故省略分析结果。

表 3　差异性检验——性别维度

| 总体评价标准 | 性别 | 性别比例（%） | 平均值 | 标准偏差 | 显著性 |
|---|---|---|---|---|---|
| 创新（高质量发展）程度 | 男 | 74 | 1.482 | 0.172 | 0.27 |
| | 女 | 36 | 1.238 | 0.206 | |

续表

| 总体评价标准 | 性别 | 性别比例（%） | 平均值 | 标准偏差 | 显著性 |
|---|---|---|---|---|---|
| 内部高质量发展环境 | 男 | 74 | 1.878 | 0.218 | 0.19 |
| | 女 | 36 | 2.19 | 0.365 | |
| 周边工作环境 | 男 | 74 | 2.502 | 0.291 | 0.74 |
| | 女 | 36 | 2.516 | 0.419 | |

　　根据以下独立样本 t 检验的结果可以看出三个不同调查方向在调查问卷样本所属部门上的差异情况，其中关于创新（高质量发展）意识以及内部高质量发展环境方面，各部门的差异显著性检验小于 1。这说明，不同类型部门的职工对于企业高质量发展的意识及内部工作环境满意度存在明显差异（见表 4）。

表 4　差异性检验——所属部门类型维度

| 总体评价标准 | 类别 | 平方和 | 自由度 | 均方 | F | 显著性 |
|---|---|---|---|---|---|---|
| 创新（高质量发展）意识 | 组间 | 7.795 | 3 | 2.598 | 1.326 | 0.027 |
| | 组内 | 207.659 | 106 | 1.959 | | |
| | 总计 | 215.455 | 109 | | | |
| 内部高质量发展环境 | 组间 | 1.048 | 3 | 0.349 | 0.087 | 0.097 |
| | 组内 | 424.625 | 106 | 4.006 | | |
| | 总计 | 425.673 | 109 | | | |
| 周边工作环境 | 组间 | 20.213 | 3 | 6.738 | 1.068 | 0.366 |
| | 组内 | 668.96 | 106 | 6.311 | | |
| | 总计 | 689.173 | 109 | | | |

　　3. 创新及高质量发展意识调查结果

　　接下来本文将对三个不同调查方向的问卷结果进行深入分析，以下是创新及高质量发展意识的统计结果。由表 5 可以发现，公司员工对于企业高质量发展中创新能力所发挥的作用较为肯定，且自身创新行为也较为频繁。但根据表 5 第四列结果可知，员工对于公司对建议和问题的处理效率和态度评分较高，满意度相对较差，说明两家公司对员工建议和问题的处理效率还有待进一步提高。

·155·

表5 创新及高质量发展意识调查结果（单选部分）

| 单选题统计 | 6. 在集团推动高质量发展的过程中，您认为员工创新能力的重要性如何？ | 7. 您所在的部门是否常常创新管理制度、业务模块等？ | 8. 您提出合理建议和问题，公司对这些建议和问题的处理效率和态度您感到满意吗？ | 9. 您常常学习新的技能知识，经常改良或参与改良工作方法吗？ |
|---|---|---|---|---|
| 平均值 | 1.59 | 1.57 | 1.75 | 1.45 |
| 标准偏差 | 0.708 | 0.67 | 0.722 | 0.5 |
| A 占比（%） | 51.8 | 51.8 | 39.1 | 54.5 |
| B 占比（%） | 39.1 | 40 | 50 | 45.5 |
| C 占比（%） | 7.3 | 7.1 | 8.2 | 0 |
| D 占比（%） | 1.8 | 0.9 | 0.7 | 0 |

注：在本调查问卷选项中 A 赋值为 1、B 赋值为 2、C 赋值为 3、D 赋值为 4、E 赋值为 5，赋值越高表示意识 & 满意度越差，以下各表同上。

为了更细致了解制约员工创新、助力企业高质量发展的各项因素，调研组设立了两道多选题（10~11 题），分析结果如图 1 所示。

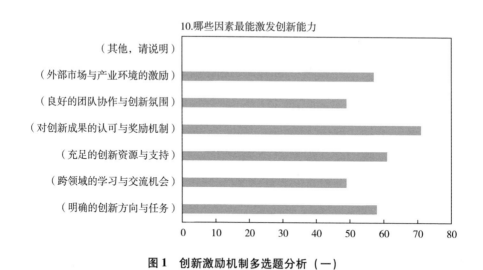

10.哪些因素最能激发创新能力

图 1 创新激励机制多选题分析（一）

由图 1 可知，企业对于员工创新的认可与激励是决定员工开展创新活动的第一要素，并且给予明确的创新方向及任务配合外部市场与产业环境的激励能够显著提升员工创新积极性。

由图 2 可知，企业对员工任务安排过重，导致员工缺乏开展创新活动的精力是制约员工开展创新活动的第一因素，同时考虑到容错率低以及缺乏创新条件是制约员工创新的重要因素，企业还可以尝试给予员工更多的容错机制与补贴以提升员工创新积极性。

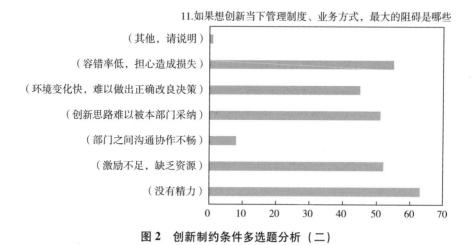

11.如果想创新当下管理制度、业务方式，最大的阻碍是哪些

图2 创新制约条件多选题分析（二）

4. 高质量发展环境调查结果

（1）内部高质量发展环境调查结果。

以下是内部高质量发展环境的统计结果，由表6可以发现，由于调研组选择的企业皆为西部地区高质量发展的前沿企业，公司员工对于企业高质量发展中高层领导管理者的管理能力与水平较为肯定，对公司内部部门协作、数字化水平均较为认可。但根据表6第三列及第七列结果可知，员工对于公司设施设备健康和安全预防措施的评分较高，满意度相对较差，说明两家公司对设备维护与安全保障能力还有待进一步提高，同时调查组发现，"高质量发展"战略的普及率仍然不高，这需要企业加大科普宣传力度。

表6 内部高质量发展环境调查结果

| 统计 | 12. 您对公司高层领导管理者的管理能力与水平是否满意？ | 13. 您认为公司内部工作环境、设施设备的健康和安全预防措施是否足够且让人满意？ | 14. 您认为公司的数字化设施设备（如高配置办公电脑）是否足够且性能让人满意？ | 15. 在工作中，您的擅长技能与工作职责之间的匹配情况如何？ | 16. 您对部门内团队协作程度是否满意？ | 17. 您对"高质量发展"战略的理解程度如何？ |
|---|---|---|---|---|---|---|
| 平均值 | 1.62 | 2.13 | 1.7 | 1.72 | 1.78 | 2.2 |

续表

| 统计 | 12. 您对公司高层领导管理者的管理能力与水平是否满意? | 13. 您认为公司内部工作环境、设施设备的健康和安全预防措施是否足够且让人满意? | 14. 您认为公司的数字化设施设备（如高配置办公电脑）是否足够且性能让人满意? | 15. 在工作中，您的擅长技能与工作职责之间的匹配情况如何? | 16. 您对部门内团队协作程度是否满意? | 17. 您对"高质量发展"战略的理解程度如何? |
|---|---|---|---|---|---|---|
| 标准偏差 | 0.649 | 0.91 | 0.761 | 0.692 | 0.759 | 0.833 |
| A 占比（%） | 46.4 | 32.7 | 44.5 | 39.1 | 41.8 | 22.7 |
| B 占比（%） | 46.4 | 24.5 | 44.5 | 52.7 | 38.2 | 38.2 |
| C 占比（%） | 6.4 | 40 | 7.3 | 5.5 | 20 | 35.5 |
| D 占比（%） | 0.9 | 2.7 | 3.6 | 2.7 | 0 | 3.6 |

（2）外部高质量发展环境调查结果。

以下是内部高质量发展环境的统计结果，由表7可以发现，对于西安的两家企业（陕文投与比亚迪），公司员工对于企业高质量发展周边配套环境总体较为肯定，但根据表7第三列至第五列的结果可知，员工对于公司周边地区的通勤、餐饮与娱乐设施相对不满；对周边治安、医疗环境以及产业发展前景较为乐观，说明想要进一步促进企业高质量发展，企业需要完善周边基础设施，完善交通网和针对不同地区人群的配套餐饮娱乐，在提升工作人员幸福感的同时提升工作效率。

**表7 外部高质量发展环境调查结果**

| 统计 | 18. 您对公司当前工作区选址总体上是否满意? | 19. 您对从居住地到工作区的交通便利程度满意吗? | 20. 您对工作区及周边的餐饮情况（卫生、价格、口感）满意吗? | 21. 您对工作区及周边的娱乐设施满意吗? | 22. 您对工作区及周边的治安状况满意吗? | 23. 您对工作区及周边的医疗卫生条件满意吗? | 24. 你对公司和所属行业的发展前景是否看好? |
|---|---|---|---|---|---|---|---|
| 平均值 | 2.15 | 2.5 | 2.46 | 2.45 | 1.48 | 1.93 | 1.59 |
| 标准偏差 | 0.887 | 1.131 | 1.147 | 1.054 | 0.502 | 0.798 | 0.579 |
| A 占比（%） | 30 | 26.4 | 27.3 | 23.6 | 51.8 | 35.5 | 45.5 |
| B 占比（%） | 28.2 | 21.8 | 24.5 | 27.3 | 48.2 | 36.4 | 50 |
| C 占比（%） | 39.1 | 27.3 | 22.7 | 30 | 0 | 28.2 | 4.5 |
| D 占比（%） | 2.7 | 24.5 | 25.5 | 19.1 | 0 | 0 | 0 |

续表

| 统计 | 18. 您对公司当前工作区选址总体上是否满意? | 19. 您对从居住地到工作区的交通便利程度满意吗? | 20. 您对工作区及周边的餐饮情况(卫生、价格、口感)满意吗? | 21. 您对工作区及周边的娱乐设施满意吗? | 22. 您对工作区及周边的治安状况满意吗? | 23. 您对工作区及周边的医疗卫生条件满意吗? | 24. 你对公司和所属行业的发展前景是否看好? |
|---|---|---|---|---|---|---|---|
| E 占比(%) | 0 | 0 | 0 | 0 | 0 | 0 | 0 |

5. 相关性分析

相关分析是问卷相关性研究中最常用的分析方法。本次采用 SPSS 26 版本相关分析模块实现分析过程。根据以下的相关分析结果可以看出(见表8),内部高质量发展环境与员工创新(高质量发展)意识之间,内部高质量发展环境与周边工作环境之间至少在 90% 的显著性水平上均存在显著的相关性,相关系数分别为 0.252 与 0.032 均大于 0,所以都是正相关关系。这说明公司内部高质量发展环境与创新(高质量发展)意识以及周边工作环境之间存在正向关系。

表8 问卷各个板块相关性分析结果

| 变量 | 统计 | 内部高质量发展环境 | 创新(高质量发展)意识 | 周边工作环境 |
|---|---|---|---|---|
| 内部高质量发展环境 | 皮尔逊相关性 | 1 | 0.252 ** | 0.032 * |
| | Sig.(双尾) | — | 0.008 | 0.743 |
| | 个案数 | 110 | 110 | 110 |
| 创新(高质量发展)意识 | 皮尔逊相关性 | 0.252 ** | 1 | −0.107 |
| | Sig.(双尾) | 0.008 | — | 0.266 |
| | 个案数 | 110 | 110 | 110 |
| 周边工作环境 | 皮尔逊相关性 | 0.032 * | −0.107 | 1 |
| | Sig.(双尾) | 0.743 | 0.266 | — |
| | 个案数 | 110 | 110 | 110 |

### (三)访谈结果

(1)陕文投集团。

通过访谈,调研组了解到,公司作为陕西省实施"文化强省"战略的重要市场化运作平台,近年来在多个方面进行发展,包括产业转移、内资占比、企业投入产出比、实现高质量发展等方面。

在承接项目、承接内资方面，陕文投集团积极参与西部地区的产业转移，通过投资建设重大文化旅游项目、影视生产基地等，推动文化产业向西部地区集聚。然而，关于具体的产业转移项目和内资占比数据，由于信息来源的限制，无法直接提供具体数字。但可以肯定的是，作为陕西省属国有大型文化企业，陕文投集团在承接产业转移方面发挥了重要作用，吸引了大量内资投资，促进了当地经济的发展。

在企业盈利方面，企业尽管净利润增长相对缓慢，但整体趋势仍是上升的。这表明集团在项目投资上具有一定的前瞻性和效益性，能够较好地控制成本并提高产出。

在实现高质量发展方面，陕文投集团在实现高质量发展方面采取了多项措施，包括项目化带动：集团通过投资建设多个重大文化旅游项目，如照金红色文旅小镇、长安十二时辰主题街区等，推动文化产业与旅游、科技、数字等领域的深度融合，实现了文化产业的高质量发展。市场化运作：集团坚持市场化运作原则，引入职业经理人机制，创新薪酬分配奖励机制，激发企业活力。同时，加强与国内外知名企业和机构的合作，共同开发文化产业市场。数字化赋能：集团积极运用新技术推动文化产业的数字化转型，建设了"游陕西"公共服务平台、西部影视大数据综合服务平台等，通过数字化转型激发文旅发展的新动能。

（2）西安比亚迪分公司。

近年来，西安市特别是高新区在政策、人才、技术、土地、资金等方面给予了比亚迪发展强有力的支持，比亚迪则在西安布局了乘用车、商用车、电子、汽车金融、轨道交通和动力电池等全产业链业务，推动西安新能源汽车产业发展不断迈上新台阶，新能源汽车的快速发展又带动了西安整个汽车产业的发展，双方相辅相成，在未来比亚迪工厂将重点投入新能源领域，带动西安新能源汽车的进一步发展。

选址原因：合作基础+政策支持。根据调研组的访谈得知，2003 年比亚迪收购了秦川汽车公司正式落户西安，2005 年建成了高新厂区，开山车型 F3 就是从西安诞生，西安与比亚迪具有良好的合作基础，于是西安就成为比亚迪最重要的生产基地之一。同时调研组通过访谈也了解到，西安乃至陕西省政府对该工厂予以大量的政策支持，据负责人介绍，近些年来，西安市对新能源汽车产业的发展给予了前瞻性的布局，如《西安市汽车产业发展规划（2018—2025 年）》提出，将西安打造成国家级新能源汽车产业基地。目前，西安正在为实现这一目标加倍努力。西安市还成立了由市级领导挂帅的乘用车（新能源）产业链提升工作专班，出台了《西安市加快推动新能源汽车产业高质量发展的实施意见》《西安市乘用车（新能源）产业链提升方案》等扶持政策，提出构建安全可控、层级合理、供给全市、配套全国的新能源汽车产业链供应链，以整车需求为牵引，做强动力电池，做大电机、电控，破解"卡脖子"瓶颈及短板弱项，形成全产业链集群化发展的指导意见，可见市政府到省政府的大力支持给了西安比亚迪工厂极大的便利。

（3）微芯药业有限公司。

据调研组了解，微芯药业通过基于中国早期研究的全球开发策略，凭借深圳小分子早期研发中心和成都小分子早期研发中心汇聚的相关领域具有资深经验的顶尖科学家和团队，应用基于 AI 辅助设计和化学基因组学的整合式技术平台，打通了从基础研究到临床转化的全过程。已成功开发出了全球首创的原创新药，目前在中国有 2 个药 4 个适应证上市销售，在日本有 2 个适应证上市销售以及在中国台湾有 1 个适应证上市销售；且在恶性肿瘤、代谢性疾病、自身免疫性疾病、中枢神经系统疾病及抗病毒五大领域布局了多个具有差异化优势和全球竞争力的研发项目。在未来，公司一方面将聚焦深刻践行卓越治理，致力于打造更具综合实力和可持续发展的创新型现代生物制药企业，坚持规范运作、科学决策，全面提升治理水平，创新运营管理模式，增进投资者对公司的了解和认同，助力企业可持续发展。另一方面公司将聚焦环境管理绿色发展，积极响应联合国可持续发展目标（SDGs）。将绿色低碳发展融入企业发展和产品全生命周期管理，从研发、生产到销售各个环节全面贯彻绿色发展理念，提高资源利用效率，努力实现与环境和谐共生。

选址原因：优良的外部发展环境。微芯药业有限公司选择在成都高新技术产业开发区落地，该区 1991 年获批全国首批国家级高新区，2006 年被科技部确定为全国创建"世界一流高科技园区"试点园区，2015 年经国务院批准成为西部首个国家自主创新示范区，是四川省全面创新改革试验区和自由贸易试验区核心区，公司选择在该处布局，不仅符合成都高新区围绕电子信息、生物医药和新经济三大主导产业的发展规划，而且作为高投入的生物制药公司，能够最大限度享受到政策支持。

# 四、由案例企业观西部地区内外资承接与高质量发展的必由之路

## （一）数字化转型、高科技投入是必由之路

当下中国，千行万业正以前所未有的速度拥抱数字化变革，数字化转型有利于转变制造业生产方式、优化产业资源配置、推进绿色发展，是企业高质量发展

的必然要求。西部地区内外资企业数字化转型是实现高质量发展的必经之路也是必由之路。

（1）商业模式。

数字化时代的到来，社会经济环境、新技术趋势发生了巨大变化，为商业模式的创新创造了有利条件，如研发模式、采购模式、生产模式、销售方式等都发生了巨大变化，西部企业也要不断突破现有业务的范围，形成新的商业模式，为企业中长期发展打开空间，在向新的商业模式转变的同时也推进了向数字化转型的进展，可以说，商业模式创新是数字化转型的高级形式，也是数字化转型的必经途径。

（2）智慧运营。

数字化时代，随着技术创新空前扩张，西部企业的竞争格局危机四伏，运用技术构建智慧运营体系已成为企业抢占竞争优势的关键，企业数字化转型面临重大重构和再造，企业需要在数字化战略的引领下，整合企业应用产品以及人工智能、区块链、云、大数据等前沿技术，构建智慧的动态的多种创新的智慧运营模式，促进企业运营不断迈向智能化，挖掘价值，创造价值。

（3）多域融合。

多域融合是驱动西部企业数字化转型的强大引擎。随着行业数字化转型的展开，数字化技术和连接技术成为核心内容。数字化转型需要覆盖多层面、多技术领域的综合解决方案，促进连接、计算、云、智能等ICT技术应用与行业应用结合，强化跨域横向协作，打通信息孤岛，构建端到端的数字化转型价值链。

**（二）"因地制宜"发挥地方优势是突出重点**

西部企业要以"先立后破"的战略因地制宜发挥地方优势，既要遵循客观规律，在认识和运用自然、社会和经济规律的基础上，根据各地发展实情制定相应发展战略，又要发挥主观能动性，根据各地生产力发展状况，在深入调查研究的基础上大胆创新，勇于探索适合本地区发展的新路子。因地制宜发展地方优势，要积极探索发挥优势、展现特长的发展路径，培育壮大新产业和新动能。

**（三）培养数字化人才是"制胜法宝"**

事在人为，企业最宝贵的资产就是人才。企业的核心竞争力往往来自人才。引进具有先进技术和管理经验的人才，能够提高西部企业的技术实力和管理水平，增强企业的核心竞争力。在数字化时代，数字化转型对于企业的长期发展至关重要。随着我国数字经济产业的迅猛发展，数字经济各细分领域对新职业人才的需求也在不断扩大。中国信通院发布的《数字经济就业影响研究报告》指出，中国数字化人才缺口接近1100万。未来，得数字化人才者得天下。

# 五、西部地区"美中不足"的高质量发展

虽然我国西部地区企业发展势头正盛，但当前我国西部地区企业在高质量发展过程中仍存在相应困境需要解决。

## （一）配套政策困境

西部尖端企业共同面临配套政策不足的问题，受制于西部地区多重限制致使西部地区宏观政策无法细致落实到企业。主要包括要素跨境流动遭遇壁垒限制和市场准入面临隐性障碍问题。

（1）要素跨境流动遭遇壁垒限制。当前实现要素的国内外高效流动尚不实际，根据外资企业反馈，以生物医药为代表的高技术服务业面临的通关便利化壁垒较高。总部企业存在数据业务判断焦虑，目前国内数据相关法律的配套实施细则以及监管标准仍在制定或征求意见中，不利于外资企业作出适当及时的合规性判断与业务风险应对。

（2）市场准入面临隐性障碍。相关市场准入流程不够透明规范，各地市场准入标准差异较大，且存在市场准入隐性障碍的主要是服务业企业。虽然我国在当前负面清单模式下逐步放开多个投资领域准入权限，但部分外资企业仍存疑，在准入后的业务开展以及参与市场竞争中会遭遇监管不透明的情况。

对市场动态、消费者偏好和监管环境有细致入微的了解，做好相应的配套政策是改善西部地区企业高质量发展的不二法门。

## （二）基础设施困境

我国外资企业"走出去"都需要建立本地供应网络和高效的物流及运输基础设施，以确保相关材料及时交付。以比亚迪公司为例的汽车制造商为代表则需要投资建设强大的经销商和服务中心基础设施，才能有效竞争。比亚迪公司在优化供应链物流方面遇到的挑战，特别是在匈牙利这些基础设施和交通网络欠发达国家投资的情况下，寻找可靠且高质量的本地零部件和材料来源都具有挑战性。这也是大部分外资企业在当地投资时会碰到的难题。

因此，外资企业必须精心挑选和评估潜在供应商，以确保它们符合质量标准并提供稳定的供应。发展全面的分销和服务网络，尤其是在老牌竞争对手占主导地位的地区，构成了重大挑战。克服在匈牙利这样的国家运营所固有的文化和语

言差异是比亚迪必须克服的挑战，以与当地供应商和利益相关者建立牢固的联系。这都是外资企业面临的困境，急需解决。

# 参考文献

［1］高培勇，樊丽明，洪银兴，等．深入学习贯彻习近平总书记重要讲话精神加快构建中国特色经济学体系［J］．管理世界，2022，38（6）：1-56.

［2］佟家栋，盛斌，蒋殿春，等．新冠肺炎疫情冲击下的全球经济与对中国的挑战［J］．国际经济评论，2020（3）：9-28+4.

［3］上官绪明，葛斌华．科技创新、环境规制与经济高质量发展——来自中国278个地级及以上城市的经验证据［J］．中国人口·资源与环境，2020，30（6）：95-104.

［4］周生贤．生态文明建设：环境保护工作的基础和灵魂［J］．中国环境监测，2008（2）：1-3.

［5］涂正革，周涛，谌仁俊，等．环境规制改革与经济高质量发展——基于工业排污收费标准调整的证据［J］．经济与管理研究，2019，40（12）：77-95.

［6］范庆泉，储成君，高佳宁．环境规制、产业结构升级对经济高质量发展的影响［J］．中国人口·资源与环境，2020，30（6）：84-94.

［7］辜胜阻，吴华君，吴沁沁，等．创新驱动与核心技术突破是高质量发展的基石［J］．中国软科学，2018（10）：9-18.

［8］胡雪萍，许佩．FDI质量特征对中国经济高质量发展的影响研究［J］．国际贸易问题，2020（10）：31-50.

［9］李佳霖，孙鹏．FDI质量对中国全要素能源生产率的影响研究［J］．统计与决策，2020，36（24）：106-110.

［10］Jahanger A. Influence of FDI characteristics on high-quality development of China's economy［J］. Environmental Science and Pollution Research, 2021, 28 (15SI): 18977-18988.

［11］Bai J, Lv X. The quality of FDI and the transformation of china's economic development mode［J］. Journal of Financial Research, 2017 (5): 47-62.

［12］Javorcik B S, Spatareanu M. Does it matter where you come from? Vertical spillovers from foreigndirect investment and the origin of investors［J］. Journal of Development Economics, 2011, 96 (1): 126-138.

〔13〕 Arif A, An P, Qi Y, et al. The influence factors of the national roles in the FDI network: A combined methods of complex networks and Panel Data Analysis 〔J〕. Physica A-Statistical Mechanics and its Applications, 2021 (563): 125311.

〔14〕 Liu G, Ren B. An empirical study on the impact of FDI quantity and quality on the Quality of Chinese Urban Economic Growth 〔J〕. Economic Survey, 2020, 37 (6): 48-56.

乡村振兴

# 新质生产力助力乡村全面振兴路径及效用感知研究

## ——来自成都战旗村、明月村和铁牛村的调查研究

李瑛　郭蓉　韩巍萱　张檬芯　王玉杰[*]

**摘要：**乡村全面振兴一直以来都是乡村发展的重点任务，新质生产力作为新时代下的先进生产力质态，对于助力乡村振兴具有重要意义。基于此，本文深入探究了新质生产力推进乡村全面振兴的发展路径；同时，对乡村振兴的效用及村民幸福感的程度进行了分析。报告选取四川省战旗村、明月村和铁牛村作为研究地点，通过对访谈资料和问卷数据进行分析，揭示了新质生产力通过创新驱动、绿色转型和信息化应用三条路径作用于乡村发展，助力乡村全面振兴。同时调查结果也表明，乡村全面振兴的五个方面均对村民的主观幸福感有显著正向影响，其中生态和产业振兴的作用较大。但是，农村也依旧存在人才缺口大、农业技术薄弱和产业联动不强等问题。未来应加强人才、技术和产业等农村薄弱问题，让新质生产力在乡村释放更大的动能。

**关键词：**新质生产力；乡村全面振兴；实现路径；感知效应

# 一、引言

## （一）研究背景

乡村振兴战略作为新时代中国社会经济发展的核心方针，旨在解决长期困扰

---

　*　李瑛，西北大学经济管理学院教授；郭蓉、韩巍萱、张檬芯、王玉杰，西北大学经济管理学院硕士研究生。

我国乡村的各类问题，实现农业农村的现代化。党的二十大报告提出："加快建设农业强国，扎实推动乡村产业、人才、文化、生态、组织振兴①。"随后，2024 年中央一号文件中也详细规划了乡村振兴的"路线图"，旨在为全面实现乡村全面振兴保驾护航。

在新时代背景下，中国经济正从高速增长转向高质量发展阶段。迈向高质量发展的阶段离不开高效优质的生产力。新质生产力由习近平总书记在 2023 年 9 月主持召开新时代推动东北全面振兴座谈会时首次提出②，且多次强调"发展新质生产力是推动高质量发展的内在要求和重要着力点"。新质生产力作为一种具备创新驱动、高科技、高效能和高质量特征的先进生产力形态，能够突破传统生产力的瓶颈，通过技术创新、资源优化配置和产业升级转型，推动乡村实现高质量发展，对于推动乡村振兴全面振兴提供了动力。

尽管已有研究探讨了新质生产力在农业和乡村振兴中的应用，如数字经济时代技术动能对农业的影响、新质生产力在推动共同富裕和城乡协调发展中的作用，以及传统产业向新型产业转型的过程，但关于新质生产力赋能乡村全面振兴的路径及影响效应研究较为薄弱。

**（二）调查研究的意义**

1. 现实意义

通过实地对目前乡村振兴的情况及新质生产力在农村的建设及使用情况进行调查，明确了农村发展的优势点与薄弱点，对农村生产力状况有了基本的认识和了解，这可以为后续合理分配资源，以精准加强薄弱点提供参考。以推动农村形成规模化和标准化生产，促进农业生产力发展由量变到质变，为实现农业农村现代化打下坚实基础。

2. 理论意义

首先，通过定性与定量化的研究，为新质生产力助力乡村全面振兴提供了证据，填补了现有文献以定性分析为主的空白。其次，以四川省的案例地为研究地点，总结其成功发展路径的同时也明确了目前发展中存在的薄弱点，这可以让其宝贵的成功经验在其他乡村得以借鉴，同时也明确了未来应该着力攻克的难题，及时让乡村调整结构，让更多的资源精准发力。

因此，本研究报告围绕两个问题展开：其一，新质生产力如何助力乡村全面

① 求是网.加快建设农业强国推进乡村振兴［EB/OL］.［2023-10-20］.http：//www.qstheory.cn/qshyjx/2023-10/20/c_1129927552.htm.
② 牢牢把握东北的重要使命 奋力谱写东北全面振兴新篇章［N］.人民日报，2023-09-10.

振兴，其具体路径有哪些。其二，村民对乡村全面振兴效果的感知是怎样的，乡村全面振兴如何影响村民的幸福感。本文重点关注新质生产力如何通过自身优势促进乡村高质量、可持续、绿色化发展。通过这些分析，旨在为乡村的全面振兴提供理论支持和实践指导，推动乡村经济与生态的协同发展。

# 二、相关概念与文献综述

## （一）相关概念

### 1. 新质生产力

2023 年 9 月，习近平总书记在黑龙江考察时首次提出"新质生产力"，此后又多次对新质生产力理论进行阐释。习近平总书记指出，新质生产力是创新起主导作用，摆脱传统经济增长方式、生产力发展路径，具有高科技、高效能、高质量特征，符合新发展理念的先进生产力质态。它由技术革命性突破、生产要素创新性配置、产业深度转型升级而催生，以劳动者、劳动资料、劳动对象及其优化组合的跃升为基本内涵，以全要素生产率大幅提升为核心标志，特点是创新，关键在质优，本质是先进生产力[①]。与传统生产力相比，新质生产力更加强调颠覆性技术突破、创新驱动发展、生产要素创新性配置和产业深度转型升级在推动社会发展中的核心作用。可见，新质生产力是新时代发展下以高科技、高效能和高质量为主要特征的先进生产力质态。

### 2. 乡村全面振兴

2018 年两会期间，习近平主席提出要推动乡村产业振兴、人才振兴、文化振兴、生态振兴和组织振兴。这五个振兴背后的含义是指要紧紧围绕"产业兴旺、生态宜居、乡风文明、治理有效、生活富裕"的振兴总要求去建设和发展乡村。这五个方面为乡村振兴指明了道路和方向，为实现农业强起来、农村美起来、农民富起来夯实了基石。

### 3. 主观幸福感

为研究乡村振兴的效应，在研究中引入了主观幸福感这一变量。主观幸福感是指评价者根据自定的标准对其生活质量的整体性评估，它是衡量个人生活

---

① 习近平在中共中央政治局第十一次集体学习时强调 加快发展新质生产力 扎实推进高质量发展[N]. 人民日报，2024-02-02.

质量的重要综合性心理指标①。乡村振兴的总要求是产业兴旺、生态宜居、乡风文明、治理有效、生活富裕，通俗来说就是要让村民感知到生活的变化，在乡村的生活过得更加幸福。目前，学术界认为主观幸福感包括生活满意度和情感体验两个基本元素，前者是个体对自身物质和精神生活质量所进行的总体认知评价，即总的来说，个体对个人生活是否满意所做出的评价；后者是指个体在生活中经历的短暂性、非稳定的情感体验，包括积极和消极两个方向上的情感体验②。由于本文研究的是乡村居民的主观幸福感，故选用生活满意度这个维度进行测量。

## （二）文献综述

2023 年 9 月，在新时代推动东北全面振兴座谈会上，习近平总书记首次提出了"新质生产力"这一概念③。同年 12 月，中央经济工作会议提出要以科技创新推动产业创新，发展新质生产力。由此开始，新质生产力开始进入大众视野，在学术界引发了热烈的讨论。但是由于"新质生产力"概念出现时间不长，所以目前关于新质生产力的研究仍然处于探索阶段。

经过文献的梳理可以发现，现有的文献多采用定性论述的方法聚焦研究新质生产力与乡村振兴的逻辑联系及实践路径。如张志飞认为通过技术创新、模式创新以及人才培养等多方面的综合赋能，为乡村产业发展带来了前所未有的新机遇④。李学林和刘美骅提出加快文化产业数字化转型升级、培养新质复合型人才、探索资源比较优势、拓宽文化产品供给渠道，以此助力乡村文化产业振兴迈向新征程开创新局面⑤。张震宇也提出新质生产力可以通过产业升级、农村发展、农民进步赋能数字乡村建设⑥。以上文献都是对乡村振兴的某一方面进行了研究，并没有站在乡村全面振兴的视角下，且没有使用量化的方法，总体来说，研究视角与方法较为单薄。鉴于以上研究空白，本文选取了乡村振兴发展较好的

---

① 严标宾，郑雪，邱林. 主观幸福感研究综述 [J]. 自然辩证法通讯，2004（2）：96-100+109-112.

② 白佳伟. 越自信，越幸福：经济自我效能感对农民主观幸福感的影响研究 [D]. 山西财经大学，2023.

③ 牢牢把握东北的重要使命　奋力谱写东北全面振兴新篇章 [N]. 人民日报，2023-09-10.

④ 张志飞. 新质生产力赋能乡村产业振兴：功能作用、现实困境与实践路径 [J]. 昆明理工大学学报（社会科学版），2024，1-10.

⑤ 李学林，刘美骅. 新质生产力助力乡村文化产业振兴：功能定位与路径选择 [J]. 陕西行政学院学报，2024，38（3）：109-114.

⑥ 张震宇. 新质生产力赋能数字乡村建设：转型逻辑与实施路径 [J]. 学术交流，2024（1）：93-107.

四川省战旗村、明月村和铁牛村，采用定性与定量相结合的研究方法，探究新质生产力是如何助力实现乡村全面振兴，以及探究乡村村民对乡村振兴效果的感知情况。

# 二、研究设计

## （一）研究案例地

本次研究地点选取了位于成都市的战旗村、明月村和铁牛村。在提出乡村振兴政策后，三个村庄积极利用本土优势，不断开发新业态、新模式，发展现代农业绿色产业，改善村民的居住环境，创建文明乡风，提高村民的收入水平等。这些举措取得了卓越的成效，让村民的钱包实实在在地鼓起来了。同时因其在产业、生态、村风、治理、环境、住房等方面有不凡的成绩和知名度，吸引了众多的参观学习者，战旗村也被四川省成都市评为新农村建设示范村；同样地，明月村也荣获了最美乡村、全国百佳乡村旅游目的地、全国乡村产业高质量发展十大典型案例等荣誉；铁牛村作为新兴的村庄，也在 2021 年获得了四川省乡村振兴示范村的名誉。由此，选取了以上三个地点作为研究地点，可以为正在建设的其他乡村的发展提供参考。

## （二）研究思路

基于前期对文献的梳理及对农村发展的思考，提出了报告主要研究的问题，在此基础上展开访谈问题和问卷的设计，并依次开展数据收集和分析工作，最后对结果进行了讨论，总结了发展中存在的问题并提出了相应的建议。调研思路如图 1 所示。

## （三）研究方法

本文运用结构化访谈和问卷调查两种方法进行研究。结构化访谈是通过预先设定的问题和指导性的访谈流程收集和分析数据。在结构化访谈中，研究人员使用预先做好的访谈提纲，引导性地将问题介绍给被访者。问卷调查是指通过制定详细周密的问卷，要求被调查者根据自身实际情况来回答问题以收集数据的方法。问卷测量内容借鉴陈志军和徐飞雄及 Sirgy 等文献资料。

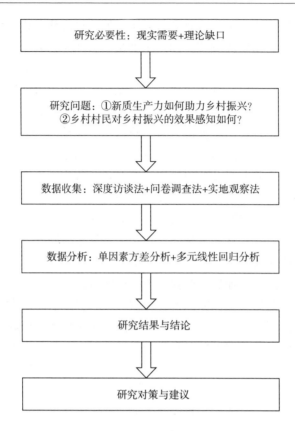

**图1 调研报告思路**

资料来源：笔者绘制。

# 四、调查研究结果

## （一）新质生产力助力乡村振兴的实现路径

传统生产力主要依赖于劳动者、劳动对象、劳动资料，劳动密集型特征明显，生产效率受到诸多物理条件限制，并往往伴随资源消耗大、环境污染严重等问题。相比之下，新质生产力以科技创新为核心动力，促使生产三要素发生深刻变革，在生产效率和资源利用方面都有极大的改进，为乡村振兴注入了新的发展动力，具体体现在其通过先进科技手段提升乡村产业的运营效率，帮助乡村企业优化资源配置，降低成本；同时运用大数据和人工智能技术，更加精准地分析人们的需求，提供精细化的服务；此外利用清洁能源和环保技术，减少对乡村环境的污染和破坏。因此，新质生产力的出现是适应当前时代背景、满足乡村发展需求的必然结果。本文基于结构化访谈的数据，对三个调研案例地区在乡村振兴方面进行分析，归纳出创新驱动、绿色转型和信息化应用三条路径。

1. 创新驱动路径

乡村要发展，离不开创新。创新是新质生产力中最活跃的因素也是乡村振兴的核心驱动力之一，在新质生产力中的"质"，就强调坚持创新驱动本质。所以要推动乡村的全面振兴，至少需要在观念、人才、技术、制度四个方面创新发展。

（1）观念创新。

观念的创新即要求农民转变思维，积极拓展多样化的业态和项目，以适应市场变化和消费者需求的多样化。战旗村早期以种植萝卜为主，而如今将萝卜做成各种口味的萝卜干，增加了经济附加值。明月村一直以种植柑橘和雷竹为主，以建设"明月国际陶艺村"为起点，走上了一条村民和艺术家共建乡村的发展道路，后期以"文创+农创"作为发展业态，不仅发展了传统农业，旅游业也得到了发展，形成了以旅游合作社为主体，文创产业为支撑，乡村旅游为载体的发展方式，让原本的贫困村变成如今的最美乡村。铁牛村的发展与明月村很相似，在之前，当地经济作物——耙耙柑是农民的主要收入，在一批又一批新村民到来后，铁牛村发展起了旅游业，办起了阿柑研学、阿柑节日和柑爸柑妈认养等体验活动，同时将耙耙柑做成果酒、巧克力和米花糖等，真正实现一二三产的联动。可见，村民在观念上发生重大改变后，收入来源的渠道明显增加了。

（2）人才创新。

人才作为可持续发展的关键所在，是乡村振兴的重要支撑。因此在乡村中要首先加强当地农业人才培养，完善农业教育体系，培养新型职业农民。在战旗村的乡村振兴培训学院，主要是专门为培养人才所修建的，通过邀请专业名师为村书记和农业职业经理人等讲授相关知识。在明月村的明月夜校，也会开展公益讲座，给当地村民进行培训。其次要吸引和激励更多外来人才投身农业农村事业，提高农民技能水平和综合素质。乡村要发展，必须有新鲜的血液进入，外来人才进入乡村无疑会带来新思想、新技术。就像明月村文旅公司朱会计所说的：引进的新村民带给村子的不仅是经济方面的，还有的是文化素质方面的；从村子中基础设施的完善到村民思想素质和教育水平的提升，明显地感知到外来人才的优势。在铁牛村的铁牛大讲堂中有一面人才墙，用来展示村子中的新老村民，其中50余位新村民都是各自领域的佼佼者，按照相关专业被分为了七个板块。铁牛村对于人才有很好的政策，除了补贴外，还有人才公寓可以入住，从安居、乐业到资金的支持，全方位支持和满足新村民。由此可见，村庄对外来的人才十分看重。

（3）技术创新。

技术的更新换代是乡村振兴过程中必不可少的。要推动农业科技创新，就要推广先进的农业技术，如智能农业、精准农业等，提高农业生产效率和质量。此外，还要加强农业科技成果转化，将科研成果转化为实际生产力，推动农业产业升级。在明月村，家家户户种植柑橘、雷竹和茶叶。在访谈时，村里的书记说：农户在种植时，采用了专用试纸、体温计来测量土壤的酸碱度和温度，提高了产物的产量和品质。铁牛村还推广生态种植，即不使用农药和化肥，回归土地原本的生长状态，还邀请了浦江县太和有机农业的技术负责人作为技术支持，参与生态种植的过程。

（4）制度创新。

制度方面的创新为乡村振兴提供了强有力的保障。无论是土地制度还是治理制度，都需致力打造新农村新面貌。如战旗村提出的土地经营八大管理模式，就将村庄的资源与集体经济搭建起来，使村集体有了稳定的收入；同时建立了《战旗村宅基地统筹管理办法》《村民资源有偿腾退办法》等制度。此外，明月村提出了宅基地置换和土地流转的制度，也建立了"一约四会""社区治理联席会议制度""1+1+3+N"专群联动的治理模式。铁牛村因常年使用传统的种植方式已经导致土壤受到了损害，为防止持续的损害，已经成立了村企联合体，且目前村里实行了"4343机制"，即政府负责4项事务，村上负责3项事务，社会组织负责3项事务。在该机制下，对村里所有资源进行整体规划后形成的农业、文创与文旅3个产业园区，实施整体建设和整体运营。

2. 绿色转型路径

新质生产力本身就是绿色生产力①。通过将富有绿色内涵的新质生产力运用到"美丽乡村"建设，使得具有生态文明意识、绿色低碳生活理念的新型职业农民成为生产主体，推动乡村发展的全面绿色转型，促进乡村资源高效利用②。在绿色转型中，主要有垃圾分类与回收、严格排污、生态种植等方式。

（1）垃圾分类与回收。

走进明月村和铁牛村，道路宽敞通达，村居美观整洁，还随处可见垃圾收集

---

① 加快发展新质生产力　扎实推进高质量发展［N］. 人民日报，2024-02-02.

② 陈健，张颖，王丹. 新质生产力赋能乡村全面振兴的要素机制与实践路径［J］. 经济纵横，2024（4）：29-38.

点。在这里，家家户户领取垃圾分类袋子，并进行一次分类，然后集中放置到垃圾收集处，再由专业环保人员进行二次分类、转运和处理。村民也对垃圾分类从心底里认可，明月村书记告诉调研人员：以前还要家家户户动员，现在大家都已经形成了良好习惯，村里面的男女老少都知道如何对垃圾分类。

（2）严格排污。

战旗村在发展中首先将村里原有的铸造厂、砖厂和复合肥厂等高能耗且对环境有污染的生产厂搬离或者关闭，以保证当地水资源的安全。在水资源保护区两边，不能办农家乐或者餐饮等有排放污水的经营性活动，始终坚持绿色、健康的发展理念，对当地的排污有更加严格的措施。

（3）生态种植。

铁牛村除了对垃圾进行分类归置，还推行种植生态柑橘，坚持用有机肥代替化肥，绿色防控代替化学防治，在不使用除草剂和化学肥料的情况下，恢复土壤本身的抵抗力。有机质的增加使土壤更能保水保肥，提高了土壤的微生物活性。这不仅遏制了长期过度使用化学肥料导致的土地退化问题，也增强了土壤对环境压力的适应能力和自我恢复力。同时，改善的土壤为农作物提供了更健康的生长环境，减少了病虫害的发生，降低了对农药的使用需求，这一连串的正面效应共同促进了区域环境质量的整体提升[1]。

3. 信息化应用路径

应用新质生产力可以通过信息化建设实现农业生产的数字化管理，提高农业生产效率和质量稳定性，降低人力物力成本等目标。包括推广电子商务平台、建设智能物流体系、实现农产品线上线下销售渠道的畅通以及加强对农民的信息培训提高信息素养和技术水平等措施[2]。乡村通过电子商务平台、智慧治理平台和便捷惠民平台可以实现产业数字化、管理高效化和应用便捷化。

（1）电子商务平台。

在电子商务平台的加持下，明月村村民可以直播卖农产品，村集体还开通了微商，将各类农产品加工物进行销售。铁牛村也有合作的厂商，这些厂商主要负责将加工好的产品在线上线下销售。铁牛村的丑美生活还开通了"丑美阿甘"的公众号，可以直接在公众号上直接购买各类农创产品。战旗村的各类小作坊也将其产品放在淘宝上销售。可见，从传统的批发、零售到如今的线上线下多平台协同发力，信息技术发挥了很大的作用。

① 杨琳琳. 乡村生态振兴背景下的农业绿色转型 [J]. 村委主任，2024（12）：109–111.

② 章刘成，常纪锋，尤婷婷. 新质生产力推进乡村振兴战略的理论逻辑与发展路径 [J]. 对外经贸，2024（4）：61–64.

（2）智慧治理平台。

在互联网时代，乡村的各项基础设施逐渐得到了完善，各种便民的数字化治理程序、软件开始进入了村民生活中。比如，战旗村采用腾讯开发的小程序"川善治"来发布重要消息，运用电子版公示栏的方式实现了信息的透明化，小程序中有政策宣传、各类村社活动、村民说事等板块，提升民众数字化生活水平的同时也加强了乡村的治理效率。

（3）便捷惠民平台。

随着基础设施的完善，各类线上的融资综合服务平台进入了乡村，这为村民在家门口实现各类金融服务提供了保障。在三个乡村，由地方金融监管局牵头的各类惠民服务站均已发展成熟，让当地的村民不用再跑去市里办理业务，同时定期的金融培训活动也让村民对线上办理业务越来越熟练，对于各类信息化软件的使用也更得心应手。

### （二）新质生产力助力乡村全面振兴效果

在深入探讨新质生产力对乡村全面振兴的影响时，问卷数据为调研团队提供了宝贵的第一手资料，这些数据反映了新质生产力在乡村的产业、人才、文化、生态及组织振兴五个维度的应用成效，本文通过分析问卷数据对新质生产力助力乡村全面振兴的效果进行评估。

1. 样本基本情况

在本次调研中，共收集 114 份问卷，删除了 13 份无效问卷，最终保留 101 份有效问卷，有效率为 88.6%。通过对受访群体性别、年龄、学历、身份、职业和工作单位性质来描述分析样本的基本情况。调查样本的基本情况如表 1 所示，明月村受访者最多，有 59 人；受访者女性占 60.4%，男性占 39.6%；受访者年龄主要分布在 51 岁及以上，占总受访群体的 50.5%；受访者学历主要为初中及以下，占 55.4%；受访者大部分受访者是未离开本地的居民，占 70.3%；职业主要是农民，占 39.6%；受访者绝大多数人是个体户，占比 74.3%；年收入中 3 万元以下最多，占比为 50.5%。

表 1　调查样本人口统计学信息　　　　　　　　　单位：%

| 变量 | 属性 | 频数 | 频率 |
|---|---|---|---|
| | 战旗村 | 23 | 22.8 |
| 来源地 | 明月村 | 59 | 58.4 |
| | 铁牛村 | 19 | 19.8 |

续表

| 变量 | 属性 | 频数 | 频率 |
|---|---|---|---|
| 性别 | 男 | 40 | 39.6 |
| | 女 | 61 | 60.4 |
| 年龄 | 20 岁及以下 | 4 | 4.0 |
| | 21~30 岁 | 13 | 12.9 |
| | 31~40 岁 | 17 | 16.8 |
| | 41~50 岁 | 16 | 15.8 |
| | 51 岁及以上 | 51 | 50.5 |
| 学历 | 初中及以下 | 56 | 55.4 |
| | 高中 | 19 | 18.8 |
| | 专科 | 13 | 12.9 |
| | 本科 | 11 | 10.9 |
| | 硕士及以上 | 2 | 2.0 |
| 身份 | 未离开本地的居民 | 71 | 70.3 |
| | 返乡居民 | 16 | 15.8 |
| | 外来居民 | 14 | 13.9 |
| 职业 | 企业所有者 | 6 | 5.9 |
| | 企业经营管理人员 | 15 | 14.9 |
| | 员工 | 18 | 17.8 |
| | 在校学生 | 4 | 4.0 |
| | 农民 | 40 | 39.6 |
| | 工人 | 2 | 2.0 |
| | 教育卫生科研人员 | 1 | 1.0 |
| 职业 | 退休人员 | 5 | 5.0 |
| | 其他 | 10 | 9.9 |
| 工作单位性质 | 村委会 | 2 | 2.0 |
| | 村办企业（合作社） | 3 | 3.0 |
| | 股份制企业 | 5 | 5.0 |
| | 个体户 | 75 | 74.3 |
| | 其他 | 16 | 15.8 |

续表

| 变量 | 属性 | 频数 | 频率 |
|---|---|---|---|
| 年总收入 | ≤30000 元 | 51 | 50.5 |
| | 30001~100000 元 | 29 | 28.7 |
| | 100001~200000 元 | 15 | 14.9 |
| | 200000 元以上 | 6 | 5.9 |

2. 乡村振兴实施效果对比分析

本文运用单因素方差分析方法，对三个调研地的乡村全面振兴成效进行评估（见表2）。

表2　三个调研地全面振兴差异分析表

| 变量 | 选项 | M | 平均值 | 标准偏差 | F | Sig |
|---|---|---|---|---|---|---|
| 产业振兴 | 战旗村 | 23 | 3.804 | 0.6865 | 1.826 | 0.166 |
| | 明月村 | 59 | 4.076 | 0.5932 | | |
| | 铁牛村 | 19 | 3.921 | 0.5073 | | |
| 人才振兴 | 战旗村 | 23 | 3.942 | 0.5090 | 0.738 | 0.738 |
| | 明月村 | 59 | 4.0734 | 0.5363 | | |
| | 铁牛村 | 19 | 4.1404 | 0.6509 | | |
| 文化振兴 | 战旗村 | 23 | 4 | 0.6030 | 0.952 | 0.390 |
| | 明月村 | 59 | 4.178 | 0.5474 | | |
| | 铁牛村 | 19 | 4.184 | 0.4776 | | |
| 生态振兴 | 战旗村 | 23 | 4.326 | 0.6144 | 0.516 | 0.599 |
| | 明月村 | 59 | 4.475 | 0.5755 | | |
| | 铁牛村 | 19 | 4.395 | 0.7184 | | |
| 组织振兴 | 战旗村 | 23 | 4.022 | 0.5108 | 0.035 | 0.966 |
| | 明月村 | 59 | 4.008 | 0.6331 | | |
| | 铁牛村 | 19 | 4.053 | 0.7618 | | |

依据表格结果，从整体来看，三个村庄在五个振兴方面的表现不尽相同。明月村在产业和生态方面的平均得分最高，这也说明当地在积极利用自身生态环境的优势，带动起各项产业的发展；产业与生态是相互依存、相互促进的，产业生态化和生态产业化必是乡村振兴之路上的重要途径。铁牛村在人才、文化和组织

三个方面的平均得分最高，这与当地实施的党建引领经济有关。正是其在党建方面的努力，推动着铁牛村的人才政策、文化传播和组织体系都更加完善，进而吸引了更多的"新村民"和"候鸟型新村民"的入住，让振兴之路更加宽阔。相比来看，战旗村的表现较为落后，其得分最高的是生态振兴，最低的是产业振兴；产业兴则百业兴，产业强则百业强，因此未来战旗村要抓住主要产业，解决发展劣势，带动其他方面协同发展，为全面振兴创造更多有利条件。

### （三）乡村全面振兴对村民主观幸福感的影响

随着乡村振兴战略的深入实施，各调研地区不仅在产业、人才、文化、生态和组织等方面取得了显著成效，更在无形中编织了一张幸福生活的网。在深入探讨乡村振兴实施效果的同时，我们也不应忽视乡村振兴给当地居民带来的幸福感，这是衡量乡村全面振兴成功与否的重要标尺。幸福感不仅关乎居民的物质生活改善，更涉及精神世界的富足与和谐社会的构建。本文通过对问卷数据进行分析来探讨乡村振兴给居民带来的幸福感效果。

1. 信度检验

报告使用 SPSS 26.0 软件进行信度检验，根据 Cronbach's α 系数判断问卷设计信度的高低。结果如表 3 所示，各变量的 Cronbach's α 值均高于 0.7，表明量表具有较好的信度。

表3　信度和效度检验结果

| 变量 | Cronbach's α | 因子载荷 | 组合信度 | 平均方差提取值 |
|---|---|---|---|---|
| 产业振兴 | 0.736 | 0.759 | 0.741 | 0.588 |
| | | 0.775 | | |
| 人才振兴 | 0.768 | 0.778 | 0.767 | 0.524 |
| | | 0.733 | | |
| | | 0.656 | | |
| 文化振兴 | 0.702 | 0.772 | 0.705 | 0.545 |
| | | 0.703 | | |
| 生态振兴 | 0.772 | 0.761 | 0.776 | 0.635 |
| | | 0.831 | | |
| 组织振兴 | 0.715 | 0.789 | 0.782 | 0.561 |
| | | 0.706 | | |

续表

| 变量 | Cronbach's α | 因子载荷 | 组合信度 | 平均方差提取值 |
|---|---|---|---|---|
| 主观幸福感 | 0.780 | 0.770<br>0.747<br>0.693 | 0.781 | 0.544 |

**2. 效度检验**

通过 Amos 软件对由产业振兴、人才振兴、文化振兴、生态振兴、组织振兴和主观幸福感 6 个变量构成的测量模型进行验证性因子分析。

结果显示因子载荷、组合信度（CR）和平均方差提取值（AVE）都超过了阈值，表明测量模型收敛效度良好（见表 4）。由表 4 中可知，整体模型的 $\chi^2/df=1.295$ 未超过 3；CFI、TLI 和 IFI 的值分别为 0.964、0.946 和 0.966，均高于 0.9；RMSEA=0.054，未超过可接受指标 0.08，说明拟合度较好，适合用于检验各个变量间的路径关系。

**表 4　模型拟合指数值**

| $\chi^2$ | df | $\chi^2/df$ | CFI | TLI | IFI | RMSEA |
|---|---|---|---|---|---|---|
| 80.259 | 62 | 1.295 | 0.964 | 0.946 | 0.966 | 0.054 |

**3. 回归分析**

以产业振兴、人才振兴、文化振兴、生态振兴和组织振兴作为自变量，主观幸福感作为因变量进行回归分析。表 5 中 F 值为 21.500，P 值小于 0.001，说明整体回归模型显著。模型 R 方为 0.531，说明乡村振兴的五个维度可以解释主观幸福感的 53.1% 的变化原因，D-W 值为 2.136，意味着没有自相关性，模型构建良好。

**表 5　乡村振兴与居民主观幸福感总体参数**

| R | R 方 | 调整后 R 方 | 标准估计的误差 | D-W | F | Sig. |
|---|---|---|---|---|---|---|
| 0.729a | 0.531 | 0.507 | 0.31594 | 2.136 | 21.500 | 0.000b |

由表 6 的数据分析结果显示乡村全面振兴的五个方面均对居民的主观幸福感产生了显著的正向影响。具体如下：

表6　对主观幸福感的回归模型

| 方面 | 未标准化系数 | | 标准化系数 | t | Sig. |
|---|---|---|---|---|---|
| | B | 标准误差 | β | | |
| 产业振兴 | 0.169 | 0.061 | 0.228 | 2.798 | 0.006 |
| 人才振兴 | 0.178 | 0.073 | 0.219 | 2.436 | 0.017 |
| 文化振兴 | 0.148 | 0.071 | 0.180 | 2.082 | 0.040 |
| 生态振兴 | 0.174 | 0.059 | 0.236 | 2.963 | 0.004 |
| 组织振兴 | 0.124 | 0.058 | 0.173 | 2.141 | 0.035 |

（1）产业振兴作为乡村振兴的经济基础，对村民幸福感有显著正向影响。这表明通过新质生产力带动了产业发展，经济上的繁荣为村民提供更多就业机会和收入来源，从而提升了他们的生活质量和主观幸福感。特别是当乡村地区能够依托自身资源，创新发展特色农业、乡村旅游、农产品深加工等多元化产业时，不仅能吸引外部投资，还能促进本地人才的回流，形成良性循环。

（2）人才振兴作为乡村振兴的智力支撑，对村民幸福感有显著正向影响。随着信息化水平的提高和技能培训的普及，乡村居民的技能水平和综合素质不断提高，他们在参与乡村振兴的过程中获得了更多的成就感和自我实现的机会。同时，外来高素质人才的引入也为乡村带来了新的发展理念和先进技术，进一步推动了乡村的全面发展，这种人才的聚集效应无疑增强了乡村的吸引力和居民的幸福感。

（3）文化振兴是乡村振兴的精神内核，对村民幸福感有显著正向影响。新质生产力促进了乡村文化的创新与发展。近年来，乡村开始探索与现代元素相结合的文化产品。例如，将传统手工艺与现代设计融合，创作出既具当地特色又符合市场需求的文创产品。文化产业的繁荣也促进了乡村文化的传承与保护，使乡村文化得以生生不息，也让乡村居民的精神世界得到了极大的丰富和满足。

（4）生态振兴是乡村振兴的绿色保障，对村民幸福感有显著正向影响。优美的生态环境是乡村的宝贵财富。通过新质生产力作用在绿色转型路径，各调研地加强生态环境保护，推进绿色发展，乡村居民不仅拥有了更加宜居的生活环境，还从生态旅游等绿色产业中获得了经济收益。这种生态与经济的双赢，无疑增强了居民对乡村未来的信心和幸福感。

（5）组织振兴是乡村振兴的制度保障，对村民幸福感有显著正向影响。调研地的基层组织能够在制度上进行创新，打破根深蒂固的旧制度和组织结构，有效整合乡村资源，并协调各方利益，使乡村居民能够参与公共事务。这种参与感和获得感，也是提升居民主观幸福感的重要因素。

综上所述，乡村振兴战略中的产业振兴、人才振兴、文化振兴、生态振兴和组织振兴五个维度相互关联、相互促进，共同构成了乡村发展的综合动力体系。这一体系不仅推动了乡村的全面振兴和可持续发展，还为乡村居民带来了实实在在的幸福感和获得感（见图2）。

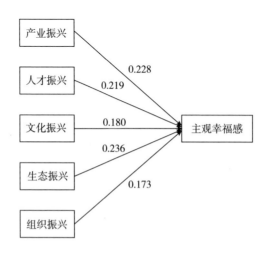

**图2 乡村振兴与主观幸福感之间的参数估计**

资料来源：笔者绘制。

# 五、研究结论

## （一）新质生产力助力乡村振兴的实现路径

新质生产力代表着先进生产力的发展方向，是对传统生产力的升级和超越，其通过创新驱动、绿色转型和信息化应用三条路径作用于乡村全面振兴，如图3所示。

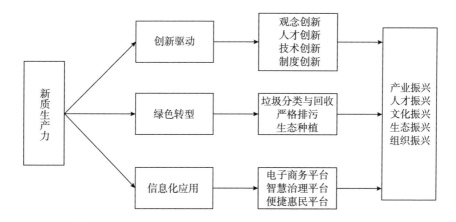

**图3　新质生产力助力乡村全面振兴实现路径**

资料来源：笔者绘制。

具体来说，新质生产力因其强调创新的本质，驱动乡村在观念、人才、技术和制度方面不断做出改变，通过不断引进新技术、新工艺和新模式，实现了对传统生产方式的根本性变革，为全面振兴提供了新型劳动者、新型劳动资料和新型劳动对象，进而延长乡村产业链条、提升生产技术提升、丰富产业业态和增加农产品附加值等。同时因其是绿色的生产力，注重绿色生态和可持续发展，通过垃圾分类与回收、严格排污、生态种植等措施，改变原有破坏自然环境的方式，以更加绿色和生态化的方式助力乡村发展，进而促进乡村的生态文明发展。在信息化应用方面，其借助大数据、人工智能等技术，建立电子商务平台、智慧治理平台和便捷惠民平台，逐步实现乡村生产与经营的全流程数字化管理，减少对人力资源的依赖，适应数字经济时代的需求。

综上所述，新质生产力可以实现各要素的高效协同和系统化整合，从而使得生产过程机械化、生产技术科学化、经营循环市场化、生产组织社会化、生产绩效高优化及劳动者智能化；促进传统农村经济从低技术、高投入的传统发展方式向高质量、低消耗、高效益的绿色发展方式转变，推动农村经济向集约化、精准化、智能化和数据化方向发展，为乡村全面振兴提供有力支撑。

**（二）新质生产力助力下的振兴效果**

创新是推动乡村振兴的核心引擎。在新质生产力的驱动下，乡村在观念—人才—技术—制度四个方面都发生了很大的变化。首先，现代农业技术、智能装备的使用，不仅让生产效率得到显著提升，而且产品质量也得到保障。同时具有创新思维和新技能人才的到来，给乡村带来了许多新理念，使新老村民共同推动乡村治理，促进了乡村文化的传承与创新。其次，制度上的创新则进一步巩固了乡村振兴的基石，制度让乡村组织体系更加完善，治理体系更加科学、民主和高效。创新路径让乡村的五个振兴都得到发展，让村民的幸福感得到提升。

绿色转型是新质生产力在乡村振兴中的又一亮点。随着环保意识的提高和绿色生产方式的推广，乡村生态环境得到了显著改善。新质生产力推动的垃圾分类、排污治理、生态农业和乡村旅游等，不仅保护了乡村的自然资源，还实现了经济效益与生态效益的双赢。这种绿色转型不仅提升了乡村居民的生活质量，也增强了他们的幸福感和获得感。

在信息化应用方面，通过电商平台和物流网络的完善，让农产品能够更便捷地走向市场，拓宽了农民的增收渠道。各种智慧治理平台的使用，实现了乡村治理智能化，信息透明化，从了解政策信息、参与村务管理到学习农业技术，都带来了极大的便利。另外，各类便捷惠民平台让乡村的基础设施得到发展的同时，也加强了村民的数字应用能力。可见，信息化应用从电子商务平台、智慧治理平台和便捷惠民平台三方面为村民出力。村民在享受数字红利的同时，也感受到了科技进步带来的便利和乐趣，从而提升了其幸福感。

综上所述，新质生产力在乡村振兴中发挥着至关重要的作用。它通过创新驱动、绿色转型和信息化应用三条路径，推动了乡村的全面振兴和可持续发展。在乡村振兴的五个维度中，新质生产力都扮演着重要角色，为乡村居民带来了实实在在的幸福感和获得感。未来，随着新质生产力的不断发展和应用，乡村发展的道路将更加宽广和光明。

### （三）新质生产力助力乡村全面振兴中面临的挑战

尽管新质生产力在推动乡村全面振兴中展现出了巨大的潜力和价值，但在实践过程中，仍面临着一系列障碍与挑战，这些障碍不容忽视，需要我们深入剖析并寻求解决之道。

#### 1. 人才缺口较大

乡村振兴的关键在于人才振兴。随着现代农业的发展和乡村产业的转型升级，对具备现代农业技术、市场营销、电子商务等多元技能的人才需求日益迫切。然而，从整体来说，这类人才在乡村地区相对匮乏，无法满足乡村产业转型发展的需求。就案例地来说，虽然在明月村和铁牛村中，人才资源较为丰富，但长期来看，对于保留高素质人才方面，仍有较多挑战，如外来人才的工作问题、未来的教育问题等将成为保留人才过程中面临的一大关卡，而往往乡村在发展初期或中期，很难很快解决人才的各项所需，这会导致人才流失，加剧缺口变大。

2. 农业技术薄弱

科技是现代农业的重要支撑。相对来说，乡村基础设施建设相对落后，基于智能遥感、大数据、云平台等的数字农业技术创新发展与应用滞后，科技创新在赋能农业产业保值增值方面还存在不足。同时目前的农业技术推广体系尚不健全，一方面，村民对新技术、新成果的接受程度和应用能力有限，往往因为缺乏必要的培训和指导而无法及时应用新技术；另一方面，农业技术的推广人员多数因为缺乏专业的农业技术知识和实践经验，影响了推广效果，无法及时对农民的需求做出解答。这就导致乡村的技术品更新速度较慢，村民对新技术的了解不足，影响了生产效率。

3. 产业联动不强

多数乡村地区在学习一二三产业联动的模式，努力延长当地的产业链条，但因为资源配置不合理和优化不足等问题，难以建立可持续的发展模式，最终使各个产业之间的联动性不强，造成资源的浪费。就三个案例地来说，它们都有制造业和旅游业，但需要关注的是它们的第一产业依然是农业，各项资源首先分配给了农业，很明显的是在战旗村产业联动性不强，当地农业与旅游业没有合作，村民对旅游业不太了解，因此像生态旅游、采摘旅游等形式基本上没有发展起来，目前的旅游业依然是观光、游览和住宿等传统形式。相比明月村和铁牛村，旅游业的新兴模式较多，如明月村的体验式旅游，游客参与陶艺制作和茶叶、瓜果采摘；铁牛村除了有体验式旅游外，还将各类文创产品与农业要素相结合，生动展示当地农耕文化。但从整体来看，产业联动依然不是紧密连贯的。

# 六、政策建议

## （一）外引内培人才

首先需要健全农村地区的人才激励机制，提供具有吸引力的薪资待遇、发展空间和生活条件，以吸引和留住人才。其次加强农村地区的教育和培训，提升本地人才的技术水平和综合素质，特别是要加强对专业大户、家庭农场、农民合作社、农业龙头企业等新型农业经营主体的培训，争取培养出既懂人工智能又精通农业知识的复合型人才，为乡村振兴提供坚实的人才保障。通过外引内培的措施，相信未来乡村会有更多的智力支持，全面振兴的道路也会越来越平坦。

### （二）加强农业技术的推广与应用

首先，提升农村地区的信息化、网络化水平，为新技术推广提供基础支撑；同时，还需对农民展开培训，从观念上和思想上提升农户的认知，改变传统低效率的劳作方式，提高农民对新技术的接受能力和应用能力。其次，需要加快推广无人机、智能化机械等设备，普及农机的智能化操作和管理，让更多便捷化的机器应用在农业中，以实现农业生产过程的自动化和精细化管理。最后，对于农业技术的推广人员也需要进行相关知识的培训，当掌握农业技术的人员越多时，农民的相关问题也会得到更好的解答。这样，各类新型农业技术在乡村应用的比例和范围会逐步增加。

### （三）加强产业之间的联动

首先，对于乡村来说，要抓住主要产业，促进传统乡村产业与其他产业融合协同发展，实现产业结构合理化。就我国来说，大部分乡村依然是农业为主，这就需要先保证农业的稳定，然后将农业、旅游业、手工业等逐步地融合，不可操之过急和随意模仿。其次，产业之间的联动是与人才、技术、资金等资源密切相关的，只有各项资源在线，产业之间的联动才会持续，所以外来资源也是非常重要的，缺少了哪一项资源，产业链就会出现不连贯甚至断裂的现象。最后，乡村要打造出自己的特色品牌，利用品牌的力量，会让乡村的各个产业相互依赖，而不仅仅是以农业为主要生产力，去补足其他产业的缺口。同时品牌可以传播乡村文化，提升乡村知名度，为一二三产业持续的发展提供保障。

综上所述，未来应通过加强人才、技术和产业等农村薄弱问题，让新质生产力在乡村释放更大的动能，让乡村实现更高质量的发展。

# 集体经济赋能乡村振兴

## ——以榆林市吴堡县乡镇为例

李宗欣　董欣灿　张嘉芸　杨蕾　王玺　潘俞辰　朱泽同<sup></sup>

**摘要：**为推进中国式现代化建设，缩小贫富差距，实现共同富裕，在党中央的号召下，各地方以乡村振兴战略为指引，充分发挥自身资源禀赋优势，积极探索独具特色的致富之路。本文围绕榆林市吴堡县的集体经济赋能乡村振兴展开研究。首先，概述吴堡县特色产业的发展现状，分析青梨、桑蚕、空心挂面以及文化生态旅游等关键产业对经济增长的推动作用。其次，从集体经济、文旅产业融合等视角总结吴堡县乡村振兴的成功经验，当地政府不仅大力发展集体经济，而且积极推动数字乡村建设。与此同时，主动开发旅游扶贫项目，将文化旅游、生态治理与产业发展有机融合，从而全面促进了乡村振兴。最后，分析吴堡县在未来乡村振兴工作中可能面临的挑战，并从人才振兴、产业链延长、文旅深度融合、数智平台建设等方面提出对策建议。

**关键词：**乡村振兴；集体经济；旅游扶贫

# 一、引言

## （一）研究背景

民族要复兴，乡村必振兴。习近平总书记在党的二十大报告中指出，全面建设社会主义现代化国家，最艰巨最繁重的任务仍然在农村。陕西省榆林市吴

---

\* 李宗欣，西北大学经济管理学院教授；董欣灿、张嘉芸、杨蕾、王玺、潘俞辰、朱泽同，西北大学经济管理学院本科生。

堡县，深藏在陕北黄土高原的褶皱中，曾是深度贫困的代名词。在乡村振兴战略的指导下，该县将产业发展作为乡村振兴的头等大事，依托独特的资源禀赋，通过发展智慧农业、生态文化旅游、电商卖货等产业形态，拓宽农民的增收渠道，促进农村产业结构的优化升级，形成以生态赋能产业、产业保护生态的协同驱动模式，最终在 2019 年实现脱贫摘帽。特别地，该县积极推进农村"三变"改革，提出了以集体经济为基础的农村经济发展模式，在实施中，当地政府制定了科学具体的发展规划，并以此为基础做出了详细的部署和战略投资，实现了集体经营性收入的新突破，显著推动了当地产业的发展，提高了农民的收入。

### （二）研究意义

本文以吴堡县乡村振兴发展现状和采取的具体措施为研究对象，一方面探索集体经济发展模式促进当地第一、第二产业发展的内在机理；另一方面探究该县挖掘当地特色文化资源并将其融入第三产业发展的路径方法。通过对吴堡县乡村振兴工作的深入调查和研究，不仅能够挖掘出吴堡县在未来发展中面临的挑战并为其开展下一步工作提出建议，而且可以总结、提炼出可复制、可推广的经验模式，为其他资源禀赋类似地区的乡村振兴工作提供有益的借鉴和参考。

### （三）研究方法

本文综合采用文献研究法、访谈法、问卷调查法和归纳法。文献研究法主要是借助知网等平台，收集并整理乡村振兴、集体经济、集体经济赋能乡村振兴相关文献资料，为后续调查研究奠定基础。访谈法则是本次调研采用的主要方法，本文围绕调研目的有针对性地设计了访谈内容，通过对政府工作人员、驻村干部等人员进行面对面地访谈，获取了不同人群对吴堡县乡村振兴具体举措以及实施效果的观点和建议。问卷调查法主要用于调研老人对养老院设置的满意度及看法，能够有效反映出吴堡县养老院的建设水平。归纳法则是在深入剖析辛家沟镇李家河村、深砭墕村、张家山镇寺沟村和辛庄村、岔上镇、宋家川街道达连坡村等村镇在乡村振兴方面的成功做法，归纳出具有可复制性的宝贵经验。具体的研究思路如图 1 所示。

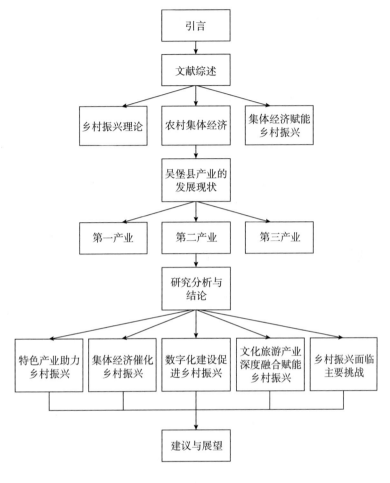

**图 1  研究思路**

资料来源：笔者绘制。

# 二、文献综述

## （一）乡村振兴相关文献综述

乡村振兴包括产业振兴、人才振兴、文化振兴、生态振兴以及组织振兴等多个方面。实施乡村振兴战略，是党的十九大报告作出的重大决策部署，是决胜全面建成小康社会、全面建设社会主义现代化国家的重大历史任务，是新时代"三农"工作的总抓手。与此同时，学术界对此也十分关注。李桂英（2021）以产业化发展规划、政府支持、特色产业集聚效应、农业产业化联合体等为重点，对提高农村产业化发展水平、推动乡村振兴的对策进行了讨论。吴垠和张琳琳（2021）将沧州市县域特色产业作为研究对象，指出要在适合当地特色和优势的产业上，发展特色产业链、形成特色产业集群，实现县域特色产业的升级，全面推进乡村振兴。综合乡村振兴相关文献不难发现，乡村振兴离不开产业振兴，只有加强产业建设和发展，才能实现乡村的全面振兴和可持续发展。

### （二）农村集体经济相关文献综述

集体经济是指生产资料归一部分劳动者共同占有和支配的一种经济形式，葛扬（2018）提出其在生产资料和经营管理等方面体现出共有性和自主性等特点。需要特别说明的是，发展农村集体经济是全面推进乡村振兴的重要基础。在脱贫与振兴衔接层面，农村集体经济的发展壮大为推动脱贫攻坚与乡村振兴有效衔接奠定了坚实的经济与社会基础。在促进共同富裕层面，发展农村集体经济做大了农民集体的"蛋糕"，是实现共同富裕的物质保障。从综合层面来看，发展农村集体经济对于巩固基本经营制度、提升基层治理能力、落实乡村振兴战略具有重要促进作用。

### （三）集体经济赋能乡村振兴相关文献综述

《国家乡村振兴战略规划（2018—2022年）》中指出集体经济是实现新农村长期发展的必由之路，是推动乡村集体不断壮大的动力之源，它的发展对于深化农村产权制度改革，推进城乡融合，实现中国经济的全面振兴具有重要意义。发展农村集体经济不仅能提升基层党组织的凝聚力和创造力，而且能促进农村产业发展，提升农村经济市场竞争力，为乡村整体经济的提高打下了坚实的基础。龚晨（2020）通过对新型农村集体经济与乡村振兴战略实施之间的关系进行分析，发现充分发挥好发展壮大新型农村集体经济对走好习近平新时代中国特色社会主义乡村全面振兴之路的优势作用，全面把握好实施乡村振兴战略与发展壮大新型农村集体经济的内在关联意义重大。杨博文和牟欣欣（2020）研究了在新时代下，农村集体经济发展和乡村振兴的理论机制、现实困境和突破途径，并提出了通过规模化生产、释放劳动力推动城镇化等方面来推动乡村振兴。因此，在实施乡村振兴战略的过程中，相关部门要因地制宜地发展集体经济，让农民更多地、更积极地参加到集体经济的发展当中。

# 三、吴堡县产业的发展现状

　　乡村振兴的关键是产业振兴，因此本节重点研究吴堡县产业的发展现状。近年来，吴堡县的产业发展呈现稳步增长的趋势，即使受到了新冠疫情的影响，吴堡县的地区生产总值在 2019~2023 年持续增加。2023 年全县实现地区生产总值 35.96 亿元，比上年增长 5.3%。具体的生产总值和增长率如图 2 所示。

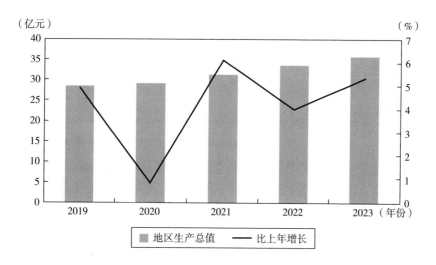

**图 2　2019~2023 年吴堡县生产总值及增长速度**
资料来源：吴堡县 2023 年国民经济和社会发展统计公报。

　　产业结构方面，吴堡县的第三产业占生产总值的比重最大，约为 60%，其次是第一产业。2023 年，吴堡县第一产业的增加值为 7.34 亿元，增长 3.9%，占生产总值的比重为 20.4%。第二产业的增加值为 6.72 亿元，增长 27.8%，占生产总值的比重为 18.7%，第三产业的增加值为 21.91 亿元，增长 0.8%，占生产总值的比重为 60.9%。按常住人口计算，人均地区生产总值为 72969 元。2019~2023 年各产业增加值占生产总值增加值的比重信息如图 3 所示。

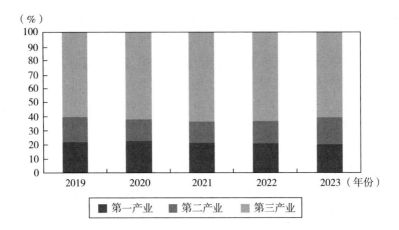

**图3  2019~2023 年各产业增加值占生产总值增加值的比重**

资料来源：吴堡县 2023 年国民经济和社会发展统计公报。

### (一) 第一产业发展现状

近年来，吴堡县充分发挥资源禀赋优势，大力发展以青梨、桑蚕为主的县域特色富民产业，制定出台多项特色产业的规划意见和补助政策，推动全县青梨栽植面积达 8000 余亩，盛果期亩均收益可达 3 万元以上。与此同时，桑蚕年养殖 1100 余张，蚕茧及蚕丝制品年产值达 1140 万元。所有这些都较为显著地增加了村民的收入。

*1. 青梨产业发展现状*

吴堡县充分利用黄土高原的日照时间长等自然条件，大力推行青梨果树的种植，并出台青梨产业高质量发展实施意见。按照"建基地、强链条、树精品、育人才"的思路，采取"龙头企业+合作社+农户"的运行管理模式，吴堡县全力打造青梨这一特色产业。截至目前，全县共建成标准化青梨示范园 1 万余亩，相关配套仓储链、分选链、服务链持续完善，已挂果面积高达 1000 余亩，平均亩产 4000 斤左右，市场价格每斤 7 元，精选包装单颗 10 元，亩均收益近 3 万元。通过对当地政府进行访谈，得知吴堡县青梨的年总产量在 2026 年可以达到 0.8 万吨，年产值可以突破 1.2 亿元。待新栽种青梨果树全部挂果后，年总产量可以达到 2 万吨以上，年产值预计超过 3 亿元。青梨已经成为支撑吴堡县乡村全面振兴、带动农民增收致富的"拳头产业"。

*2. 桑蚕产业发展现状*

吴堡自古以来就有种桑养蚕的传统，桑树品种以"吴堡桑"为主，具有耐瘠、耐旱、抗病、稳产、叶优的特点，2021 年吴堡桑蚕茧获得国家农产品地理标志认证。作为吴堡县规模最大的蚕桑产业基地，寇家塬镇通过蚕种企业技术支持、农业专家技术指导等方式，为养蚕农户提供从选种到培育的一条龙服务。2022 年，寇家塬镇建成了一座高标准、现代化的小蚕共育室，集中培育一龄蚕、二龄蚕、三龄蚕，智能小蚕共育室饲养的小蚕，每个环节都严格按照技术操作规程操作，待到三龄期结束，再发给蚕农饲养。这种小蚕共育的方式有效节省了成本、提高蚕茧产量。从 2020 年到 2023 年，寇家塬镇的蚕农从 137 户增加到 235 户，蚕茧年产量从 429 张增加到 882 张，综合经济效益已超过 600 万元。目前，吴堡县共有蚕园面积 2.3 万亩，年产优质桑茧 200 余吨。通过访谈得知，为了让桑蚕产业更好地发挥带动群众致富的作用，吴堡县积极改造现有桑园，新建标准化桑园，聘请专业技术人员指导，加大补贴力度，鼓励农企进行桑蚕产业的深度开发，应用新品种、新技术和先进工具，促进科技成果转化，有效提升蚕茧质量，靠品牌拓市场，向品牌要效益，打造蚕桑养殖产业链走好富民增收新"丝"路。

### （二）第二产业发展现状

空心挂面是吴堡县的另一张名片，曾登上舌尖上的中国，被列为陕西省非物质文化遗产名录。它在吴堡县乡村振兴中也发挥着非常重要的作用。近年来，吴堡县制定了《吴堡手工空心挂面产品加工标准》，构建"们吴堡"区域公共品牌体系，打造"品牌+标准化+企业+农户"发展模式，推动挂面产业提质增效。为解决挂面产业整体体量小、辐射范围窄、产业链不长等问题，吴堡县从空心挂面产业园建设、手工空心挂面非遗文化产业园改造提升、空心挂面设备研发试制及设备采购等各项工作，全力推动空心挂面全产业链建设。值得一提的是，"挂面哥"品牌创始人郭荣亮早在 2010 年就在网上销售空心挂面，是空心挂面"触网"的先行者。他信奉老手艺虽好，但是和时代接轨才能走得更远的理念，不仅实现了标准化的流水线生产，而且保留了传统的手工挂面的口感。截至 2023 年底，吴堡县共有挂面加工企业 12 家，开发出原味挂面、蔬菜挂面（菠菜、胡萝卜、西红柿、芹菜）、杂粮挂面（高粱、荞麦、苦荞、藜麦）、养生挂面（山药、艾草、魔芋、燕麦）等四大类数十种产品，全县挂面总产量达到 7000 吨，实现总产值 1 亿元，客户遍布陕西、浙江、深圳、上海等地。此外，空心挂面产业园将从原料—生产—物流—销售全产业链体系，有效补齐产品研发、品牌打造、市场营销和物流配送等方面的短板。通过访谈得知，今年吴堡县新增挂面产能 1.2 万吨，产值有望突破 2 亿元。到 2026 年，全县挂面产能将达到 2.5 万吨左右，年产值超过 4 亿元。空心挂面已经成为助力吴堡县乡村全面振兴、助推吴堡县经济高质量发展的"实心"产业。

### (三) 第三产业发展现状

#### 1. 第三产业对经济增长的贡献

第三产业在吴堡县的经济发展中占据着重要地位。根据吴堡县官方网站上的数据（见表1），2023 年吴堡县的地区生产总值为 35.96 亿元，其中第三产业增加值 21.91 亿元，增速为 0.8%。预期在 2024 年和 2025 年，吴堡县第三产业增加值分别为 23.53 亿元和 25.47 亿元，占比持续稳定在 60% 左右。与此同时，城镇和农村居民收入水平持续稳定增加。作为第三产业的重要组成部分，吴堡县的旅游业在乡村振兴中也发挥着重要的作用。

**表 1　县域经济高质量发展三年行动主要指标**

| 指标名称 | 2023 年 | | 2024 年 | | 2025 年 | |
|---|---|---|---|---|---|---|
| | 绝对量 | 增速（%） | 绝对量 | 增速（%） | 绝对量 | 增速（%） |
| 地区生产总值（亿元） | 35.96 | 5.3 | 38.86 | 7.0 | 43.76 | 8.0 |
| 第一产业增加值（亿元） | 7.34 | 3.9 | 7.6 | 4.5 | 7.7 | 4.5 |
| 第二产业增加值（亿元） | 6.72 | 27.8 | 7.73 | 11.2 | 10.59 | 25.0 |
| 工业增加值（亿元） | 5.02 | 10.5 | 5.5 | 15 | 8 | 20 |
| 第三产业增加值（亿元） | 21.91 | 0.8 | 23.53 | 5.9 | 25.47 | 7.0 |
| 人均地区生产总值（元） | 72209 | 16 | 78189 | 8.3 | 84024 | 7.5 |
| 非公有制经济增加值占地区生产总值比重（%） | 50 | — | 50.5 | — | 51 | — |
| 固定资产投资（亿元） | 20.82 | 0.9 | 31.23 | 5 | 37.5 | 20 |
| 社会消费品零售总额（亿元） | 15.5 | 6.3 | 16.6 | 7.0 | 18.0 | 8.4 |
| 规模以上工业总产值（亿元） | 2.92 | -4.3 | 4 | 37.0 | 8 | 100.00 |
| 居民人均可支配收入（元） | 23718 | 8.7 | 25665 | 8.2 | 27865 | 8.6 |
| 城镇居民人均可支配收入（元） | 35143 | 6.5 | 37252 | 6 | 39487 | 6 |
| 农村居民人均可支配收入（元） | 14557 | 8.8 | 15794 | 8.5 | 17137 | 8.5 |
| 招商引资实际到位资金（亿元） | 5.4 | 50 | 6.4 | 12 | 7.7 | 12 |

资料来源：吴堡县人民政府官方网站。

#### 2. 旅游增收入与促就业现状

吴堡县通过发展旅游业为当地贫困人员提供了大量工作岗位，其中包括聋哑人等特殊群体的就业机会。具体来说，吴堡县通过实施旅游扶贫项目，如建设乡村旅游示范村等举措，为贫困农民提供了稳定的收入来源，生活条件得到了显著改善，目前已经实现整个县城的脱贫摘帽。与此同时，吴堡县旅游业的发展还带动了相关产业链的延伸，如餐饮、住宿和交通为更多贫困人员提供了就业机会，亲子采摘、空心挂面制作深度体验等旅游项目进一步扩大了青梨和空心挂面产业的知名度和影响力。通过旅游扶贫项目的实施，吴堡县不仅提升了当地居民的生活水平，而且促进了乡村经济的多元化发展，为实现乡村振兴奠定了坚实基础。2023 年，全县社会消费品零售总额 15.5 亿元，与 2022 年相比增长 6.3%，其中餐饮收入 1.44 亿元，增长率高达 25.8%，这表明旅游业对当地经济的贡献在不断增加。

3. 乡村旅游助力生态振兴

吴堡县在大力发展旅游业的同时特别注重对生态环境和人居环境的保护和改善。东渡黄河作为吴堡县的标志性景点之一，通过沿黄带提升打造绿化工程，规划修复总面积约 4795.71 亩，不仅为游客提供了更加优美的景观，而且有效防止了水土流失，保护了黄河河道。此外，吴堡县还实施了一系列的生态保护和修复项目，如古城路崩塌地质灾害治理、河道综合治理等，以建设"最美沿黄公路"生态景观为总牵引，推进全域国土绿化。所有这些工作不仅为旅游业的发展奠定了良好的基础，而且显著提升了吴堡县的生态环境质量，从而极大促进了生态振兴。与此同时，吴堡县居民的人居环境也得到了显著改善。例如，深砭墕村大力开展人居环境整治工作，发展庭院经济，村容村貌得到显著改善，村民的幸福感和生活质量有了明显提升。该村探索出"十位一体"模式，新建了水冲厕所和污水处理站，同时推动了村庄的绿化美化，使村庄环境更加干净整洁。在日常人居环境管理方面，村民的住宅环境卫生由各农户自行负责，公共场所环境卫生由村保洁员负责。

### （四）数字乡村发展现状

吴堡县在大力发展三大产业以实现乡村振兴的同时，数字化也发挥着积极作用，典型的案例是李家河村。该村打造了全市首家中国移动"数字乡村"综合服务平台，率先实现数字化农业和数字化管理，相关做法和成果被媒体争先报道，为全县"数字"赋能乡村振兴探索出可复制的"李家河模式"。李家河村的数字乡村建设主要体现三个方面。第一，在温棚里安装 24 个智慧小喇叭，随时监测大棚里的日照、温度和湿度。与在日光温室大棚里工作的村民李改生交谈得知，他以前总是掌握不好棚里的温度，现在手机上下载了数字乡村 App，随时随地都可以查看棚内温度，从而可以及时地做出准确的响应。第二，借助"数字乡村"综合服务平台，推进公共安全视频监控建设。该村在主要道路口、事故多发区域、农业大棚等位置安装高清摄像头 80 余个，通过平台全天候、立体式地进行实时直播展示，不仅可以防盗防损，而且可以预防老人和小孩发生意外，从而实现了乡村数字化的高效治理，村民的获得感、幸福感、安全感持续提升。第三，构建智慧健康养老体系。该村为高龄人群、智力或精神存在缺陷的人群免费发放智能监测手环。手环可以测量体温、血压、心率等信息，测量结果可以通过网络自动上传相关平台，从而为老人提供全天候智能保护服务。

通过数字乡村建设，李家河村实现了农业生产管理的智能化和乡村治理的数字化，从而显著节省了人力和物力成本，降低了用工支出，促进了农业产业的增收与增效。与此同时，数字乡村的建设为养老服务的智慧化提供了强有力的保障，显著提升了村民的获得感、幸福感和安全感，增强了乡村社会的和谐与稳定。这种经济与社会效益的双重提升，为乡村振兴战略的深入实施提供了有力支撑和示范效应。

# 四、研究分析与结论

绿意盎然的黄土高原、干净整洁的村容村貌、忠诚担当的干部队伍、欢声笑语的幸福小院，不仅反映了吴堡县在脱贫攻坚战中的胜利成果，而且展示了其在乡村振兴方面取得的重大成就。多元化的产业结构（青梨、挂面厂、养殖场等）、集体化的经营模式、生态循环的发展模式，构成吴堡县从脱贫到振兴的关键密钥。与此同时，在乡村振兴工作中，吴堡县也面临着一些障碍，以下从该县乡村振兴工作的成功经验和面临挑战两个方面进行论述。

## （一）特色产业助力乡村振兴

"一青二白"是吴堡县的主要产业，"一青"是青梨，"二白"是空心挂面和蚕桑。这些产业不仅具有鲜明的地域特色，而且通过精细化管理和品牌化经营，产品的附加值和市场竞争力均得到了显著提升，从而为当地产业的发展持续注入活力。为了进一步提升产业的竞争力，吴堡县政府与高校、科研院所开展深度合作，积极进行科技创新和成果转化，这不仅为吴堡县引入了先进的技术和管理方法，而且在提高产量的同时改善了品质，从而为特色产业的可持续发展提供了强有力的支持。此外，吴堡县积极开展高素质农民培训和致富带头人培训。通过这些培训项目，一大批农民学习到了新知识和新技能，成为既掌握农业生产技术又精于产业经营管理的复合型人才，他们为吴堡县产业结构的进一步优化和升级提供了坚实的人力资源保障。这些举措丰富了吴堡县的产业结构，为农民开拓了多元化的增收途径，使农民收入稳步增长，民生持续得以改善，乡村振兴工作取得显著成效。

### （二）集体经济催化乡村振兴

吴堡县乡村振兴的成果离不开当地特色产业的蓬勃发展，以集体经济为主的发展模式在吴堡县青梨、挂面等产业的发展中展现出强大的催化作用。集体经济是在乡镇政府的指导下，由当地"能人"带动，联合相关企业代为管理和经营土地。一方面，企业对土地的治理水平更高，这有利于实现单位土地生产效益的最大化。另一方面，土地集约化生产对土地增收有显著的促进作用，从而使土地的整体收入提高。在集体经济的发展模式下，村民提供土地的经营权，并在实际生产过程中提供一定的劳动力，收入来源从自产自销的单一收入渠道转变为以集体经济分红为主，个人劳动所得等其他收入为辅的多元化收入渠道，成功实现个体收入增加。实际上，吴堡县李家河、辛庄和达连坡等示范村均通过集体经济发展模式实现了村民收入的增加，巩固了脱贫攻坚的成果，提高了人民的生活水平。

### （三）数字化建设促进乡村振兴

吴堡县充分利用现代信息技术提升农业生产效率和乡村治理水平，通过建设"数字乡村"综合服务平台，推动农业与信息技术的深度融合，带动乡村治理能力的提升，从而促进了乡村振兴战略的深入实施。吴堡县积极响应乡村振兴战略，全面推动农村5G网络建设，如李家河村率先开通了农村5G基站，建立了全县首个数字乡村综合服务平台，整合了智慧党建、数字农业、平安乡村、便民服务、应急指挥等功能，提升了乡村治理的数字化水平。与此同时，李家河村通过建设智慧大棚显著提高了农业生产的智能化水平。智慧果园的建设，实现了土壤、病虫灾害监测、智慧灌溉、施肥等自动化控制。通过数字化技术的应用，农业生产更加智能化，企业经营更加网络化，乡村治理水平更加现代化，吴堡县探索出了"支部搭台协调、村组具体推进、各方稳定受益"的数字赋能乡村振兴新模式。

### （四）文化—旅游—产业深度融合赋能乡村振兴

吴堡县依托当地丰富的文化资源和自然资源禀赋，将旅游业作为带动当地经济发展的一大动力，并将旅游业的发展与当地文化和产业深度融合，营造了"文化—旅游—产业"三位一体共同发展的良好态势，为吴堡县实现乡村振兴提供了坚实的发展基础。东渡黄河景区通过讲述毛泽东东渡黄河故事，向游客展现了吴堡深厚的红色文化底蕴。柳青文化园通过介绍作家柳青，让游客感受到黄土高原人民作家"接地气"的精神。吴堡石城作为"华夏第一石城"，以石城为载体向游客展示传统武备文化。赓续红色传统，坚定文化自信，吴堡县旅游业的发展离不开当地深厚的文化基础，同时，旅游业发展也吸引更多人来了解吴堡、走进吴堡、探索吴堡，旅游业与当地文化深度融合，吴堡县旅游产业的发展让当地文化熠熠生辉，让中国故事深入人心。

除此以外，吴堡县积极响应乡村振兴战略，巧妙地将旅游与当地特色产业有机融合，打造了一系列独具特色的旅游线路，盘龙古镇挂面产业园区的建立让游客身临其境体验挂面从面团到餐桌的过程，交互式体验增加游客参与度的同时提高了当地挂面产业的知名度。为拓宽居民收入来源，提高居民收入水平，当地多个村庄都纷纷建立起采摘基地，采摘基地依托当地自然禀赋，向游客展示现代化农业发展状况，吴堡县一方面通过采摘体验实现旅游增收，另一方面反向拉动该产业发展，为该产业高效高质发展提供动力。旅游业与产业深度融合，实现二者协同发展，为当地经济提供了强有力的支撑。

游客在享受自然风光的同时，也能深度体验丰富多彩的活动，使旅行成为文化的探索、味蕾的盛宴、心灵的洗礼。通过多方发力、形成合力，吴堡县实现了"文化—旅游—产业"深度融合，不仅打赢了脱贫"攻坚战"，而且写好了乡村振兴"大文章"。

### （五）吴堡县乡村振兴面临的主要挑战

吴堡县乡村振兴工作取得了诸多成绩，但仍面临一些挑战。首先，作为当地特色的青梨产业仍有巨大发展潜力和上升空间。青梨产业对当地经济发展的推动途径较为单一，多地仅依靠土地流转来拉动当地经济。与此同时，青梨的营销也是该产业发展的一大痛点，目前青梨营销渠道呈现出数量少、规模小的特点。单一的产业发展路径和简单的营销手段不利于提高青梨知名度、增加青梨产业附加值，从而导致青梨的市场潜力难以被充分开发。其次，旅游业作为吴堡县重要的经济发展路径，存在旅游配套设施不足、旅游资源同质化明显的现象，主要体现在景区交通不便、食宿环境仍有较大提升空间、信息化服务设施缺乏等方面，这些问题会降低游客的出行体验，导致当地旅游业发展受限。最后，吴堡县的发展离不开新生力量，但当地缺乏有效的人才培养机制，同时由于基础设施建设水平较低、经济发展质量不高，因此对人才的吸引力不足。人才培养难、人才吸引难导致了吴堡县人才短缺甚至人员流失的现象。

# 五、建议与展望

（1）增加青梨产业的参与深度，延长冬枣的产业链，充分挖掘并不断提高产业利润。

除去生产环节，建议参与市场营销部分，并开发相关生态旅游项目。市场营销方面，建议综合运用政府官员推销、抖音等新媒体宣传等方式进一步提高吴堡青梨的知名度，进而打造出专属品牌，推动形成"产品—品牌—效益"良性循环。与此同时，随着产量的不断提高，建议采用价格歧视方法（不同的销售对象、不同的青梨大小采用不同的价格）进行定价，以提高利润。生态旅游方面，建议增加采摘等亲子游项目、生态循环农业示范区等研学项目。宋家川街道本不生产小麦和辣椒，但是成功创办了挂面厂和辣椒厂。建议借鉴相关经验，以本县所盛产的冬枣为原材料，就地取材，在需要帮扶的贫困村创办食品加工厂，生产红枣核桃、蜜枣等产品，并基于推广青梨的模式，对枣产品进行营销，开启"种—加—销"长产业链模式，帮扶贫困村民增加收入，从而实现全体人民的共同富裕。

（2）链接特色产业，农文旅深度融合，提升配套服务，让"流量"变"留量"，把"头回客"变"回头客"。

针对吴堡县的"一青二白"特色产业资源，目前存在产业资源利用不充分、旅游资源发展模式单一、农文旅三者之间的融合程度不高的问题；同时，针对吴堡县在旅游配套服务方面存在的问题，如交通、住宿、餐饮和娱乐等基础设施和服务水平不足以满足游客的多样化需求，导致游客的满意度不高，难以将"头回客"转化为"回头客"，为解决这些问题，建议采取以下策略：

第一，建议深度挖掘吴堡县的特色产业资源，提炼其文化内涵与独特价值，并通过举办特色农产品展览、文化节等活动，提升其知名度和吸引力。第二，建议依托这些产业资源，开发多元化的旅游产品，如挂面制作体验游、青梨采摘节、桑蚕文化科普游等，丰富游客的旅游体验。第三，建议加强农业、文化、旅游三者的合作与交流，促进深度融合，通过建设农业观光园、文化主题公园等项目，将农业资源和文化资源有效转化为丰富的旅游资源，并借助多渠道、多平台的宣传推广，提高吴堡县及其特色旅游产品的知名度和美誉度，吸引更多游客前来进行深度的体验，实现"流量"向"留量"的有效转化。第四，建议提升交通便捷性。加强吴堡县与周边主要城市及旅游景点的交通连接，优化公共交通网络，如增设旅游专线巴士、提升道路质量等，确保游客能够方便快捷地到达和离开。与此同时，完善停车设施，解决自驾游游客的停车难题。第五，建议改善住宿条件，引入多样化的住宿选择，如主题酒店、特色民宿等，满足不同游客的个性化需求。第六，建议丰富餐饮选择，挖掘和传承吴堡县的特色美食文化，打造具有地方特色的餐饮品牌，建议鼓励和支持餐饮企业创新菜品和服务模式，提供多样化的餐饮选择。第七，建议完善娱乐服务，根据游客需求和市场趋势，引入和开发适合吴堡县的娱乐项目和服务。如建设文化演艺中心、户外拓展基地、大型儿童游乐设施等，为游客提供丰富多彩的娱乐活动。

（3）进一步完善教育、医疗和住房配套，搭建数智化文旅创新创业平台，吸引更多大学生返乡创业。

人员尤其是人才的流失是乡镇面临的普遍问题，关键因素是缺乏较好的教育和医疗等资源。然而人才是发展的第一动力，建议制定具体的人才（技术型和技能型）引进计划，并为引进人才提供优质的教育和医疗资源，必要时修建人才公寓，增加人才黏性，让高层次人才不仅愿意来，而且愿意留下来，从而实现人才振兴。针对吴堡县在文旅发展及人才振兴方面存在的问题，如文旅产业创新不足、人才流失与短缺以及创业环境不佳，建议搭建"数智化"文旅创新创业平台，构建"科技赋能、三产融合"的乡村文旅产业新样态，根据不同地区禀赋研发特色文旅产品、打造数字文旅项目、改造提升各类旅游经营业态，提升乡村文旅的科技成色，以全面解决人才流失、创新不足方面的问题。

数智化文旅创新创业平台旨在通过引入先进的数字化技术促进文旅产业创新，为大学生提供创业支持和一站式服务，同时优化创业环境，吸引更多大学生返乡创业，推动吴堡县文旅产业的转型升级和人才振兴。通过"数智化"手段，整合文旅资源，打造特色旅游产品，提升游客体验；通过平台孵化创业项目，提供政策扶持和创业指导，降低创业门槛；通过优化创业环境，完善政策体系和服务体系，营造良好创业氛围，从而实现吴堡县文旅产业的持续发展和人才的有效回流。

# 参考文献

［1］李桂英. 提升农村产业化发展　促进乡村振兴［J］. 农家参谋，2021（22）：88-89.

［2］吴垠，张琳琳. 乡村振兴背景下沧州市县域特色产业发展研究［J］. 商

展经济，2021（21）：111-113.

　　[3] 葛扬. 新时代中国社会主要矛盾转化后对基本经济制度的新认识 [J]. 经济纵横，2018（1）：25-27.

　　[4] 崔超，杜志雄. 发展新型集体经济：2020 年后农村减贫路径选择——基于陕西省丹凤县的实地调查 [J]. 农村经济，2022（4）：35-44.

　　[5] 肖华堂等. 农民农村共同富裕：现实困境与推动路径 [J]. 财经科学，2022（3）：58-67.

　　[6] 高鸣等. 新型农村集体经济创新发展的战略构想与政策优化 [J]. 改革，2021（9）：121-133.

　　[7] 龚晨. 新型农村集体经济发展与乡村振兴战略实施的关联探析 [J]. 改革与战略，2020，36（1）：103-109.

　　[8] 杨博文，牟欣欣. 新时代农村集体经济发展和乡村振兴研究：理论机制、现实困境与突破路径 [J]. 农业经济与管理，2020（6）：5-14.

# 新质生产力推动陕西乡村振兴的作用机制探究

王颂吉　黄嘉婧　张渲惠　焦宇涵　朱清萌　刘译岭　叶佳艺[*]

**摘要：** 在追求中国经济高质量发展的征途中，摒弃陈旧的增长模式，深植并践行新发展理念显得尤为关键。2024年3月，在参加十四届全国人大二次会议江苏代表团审议时，习近平总书记明确提出要牢牢把握高质量发展这个首要任务，因地制宜发展新质生产力。强调发展新质生产力"要坚持从实际出发，先立后破、因地制宜、分类指导""不是忽视、放弃传统产业，要防止一哄而上、泡沫化，也不要搞一种模式"。新质生产力，作为数字时代背景下一种高度融合且富含新时代特征的生产力形态，其持续深化的科技创新广度、深度及融合进程，为乡村地区新兴产业注入了勃勃生机与强劲动力。

为进一步提升新质生产力的发展水平，并强化其对战略性新兴产业及未来产业领域的辐射带动作用，需综合运用多种策略，本文将聚焦于此，围绕乡村振兴中新农业、新旅游业、新传统制造业的发展，运用采访、实地调研等方法展开调研活动。实践小队期望调研成果能为乡村振兴注入创新动力，帮助构建乡村发展的新引擎与竞争优势。

**关键词：** 新质生产力；乡村振兴；农旅结合；"三农"问题

## 一、引　言

新质生产力，作为推动经济社会进步的新引擎，其在乡村振兴中的应用与实践成为学术界和实践领域共同关注的焦点。西北大学经济管理学院"数智兴农，

---

[*] 王颂吉，西北大学经济管理学院教授；黄嘉婧、张渲惠、焦宇涵、朱清萌、刘译岭、叶佳艺，西北大学经济管理学院本科生。

云游富乡"实践小分队，基于对新质生产力理论的深入理解和对乡村振兴战略的积极响应，共同策划并实施了一系列调研活动。本次研究旨在通过实地考察西安市农业技术推广中心、西安市稻地江村、陕西省茯茶镇及陕西省袁家村，探索新质生产力在农业、旅游业、传统制造业领域的具体应用，填补现有研究在乡村实践层面的空白。通过实地调研和数据分析，实践队期望能够发现新质生产力在乡村发展中的创新模式和成功经验，为乡村振兴提供可行的策略和路径，同时，研究成果也将为学术界提供新的研究视角和理论贡献。

# 二、研究背景与问题提出

## （一）概念界定

### 1. 新质生产力的理论奠基

新质生产力这一前沿概念，其发端可追溯至 2023 年 9 月，时值习近平总书记在黑龙江省的深入调研之际，首次被鲜明地提出。随后，在同年 12 月召开的中央经济工作会议这一重要平台上，该理念得到了更为全面而深入的阐释与发展，确立了以科技创新为引擎，驱动产业创新，进而利用颠覆性技术与前沿科技催生新兴产业、创新模式及强劲增长动能的新质生产力发展战略蓝图。

此战略定位下，新质生产力的概念内涵经历了科学严谨的界定过程，被精准地诠释为技术革命性飞跃、生产要素创新整合以及产业深层次转型升级协同作用下的当代先进生产力典范。这一界定，不仅秉承了马克思主义生产力理论的精髓，更体现了党在习近平新时代背景下，对科技进步与经济高质量发展内在规律的新认识与理论创新。

新质生产力的演进历程，本质上是一场先进生产力对既有生产模式的迭代升级，它深刻展现了数字时代生产力的高度融合特性，以其颠覆性创新能力、强大的跨界融合潜力以及追求高质量效能的鲜明特征，引领着生产力发展的新趋势。这一过程，被视为生产力发展历程中的一次能级跃升，标志着生产力形态的根本性变革。

具体而言，新质生产力的"新"字集中体现在"三新劳动要素"（即新型劳动者、新型生产资料与新型劳动对象）与"三新经济形态"（涵盖新技术、新业态、新模式）的有机结合上，共同构成了其独特的结构框架。而"质"的层面，则强调了新质生产力对高效率发展路径与高质量发展目标的执着追求，倡导通过创新驱动，彻底摆脱传统生产范式与增长模式的束缚。

加速新质生产力的形成与发展，不仅是马克思主义生产力理论在新时代的丰富与拓展，更是推动我国生产力体系实现质的飞跃的关键途径。

2. 新质生产力的目标内涵

在生产力发展的历史长河中，新质生产力标志着一次深刻的转型，它超越了单一物质技术条件的变革范畴，转而融合知识、技术、信息等多维度非物质要素，构成了一种综合性的驱动力。这种力量在新兴生产方式中占据核心地位，引领着以创新为核心特征的生产活动新范式。与过往侧重规模和速度的生产力增长模式截然不同，新质生产力秉持可持续发展与协调共进的理念，其核心在于强调创新对经济社会发展的决定性推动作用。此处的创新，不仅涵盖高新技术如人工智能、大数据、云计算等领域的突破性进展，还涉及管理创新、制度创新等非技术领域的深刻变革，共同构筑了新质生产力的坚实基石。

尤为重要的是，新质生产力深刻体现了人的主体性与创造性价值。劳动者素质技能的提升，特别是对新兴技术的快速适应与学习能力，成为推动生产力跃升的关键要素。教育培训体系的革新、知识更新周期的缩短以及人才激励机制的健全，共同构成了新质生产力不可或缺的组成部分。此外，新质生产力还促使生产力发展方式发生根本性转变，从高能耗、高排放的传统模式转向绿色低碳的新型路径，有效减轻了对自然资源的依赖，引领经济社会在绿色发展的道路上稳健前行。综上所述，新质生产力以其多维度的内涵，通过创新驱动与人的积极参与，为中国乡村振兴战略进程赋予了新的活力与内涵。

### （二）文献综述

自新质生产力的概念正式被提出，典型产业应用场景相继被研究探讨。在大部分研究中，这一概念往往与科学技术和产业发展等方面相联系。而乡村作为产业发展的边缘地带，在面对全新的技术革命浪潮时存在一定滞后性[1]，新质生产力于乡村而言是新时期新动能。综观国内学者阐述乡村新质生产力的相关研究，王世泰和曹劲松论述了新质生产力生成原因与动力，点明了新质生产力对中国式现代化和高质量发展的内在推动力量[2]。王雪梅和和立从生产力的构成要素出发，阐述新质生产力可以文化产业为着力点促进乡村发展[3]。王鹏和王向清则围

---

① 王世泰，宋成乾. 促成农业新质生产力："数字下乡"的场景构建及障碍性因素克服探究 [J]. 内蒙古农业大学学报（社会科学版），2024，26（4）：12-18.

② 王世泰，曹劲松. 新质生产力的缘起、生成动力与培育机理——基于马克思主义政治经济学视角 [J]. 南京社会科学，2024（3）：10-22.

③ 王雪梅，和立. 新质生产力引领乡村文化产业振兴的价值意蕴、实践困境和优化建议 [J]. 哈尔滨市委党校学报，2024（4）：13-18.

绕新质生产力赋能乡村数字化治理进行探讨①。除此之外，也有部分学者将新质生产力的重点研究放在人才建设②与数字经济建设③等方面进行探索。前述研究指出了新质生产力促进乡村发展的众多路径，同时也有部分研究将着力点放在了结合新质生产力与乡村农旅产业方面。

在新质生产力与乡村农业旅游业的关系方面，牛翠珍建立耦合评价模型，得出农业和旅游业发展之间存在相互影响、相互制约的关系，即农业为旅游业提供商品和消费项目发展，而旅游业发展又为农业提供了经济收益和产业转型的物质基础④。夏杰长和刘睿仪基于 2006～2021 年中国县域层面的面板数据，采用多时点 DID 模型，实证分析结果表明：农旅融合能够显著增强乡村经济韧性⑤。农旅结合作为一种新兴的旅游发展模式，旨在通过农业与旅游业的深度融合，促进乡村经济的多元化发展。在新质生产力作用于农文旅产业的途径与方式方面，高俊等认为，新质生产力将第一产业延伸至第二、第三产业，培育了多种多样的新业态——垂直农业、生物农业、AI 等，并长期有效地作用于农文旅产业⑥；新质生产力还可以通过绿色赋能作用于农文旅产业，新质生产力通过生产过程清洁化、资源利用循环化、能源消费低碳化、产品供给绿色化、产业结构高端化等优化方式提升了农文旅产业发展。

在进行对于新质生产力和农文旅产业的关系及作用机制的研究后，农文旅产业如何提升乡村振兴的发展成为新的研究问题：马悦旻认为农文旅产业融合发展有利于扩大消费市场并提振农村可持续发展，最终振兴乡村的全面发展。⑦ 姚丹等则认为，农文旅产业融合是通过科学经营使游客参与到农业生产加工的过程，提高产品的附加值，将现有的农业资源转变为农业资产而作用于乡村振兴的⑧。

① 王鹏，王向清．新质生产力赋能乡村数字化治理：运作机理、实践悖论与风险规避［J］．河北学刊，2024（7）．

② 祝智庭，戴岭，赵晓伟，等．新质人才培养：数智时代教育的新使命［J］．电化教育研究，2024，45（1）：52-60.

③ 任保平，豆渊博．全球数字经济浪潮下中国式现代化发展基础的多维转变［J］．厦门大学学报（哲学社会科学版），2024（1）：12-21.

④ 牛翠珍．农旅融合背景下生态农业与旅游业协同发展的策略研究［J］．西南大学学报（自然科学版），2024（18）：66-74.

⑤ 夏杰长，刘睿仪．农旅融合发展能否提高县域经济韧性？——基于"全国休闲农业与乡村旅游示范县"政策的经验证据［J］．经济问题，2024（7）：1-10.

⑥ 高俊，虞满华，苏国红．新质生产力赋能农文旅产业发展［J］．西昌学院学报（社会科学版），2024，36（4）：42-52.

⑦ 马悦旻．杭州市淳安县下姜村农文旅融合发展优化研究［D］．华东师范大学，2023.

⑧ 姚丹，刘千芊，王帆．农文旅融合赋能乡村振兴的发展现状与路径探究［J］．山西农经，2024（6）：153-156.

综合以上的文献，可以得出新质生产力是推动乡村振兴以及相关文旅发展的重要因素。在科技进步和创新驱动下涌现出来的具有高效能、高附加值、可持续发展特点的生产要素，助力乡村改革创新和发展农业、农村经济，促进农民增收致富，推动农村社会全面进步。

本次研究实地考察西安市农业技术推广中心、西安市稻地江村、陕西省茯茶镇及陕西省袁家村文旅及相关农业的发展情况，研究结果表明目前新质生产力已经在带动相关产业的发展。通过引入信息技术和互联网平台，可以促进传统行业农业升级，并开拓电子商务等新兴领域。此外，在服务业方面，旅游、健康医疗等领域也受益于科技创新所带来的便利条件。目前，新质生产力赋能乡村振兴已经取得一定的成果，现阶段文旅融合及新型农业都是得益于新质生产力的发展，一方面政府政策支持，另一方面越来越多的年轻人投入乡村振兴的事业，为其带来更多新质生产力的动力。然而，通过整理相关文献及实地调研发现，现仍存在一些问题需要解决。首先是当前关于新质生产力在农旅结合中应用的研究还较为零散，缺乏系统性和深入性的问题。新质生产力没有系统性地规划和利用，导致其产生的效能有限。其次是资源配置不均衡问题：由于各地区经济水平差异较大以及政策支持力度不同导致某些地区无法有效利用新质生产力。因此本文旨在通过对典型案例的观察剖析和实践研究，总结新质生产力在农旅结合中的成功经验和存在问题，为其他地区提供可借鉴的经验和启示。

### （三）研究的意义和价值

本次调研前往西安市农业技术推广中心、陕西省茯茶镇、西安市稻地江村和陕西省袁家村，调研小队成员重点关注了智能化生产、三产融合等新质生产力的发展模式，探讨其在提升乡村生产效率、优化乡村资源利用等方面的作用，探索农业技术、数智科技在乡村振兴中的应用。新质生产力在乡村振兴中的应用，不仅关系到农业现代化的进程，也关系到农村经济的可持续发展和社会的全面进步。本文有助于推动新质生产力理论在实践中的应用，提升乡村振兴的科学性和实效性。同时，研究成果将为政策制定者、农业从业者、学术研究者等提供宝贵的信息和建议，具有重要的实践价值和理论意义。

通过本次调研，不仅能够增强小队成员的社会责任感，理解青年学生在国家发展和社会进步中的重要角色，激发小队成员为社会贡献力量的热情，更能帮助小队成员将所学的理论知识应用到实践中来，将经济发展理论与乡村振兴结合，在思维的碰撞下为乡村振兴注入新鲜的血液，为乡村振兴提供新的思路和解决方案，为地方经济发展注入新的活力。作为大学生，小队成员有责任也有义务将所学知识和理论运用到实际中，为社会发展贡献青春力量。

### （四）研究结果分析

1. 调研地基本信息

（1）西安市农业技术推广中心。

西安市农业技术推广中心目前的业务以及经营项目主要分为三类：一是蔬菜瓜果的新品种选育、育种的研究、试验和农业科研成果转化应用；二是负责农业科技示范园建设、全市生态循环农业示范园建设和农业新技术研发与实践园地建设；三是在西安市范围内负责开展、推广农情信息和农业技术，开展农技推广行业指导以及公益性技术指导服务工作。目前，在西安市农业技术推广中心园区内已有大面积的番茄育种与种植大棚及玻璃温室，"一图一册一视频"已在西安市周边农村地区得到广泛传播并且已投入应用，"分子膜"高温好氧发酵技术发展逐渐成熟，运用"互联网+"技术，用户可在移动端上远程操作。西安市农业技术推广中心的业务与经营项目推进了西安市的"三农"发展，为农旅结合及数智兴农提供良好的技术与理论基础。

（2）西安市稻地江村。

西安市稻地江村位于秦岭北麓，南北两面临河，具有得天独厚的自然地理优势。稻地江村的发展定位为：发挥水稻种植优势，即沿袭"桂花球"大米的悠久种植历史；保障设施供给，优化街巷空间，提升村庄整体风貌；以发展生态旅游村为导向，促进三产融合。稻地江村与西安九三智慧田园科贸有限公司、西安九三学社乡村振兴融合实践基地达成长期的合作，在"政、企、村"三方的通力协作下，"桂花球"大米带领村民踏上致富之路，共享菜园所发挥的提升农民增产意识、探索都市农业发展路径等作用逐步成熟，家庭农场的产物以电商作为重要销售方式，规模逐年成倍扩张。此外，针对农旅结合稻地江村正开展以下两个项目：一是重建西北地区建立的第一家农村信用合作社——稻地江信用合作社遗址，与西安市长安区稻地江信用社展览馆一并打造金融研学基地；二是稻田观光项目，计划建设稻田民宿与稻田旁观景茶室。

（3）陕西省茯茶镇。

陕西省茯茶镇景区是集茯茶文化旅游区、茯茶产业工业旅游区、茯茶休闲养生文化旅游区、特色观光农业旅游区为一体的一二三产业融合发展的全产业旅游度假区，着力打造以"茯茶"为核心的百亿级休闲文化产业链。

该镇致力于传统制茶工艺与现代化技术的结合，通过智能化标准生产厂，实现了制茶工艺的精细化与高效率。在茯茶镇，茶叶原料存储在实木料仓中，并通过智能设备进行筛分、拼配、压制、发花干燥等工序，显著提升了茯茶的品质与香气。小镇以打造"中国茯茶之都"为目标，推动了一二三产业的互动发展，带动了当地经济的增长。特色经营项目方面，茯茶小镇拥有中国茯茶文化博物馆，这是国内唯一以茯茶文化为主题的博物馆，建筑面积达3万平方米，集展览体验、品质窖藏、情景演艺等多功能于一体，展示了茯茶文化的丰富内涵，吸引了众多游客。

此外，西咸新区茯茶镇茶业有限公司、陕西省泾阳县裕兴重茯砖茶业有限公司和秦创园茯茶文化创新中心通过现代化的标准化智能加工、文创产品研发等推动了茯茶产业的现代化和智能化发展。

（4）陕西省袁家村。

袁家村位于陕西省咸阳市，以乡村旅游和特色产业发展而闻名。该村通过创新的电商与数智化营销模式，实现了品牌推广和产品销售的有效结合。具体来说，袁家村采用了"天网"模式，这一模式整合了品牌IP、社群电商和大数据，以实现营销活动的精准化和整合性。此外，袁家村实施了"2B+2C模式"，将产业创客转化为品牌商户，并通过社群营销策略吸引了城市中高端消费者，建立了忠实的会员体系。

非物质文化遗产传承和关中民俗IP建设是袁家村乡村旅游的核心竞争力，袁家村设有高质量的步行街，包括康庄老街、作坊街和小吃街。作坊街展示了纺布、磨面、榨油、酿醋等传统技艺，注重使用优质原材料，并保证生产过程中不添加任何添加剂。小吃街则汇集了多种陕西特色美食，强调食品安全和现做现卖的经营模式。袁家村的特色创新营销模式还包括"地网"模式，该模式结合了民俗文化体验店、城市体验店和社区会员店，为消费者提供了多维度的消费体验。村庄的发展路径体现了三产带动二产促进一产的策略，通过品牌溢价实现产业共融。袁家村的共同富裕模式以及乡村旅游发展经验现已推广至全国多个省市，"袁家村"已成为全国热门的乡村旅游品牌。

2. 调研结果分析（见表1~表4）

表1　西安市现代农业科技展示中心调研结果分析

| 调研地点 | 研究产业 | 研究方法 | 新质生产力的体现 | 发展中的不足 | 发展中值得借鉴的方面 |
|---|---|---|---|---|---|
| 西安市现代农业科技展示中心 | 农业 | 研究小组成员和王涛主任等开展座谈会 | 中心在品种选育、栽培技术和祛病除害方面研发新的技术并与农民推广，劳动者素质技能的提升和新技术的运用体现了新质生产力 | 农业：推广时部分农民对新技术接受度低，新技术加持的生产力发展受阻；农业在向科技赋能型的新业态转变有一定困难 | 品种选育和栽培技术的研究方面，成功引进南方部分水果进行本土化种植；祛病除害时引入生物防治手段"以螨除螨"，绿色化生产 |

续表

| 调研地点 | 研究产业 | 研究方法 | 新质生产力的体现 | 发展中的不足 | 发展中值得借鉴的方面 |
|---|---|---|---|---|---|
| 西安市现代农业科技展示中心 | 农旅结合 | 在工作人员带领下实地参观温室、大棚及蔬菜花卉等各类场馆 | 温室、大棚及蔬菜花卉等各类场馆都将农业和旅游业相结合,如:花卉馆以热带花卉的引种为主,结合面林景观,营造集观光休闲等多功能于一体的现代都市农业。将农业和旅游观光结合,以旅游业赋能农业,发展了农旅一体的新业态,体现了新质生产力 | 旅游业:蔬菜花卉等各类场馆的旅游观光尚在发展阶段,并未通过抖音类的数字平台进行推广 | 中心采用了多种先进的现代化技术设备来增强种植效率,例如自动灌溉系统和智能监测装置,为农业转型升级和科技赋能做出贡献;中心引进和研发"分子膜"高温好氧发酵技术生产着有机肥,践行了绿色发展理念 |

资料来源:笔者绘制。

表2 西安市长安区稻地江村调研结果分析

| 调研地点 | 研究产业 | 研究方法 | 新质生产力的体现 | 发展中的不足或发展中值得借鉴的地方 |
|---|---|---|---|---|
| 西安市长安区稻地江村 | 农旅结合金融业 | 研究小组成员和村委会副书记与驻村干部进行了座谈采访 | 共享菜园项目以土地认领方式扩大土地的附加值、发展都市高端农业;西北第一家信用合作社成立于此,其展览馆为金融研学基地,合作社将农旅和金融业结合;以桂花球大米为致富之源,将历史文化和经济发展结合起来,创新了经济动能,体现了新质生产力 | 旅游业;共享菜园尚在试点阶段,主要面向的客群为政协委员,都市高端农业还处于概念状态 |

创新了家庭农场项目:"公司+集体+农户"模式并电商销售作物;以桂花球大米为致富之源,将历史文化和经济发展结合起来,和村民共同富裕

续表

| 调研地点 | 研究产业 | 研究方法 | 新质生产力的体现 | 发展中的不足或发展中值得借鉴的地方 |
|---|---|---|---|---|
| 西安市长安区稻地江村 | 农旅结合 | 研究小组成员在书记带领下前往稻田观光区和共享菜园调研学习 | 开发"农旅融合"园地，增加新经济动能：游客可以亲自体验作物的种植与收割，体现了新质生产力 | 旅游业；宣传力度不够，受地形等先天条件影响，发展受限 | 开发"农旅融合"园地，增加新经济动能；设立观光区，增加游客互动感，并在农旅开发的同时保护了种植区域和绿化，推动当地可持续发展 |

资料来源：笔者绘制。

表3 茯茶小镇调研成果分析

| 调研地点 | 研究产业 | 研究方法 | 新质生产力的体现 | 发展中的不足或发展中值得借鉴的地方 |
|---|---|---|---|---|
| 茯茶小镇 | 传统制造业、旅游业 | 研究小组成员在工作人员的带领下参观了金茯城、泰创原·茯茶文化创新中心等地 | 泰创原创新中心通过成果转化，产业转化，人才智库，创业孵化，异业合作等方面促进茯茶产业发展；百"福"墙、小吃街及茯茶"冠突散囊菌"的运用，促进产业创新发展，融合发展传统制造和旅游业，产业不断发展、产业结构不断调整，体现了新质生产力 | 旅游业：以"夜晚经济"为主，以赛博朋克未来为主题的主街区白天客流小，整体上看场地的利用率较低，旅游业有极大发展潜力 | 合理的招商引资计划和分红促进共同发展；小吃街商铺免租金，其收入先统一归于商管公司所有，最后再以分红方式将利益分给各商铺；打造茯茶具有本地特色的品牌形成自身发展特色和优势 |

续表

| 调研地点 | 研究产业 | 研究方法 | 新质生产力的体现 | 发展中的不足或发展中值得借鉴的地方 |
|---|---|---|---|---|
| 茯茶小镇 | 传统制造业 | 研究小组成员在工作人员的带领下参观了茯茶智能生产基地并进行了访谈 | 茯茶生产中多项先进技术,包括物联网、大数据分析和人工智能在内,数字赋能传统制造业,传统工艺与现代技术结合发展,完成了传统工艺的创造性转化和创新型发展,体现了新质生产力 | 机械生产结合传统制茶工艺,提升效率;溯源码的加入让消费者更加放心 | 引入了多项先进技术,数字赋能传统制造业;生产趋于小型化,以便消费者饮用,拓展了销路 |

资料来源:笔者绘制。

<h3 align="center">表4 袁家村调研成果分析</h3>

| 调研地点 | 研究产业 | 研究方法 | 新质生产力的体现 | 发展中的不足 | 发展中值得借鉴的方面 |
|---|---|---|---|---|---|
| 袁家村 | 村史馆、秦琼墓 / 文旅结合、传统制造业 | 研究小组成员随主任参观了村史馆、指导老师带领成员参观了秦琼墓 | 袁家村发展旅游业时利用关中地区的传统建筑、饮食文化、手工艺等资源打造特色项目,引进"股份合作制"增强了经济发展活力、创新推动了经济现代化;三产带二产促一产拉动了农产品加工,提升了农产品附加值,从传统农业村落向乡村旅游综合体的转变,体现了新质生产力 | 旅游业:秦琼墓商业模式多为售卖祈福袋等,较为单一,与当地的民俗结合度较低,有待进一步完善 | 农文旅融合发展:利用关中地区的传统建筑、饮食文化、手工艺等资源打造了特色项目;三产带二产促一产的融合发展模式,以乡村旅游为先导,带动农产品加工和种植养殖业的发展,形成了完整的产业链条 |
| 袁家村 | 民宿、工坊 / 旅游业、传统制造业 | 研究小组成员随主任参观了袁家村作坊街(德瑞恒油坊、卢氏豆腐坊、酸奶坊、五味斋醋坊)及精品民宿 | 作坊进行店—坊—厂一体化经营,把传统的深加工技艺和现今商业、手工业融为一体并纳入合作社运营管理以进行标准化;设立了以关中民俗元素为核心的精品民宿,建立了民宿协会对民宿经营者进行统一管理,文旅结合,创新发展,体现了新质生产力 | 旅游业:袁家村当地村民的服务意识有待提高,其思想并未完全转变,对游客的信任度较低,影响了游客的体验感 | 文旅结合、因地制宜地创新发展,将传统制造业和文旅结合:增加了体验感和附加值 |

续表

| 调研地点 | 研究产业 | 研究方法 | 新质生产力的体现 | 发展中的不足 | 发展中值得借鉴的方面 |
|---|---|---|---|---|---|
| 袁家村 | 文创店 | 旅游业、文化产业 | 研究小组成员观光各个民俗艺术店铺并与主任开展座谈会 | 袁家村大秦女红坊、张氏皮影、余氏葫芦店将旅游业与传统优秀文化和非遗产业结合,在发展旅游业的同时保护了传统优秀文化,活化了非遗基因,体现了文化遗产的新质生产力;"入股合作、农民为主"的分红模式创新了农村发展,形成了新融资模式,体现了文化遗产的新质生产力 | 女红坊等非遗店面受补贴力度较大,盈利模式有待创新 | 将旅游业与传统优秀文化、非遗产业结合,利用非遗文化为旅游业深厚底蕴,利用旅游业赋能非遗创新发展;合理的分红模式促进了既减轻纷争又利于共同富裕 |

资料来源:笔者绘制。

# 三、研究结论

## (一)新质生产力可以赋能农村制造业转型

产业振兴是实现乡村振兴战略目标的关键环节,推动构建乡村现代化产业体系是乡村社会发展的物质基础和重要标志。新质生产力的新技术生产力、新型人力资源、新发展价值理念推动建立数智化农业产品深加工体系,延伸农业产业链条,赋能农村"新制造"转型发展。在实地调研中,本研究小组所调研的陕西省茯茶小镇和陕西省袁家村是农村制造业转型的范例。

1. 新质生产力赋能农村制造业技术革新

新质生产力发展能够通过提高农业加工制造体系的技术与机器更新,推动增强农村核心动力,提高农村经济水平,助力农民共同富裕。其一,作为以科技创新为主导的新型生产力,新质生产力能够依靠现代化信息技术的强大数据分析能力为乡村快速锚定其制造业所需的生产设备、加工技艺与升级方向。其二,新质生产力依靠数字技术的高渗透性优势,深入至农村居民生产生活各个环节,使农村制造业链条各个环节质效提升,提高供应链末端响应需求变动的能力。

基于科技创新和响应能力两方面，陕西省茯茶小镇做出了良好的示范。茯茶小镇的制造业基于金花菌茯茶加工工艺开展，近年来，运用大数据技术、人工智能技术和物联网技术搭建茯茶智能生产基地，物联网技术实现了设备和生产线的全程监控和数据采集；大数据技术精准分析、监测并优化全生产流程；人工智能技术在发酵和干燥等关键环节起到了精准锚定作用，利用机器学习与智能算法结合，实时监测茶源、加工、包装各个环节，严格把控每一批茯茶的品质。新质生产力中的新技术生产力赋能茯茶制造加工产业链条，使传统茯茶加工工艺焕发新的生机。一方面新技术生产力推动的设备更新、技术升级提高茯茶品质，并使用机器算法替代人力使动态捕捉精细化，从而推动制造业环节分工细化；另一方面严格的品控和环节质效提升加以大数据技术所赋能的信息甄选能力，提高了茯茶产业链条对需求的响应能力。

2. 新质生产力推动农村制造业要素配置升级

新质生产力促进了人才要素的培养和引进。新质生产力强调新型人力资本的重要性。一是通过提供有竞争力的薪酬和良好的职业发展机会，吸引更多优秀人才投身农村制造业。例如陕西省袁家村经过了初期成长和成熟阶段，吸引村庄人才回流，许多掌握先进管理思想与新认知的袁家村青壮年返回家乡。二是通过对本地劳动力的再教育或再培训打造新型人力资源池，如袁家村曾多次组织当地代表村民前往日本学习乡村建设与发展经验。人才的培养和引进不仅提升了农村制造业的创新能力，也为农村地区的经济发展注入了新的活力。

新质生产力推动了组织管理要素的创新。在新质生产力的推动下，农村制造业进一步重视组织结构和管理方式的创新。通过引入现代企业管理理念，如精益生产、供应链管理等，农村制造产业链能够更有效地协调各个环节生产加工活动，提高资源的利用效率，例如袁家村"三产带二产促一产"的成功发展路径。同时，还通过建立开放的创新平台，鼓励农村制造业员工参与产品开发和工艺改进，充分发挥员工的创造力。例如袁家村的醪糟、酿醋、辣椒面等产业，以村民所掌握的传统技艺为基础，加以村民与管理者的协同合作，引入现代化制造工艺与技术，打造出适销对路的明星产品。这种以人为本的管理方式不仅提升了员工的工作积极性，也为农村制造业带来了更多的创新机会与创新动力。

3. 新质生产力赋能农村制造业价值转型

新质生产力自带新发展理念基因，突出以科技创新催生新产业、新模式、新动能，目标以创新驱动和生产要素的创新配置带动产业的转型升级从而提升全要素生产率，强调通过整合科技创新资源，引领发展战略性新兴产业和未来产业。

袁家村在打造农村价值理念方面具有成功的经验。据访谈了解，袁家村在营销宣传上未曾请过名人代言，也未曾大范围投放广告，他们以关中民俗文化 IP

以及游客的口口相传为最有力的营销工具。从中反映的 IP 营销以及人力营销，是当前新型并具有最佳成效的营销方式，用人情和体验带动农旅影响力。农村制造业也由传统制造转变为富有人情味的制造，制造业自上而下的价值理念不仅是传统的为顾客（客户）制造，如今更汇入了对本村制造业的捍卫心理与自豪感，形成了可持续的新发展价值理念。

4. 新质生产力推动农村制造业创新效应与集群效应共生演化

基于本研究团队对袁家村、茯茶小镇的实地调研，并结合以上对于新技术生产力、新型人力资源、新发展价值理念三方面在农村制造业转型升级的讨论，可以发现新质生产力可以推动农村制造业创新效应与集群效应共生演化。

新质生产力通过引入先进的技术、培养高素质的人才以及推广创新的价值理念，对农村制造业产生了显著的创新效应与集群效应，推动了两者的共生演化。在这一过程中，技术革新成为核心驱动力，促进了生产效率的提高和产品质量的优化。智能化、自动化的生产线不仅减轻了人力负担，还通过精准控制生产过程，降低了资源浪费，增强了市场竞争力。

同时，新质生产力激发了农村地区的创新活力，通过构建开放的创新平台，鼓励企业员工、当地居民和利益相关者参与产品开发和工艺改进。这种自下而上的创新模式，不仅提升了员工的技术水平和创新能力，也为农村制造业带来了源源不断的创新动力。

集群效应在新质生产力的推动下得到了快速发展。随着产业链的不断完善和供应链的高效整合，农村制造业逐渐形成了特色鲜明的产业集群。这些集群通过资源共享、信息交流和技术合作，实现了规模经济和范围经济，提高了整个区域的产业竞争力。产业集群的形成还带动了相关服务业的发展，促进了就业，增加了居民收入，推动了农村经济的全面发展。

此外，新质生产力推动下的农村制造业创新与集群效应共生演化，还表现在对外部环境变化的适应能力上。通过引入大数据、云计算等信息技术，农村制造业能够快速响应市场变化，及时调整生产计划和产品策略。这种灵活性和响应能力，使农村制造业在面对复杂多变的市场环境时，能够保持持续的创新和发展。

综上所述，新质生产力推动了农村制造业的创新效应与集群效应共生演化，实现了技术进步、产业升级和区域经济发展的良性互动。通过持续的技术创新、人才培养和产业集群建设，农村制造业将为乡村振兴战略的实施提供更加坚实的产业支撑（见图 1）。

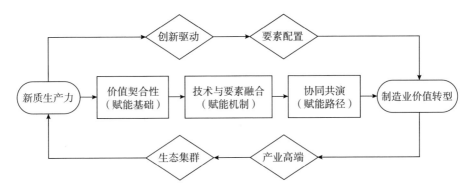

**图1 新质生产力推动制造业价值转型**

图片来源：赵丽锦，胡晓明，王文华. 新质生产力赋能制造业价值转型的理论基础、作用机制与实现路径［J］. 财会通讯，2024（14）：9-15.

### （二）新质生产力赋能农业现代化发展

1. 新质生产力助力农业生产

新质生产力以数字化、智能化为手段，有效赋能了农业生产和农产品供给。一方面，新质生产力借助数字农业手段提升了农业生产效率，例如自动灌溉系统可以减轻工人劳动负担，并确保每一株植物都能及时获得所需水分；智能监测装置则帮助管理者随时监控并调整环境参数。这些数字手段不但可以提高生产的速度和精度，还能在耕作、播种、施肥、灌溉、除草等生产的各个环节中节省人力成本，实现农业生产效率和农产品产量的双重提升。另一方面，新质生产力通过引进与开发一系列新技术、新设备和新方法，在保障传统粮仓持续丰收、传统耕地持续高产的同时，增加农产品的有效供给，丰富农产品种类与来源，如西安农业科技中心的"南果北引"项目，将南方水果如火龙果、莲雾、无花果等移到北方栽培，引进果树突破技术难题，通过日光温室和玻璃温室以达到南方水果生存和结果的条件。

2. 新质生产力增强产业韧性

新质生产力有利于提高农业要素配置效率，推动农业绿色转型，从而增强产业韧性。其最显著的表现是新质生产力的发展促进了现代农业技术的应用，如可远程手机操控的"分子膜"高温好氧发酵技术，其占地面积小，使用方便省力、发酵效率高、堆肥品质好，且具备可移动的特质，能够更高效地处理整个园区农业废弃物，使其就地生产生物有机肥，再就地应用到果园提升土壤肥力，实现农业废弃物的资源化利用和低碳环保，促进农业要素配置。除此之外，新质生产力的发展能够运用物联网技术实时监测农业生产状况，实现设备和生产线的全程监控和数据采集，通过分析和处理监测数据，对生产过程进行持续改善，进而促进农业绿色转型。

3. 新质生产力完善经营体系

新质生产力促进了农村三产融合，如三产带二产促一产，而产业的融合发展与生产规模的不断扩大，则促进了农民专业合作社和家庭农场等农业新型经营主体的出现。以位处西安市郊区的稻地江村为例，其通过延续农村信用合作社的历史传统、建设家庭示范园等方式参与到农业现代化进程，其中家庭农场的"公司+集体+农户"模式，充分利用了政府资源和优质合作伙伴，避免了土地搁置，提升了土地价值。另外，旅游农业、共享农业、直播带货等新模式与新业态的出现也促进了农业现代化发展。

### （三）新质生产力可以赋能旅游业高质量发展

随着新一轮科技革命和产业革命的持续深入，新质生产力已逐渐成为旅游业创新发展的重要动力，并不断推动旅游业内部发生颠覆性的深刻变革。甚至在相关产业部门还逐渐形成了一种新的生产力质态——旅游新质生产力。所谓"旅游新质生产力"，是指以旅游市场需求为导向，以技术创新为动力，以绿色发展理念为引领，改革旅游体制机制，促进旅游生产要素创新性配置，推动旅游业可持续发展的先进生产力质态。

1. 新质生产力推动旅游业全要素生产率发展

在全球新一轮科技革命浪潮的推动下，旅游产业的劳动者、劳动资料和劳动对象等生产力要素持续跃升，新质生产力在推动旅游业全要素生产率大幅提升方面也展现出了前所未有的巨大潜力。具体表现为：

（1）新质生产力通过技术的革命性突破，优化资源配置，构建智慧高效的旅游产业链供应链体系，推动产业深度转型升级，提高旅游产业融合化、网络化、智能化水平，提升旅游业生产效率和增长质量。

（2）新质生产力通过创新引领、融合发展，催生出旅游发展新模式新业态，并使旅游业成为"未来产业"的重要应用场景和研创基地，不断释放驱动经济社会高质量发展的新动能。

（3）新质生产力通过建设新型数字基础设施，引入新兴数字科技，加速旅游产业数字化转型，同时推动数字资源开放共享，创新现代旅游企业管理模式，完善现代旅游业治理体系。总之，新质生产力是构建现代旅游业体系、提升旅游产业发展质量、建设旅游强国的战略支撑。

2. 新质生产力推动旅游可持续发展

新质生产力通过通畅科教和人才之间的循环、促进生产三要素巨大跃升、推动旅游业创新发展等方式促进旅游业的可持续发展。

（1）通畅科教和人才之间的循环：新质生产力本质是先进生产力，将促使科技、教育、人才之间的循环变得更加畅通。一方面，科技融入教育，为教育提供教学资源手段，提高教学质量；教育通过系统地传授知识和技能，培养出具备高度素养和创新能力的人才；人才将成为科技创新的关键力量。另一方面，科技改变传统行业格局，为人才培养和发展指明方向；人才的素养和创新能力，能够推动教育的改革和发展；教育通过推动科技的普及和应用，为科技的进步提供了广阔的空间和动力。通过深化经济体制改革，落实科技体制改革，创新教育体制改革，科教和人才间形成一个相互促进、共同发展的良性循环。

（2）生产三要素巨大跃升：新质生产力促使科技、教育、人才之间的循环变得更加畅通后，生产三要素会发生巨大跃升，首先，通过整合科技和教育资源为劳动者提供全面的创新能力和技能培训，培养建设创新型劳动者队伍；通过推动科研与产业的深度融合，促进先进科技成果的转化和应用，使劳动者能够掌握到最新的创新驱动型劳动资料；通过加强信息科学、数据科学等新兴领域的教育和培训，使劳动者能够适应这种变化，拓展非物质化的新劳动对象。例如，数字创意、软件开发、大数据分析等领域的工作，都是基于非物质化的劳动对象进行的。

（3）伴随生产三要素飞跃提升，其作用于旅游行业的影响也将全面且深入，推动旅游的创新发展，旅游业会在以下四个方面创新发展：

一是旅游人才的创新发展。培养具备高度科技素养和创新能力的劳动者，以满足智能化旅游服务需求的同时，注重旅游从业人员的多元化发展，培养具备跨学科知识和实践经验的复合型人才，鼓励其他专业人才跨入旅游发展，以适应旅游行业与其他产业的融合发展趋势。

二是旅游观念创新的发展。旅游发展由过去的依赖资源开始转向需求引导，中国经济发展和居民幸福生活的双重需要将成为旅游发展的重要导向，旅游开发从重视资源转向以人为本，旅游市场重视供给侧转向重视需求端，旅游消费从观光体验转向为与文化深度融合的精神消费。

三是旅游技术的创新发展。在数字化旅游发展的背景下，智能导游系统、虚拟现实设备等为游客创造全新的旅游体验，旅游信息系统、旅游数智化管理平台等为旅游企业提供技术创新，提高旅游企业管理效率；信息利用数字化媒介的便捷传播，促进旅游营销发展，借助小红书、微信、微博、抖音等自媒体平台，使推广和传播方式更加丰富，并且催生壮大了旅游的社交属性。

四是旅游制度的创新发展。旅游业作为综合性产业，涵盖多个细分门类并涉及广泛领域，必须构建坚实的协调机制和政策保障体系，灵活运用改革思维和手段，强化规划的引导作用和制度的支撑作用。要做到适时研究并发布针对智慧旅游、数字旅游等发展领域的专项规划、制度和行业标准。

（4）实现旅游行业的四大创新，就等于是在新时代形成了特有的旅游新质生产力，这种新质生产力以创新为驱动，高质量为目标，从而稳定推动旅游可持续发展。四个创新将为可持续旅游发展发挥不同的角色作用。

首先，人才创新是旅游可持续发展的关键所在。具备创新意识和实践能力的人才能够推动旅游业不断适应市场变化和社会需求，开发出更具吸引力的旅游产品和服务。同时，他们还能够通过传播可持续旅游理念、推广绿色旅游方式等途径，引导游客和公众形成更加环保、健康的旅游消费习惯。观念创新引领旅游可持续发展的方向。

其次，旅游业正逐渐从传统的以数量扩张为主转向以质量提升为核心的可持续发展模式。数字旅游、文化旅游、低碳旅游等理念的普及，使越来越多的旅游企业和游客开始关注旅游活动的环境和社会影响，并积极参与可持续旅游的实践。

再次，技术创新为旅游可持续发展提供动力。有效提高生产要素率，在新的旅游观念下，现代科技的应用使得旅游业在资源利用、环境保护、服务提供、产业优化等方面实现了显著的改进。

最后，制度创新是旅游可持续发展的实践移梁。通过优化劳动组织制度、完善市场监管制度和建立与新型旅游方式相适应的管理制度等举措，可以有效地提升旅游业的竞争力保障服务品质和安全，并促进旅游业的创新发展。

新质生产力在推动旅游业可持续发展的传导路径如图2所示。

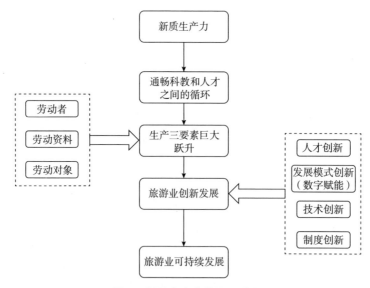

**图2 新质生产力的作用过程**

资料来源：王金伟，陆林，王兆峰，魏敏，宋瑞，杨勇，白凯，林明水，虞虎，朱鹤. 新质生产力赋能旅游业高质量发展：理论内涵与科学问题［J］. 自然资源学报，2024，39（7）：1643–1663.

# 四、对策建议

## （一）新质生产力赋能传统制造业的实践路径

农村制造业作为乡村振兴战略的重要组成部分，在推动地区经济发展和实现社会进步方面发挥着关键作用。然而，技术在农村地区的下沉阻力和人力资本的缺乏是当前制约其发展的两大问题。

首先，新技术生产力所包含的大数据技术、物联网技术和人工智能等技术虽然已经在农村制造业中投入使用，例如茯茶小镇的茯茶智能加工厂，但是能够掌握这些新机器、新技术运作方式和流程的人员大多数仍然为非农村居民，即新质生产力推动下的农村制造业转型总体仍呈现"嵌入"而非"融合"的趋势。农村劳动力在新型农村制造业中所承担的角色依然是以传统流水线、工厂加工车间中的人力劳动者为主。面对新技术生产力在农村制造业中的"嵌入"而非"融合"的趋势，以及农村劳动力在新型制造业中的角色未能有效转变的问题，需要采取一系列对策来促进真正的融合和提升农村劳动力的技能水平。通过这些对策的实施，可以促进新技术生产力在农村制造业中的深入融合，提升农村劳动力的技能和参与度，实现农村制造业的可持续转型发展。

（1）加强农村地区的教育和培训是关键。通过设立职业学校和培训中心，提供与新技术相关的课程和实践机会，可以提升农村劳动力的技术知识和操作能力。例如，可以与茯茶智能加工厂等先进制造业企业合作，开展定向培训项目，确保培训内容与企业需求相匹配。同时，鼓励农村青年参与到这些培训中，通过提供奖学金、就业保障等激励措施，吸引他们学习新技术。

（2）农村地区的基础设施，尤其是信息技术设施，是促进技术融合的基础。政府和相关部门应加大对农村地区的网络建设和维护投入，提高网络覆盖率和稳定性，确保农村居民能够方便地获取和使用新技术。此外，通过建立信息服务平台，提供技术指导和在线咨询服务，可以帮助农村居民更好地理解和应用新技术。

其次，形成技术的下沉阻力的主要原因是农村人力资本的发展不平衡。以袁家村为例，袁家村和茯茶小镇的管理和技术人员大多都在城镇中接受过良好及高等教育，而剩余大量的农村居民只能承担农村制造业中的农副食品加工业中的简单工作，或是从事小吃街的农村服务业。农村仍有大量人口缺乏现代的技术与文化素养，呈现出人力资本两极分化的态势。农村制造业是三产中提质增效的关键，从而对于人力资本的需求也最为广泛，针对如何将大量农村人口转化为农村制造业可用的人力资源，有以下三项建议与对策：

（1）农村地区人才培养和引进策略应着重于提升本地人才的教育水平和专业技能。可以通过与高等院校合作，设立农村教育基金，鼓励农村青年接受更高层次的教育。同时，实施专业技能培训项目，如现代农业技术、电子商务和先进制造业相关课程，以提高农村劳动力市场的竞争力。

（2）农村人才带动计划旨在利用返乡人才的知识和经验，带动当地经济发展。鼓励在城镇接受过高等教育的农村居民返回家乡，通过创业或参与当地企业，将新思想、新技术和管理经验带入农村。政府可以提供创业指导、财政补贴和税收优惠等支持，帮助返乡人才顺利开展工作，同时，通过他们的示范作用，激发更多农村居民的学习和发展动力。

（3）农村夜校作为一种灵活的教育形式，可以为广大农村居民提供便捷的学习机会。夜校课程应涵盖基础文化知识、职业技能、现代农业技术等方面，以满足不同群体的学习需求。通过夜校教育，不仅可以提高农村居民的文化素养和技术水平，还可以增强他们对新技术的接受能力和适应能力，为农村制造业的转型升级提供人才支持。

**（二）新质生产力赋能农业的实践路径**

（1）提升数字素养，培养数字职业农民。新质生产力的实现依赖于劳动力素质的提升和技术能力的增强。在数字农业的发展背景下，农民基本技能的提升成为关键，这要求整合农业技术教育资源，实施系统化的培训策略。具体而言，应构建数字农业培训课程，结合移动学习技术，提供贴合区域与作物特性的定制化教育内容，如"一图一册一视频"的推出，其主要面向基层农技人员、农业生产经营主体和农户，编制了小麦、玉米、大豆、油菜四大作物大面积单产提升技术挂图、技术手册和配套视频，紧紧围绕大面积单产提升，突出重点作物、重点地区，注重科学系统、分类施策，旨在提高大面积单产提升指导服务效果，有利于推进单产提升主导品种、主推技术、主力机型落实落地。此外应注意需特别强化对青年农民的数字工具与软件应用能力培训，以培育具备高数字素养的新型农业从业者。

（2）加强技术攻关，提升农业科技自主水平。提升农业科技创新能力，实现科技自立自强是发展新质生产力的核心动力。一方面，要坚持农业科技优先发展方针，通过设立专项资金和奖励机制，鼓励高校院所、科研机构、尖端企业等多元主体在农业技术领域进行创新与研发，从源头上解决农业关键技术领域的"卡脖子"

问题。另一方面，加强对资源的保护和利用，对全国范围内的农作物进行普查与收集，建立高标准高质量的农作物资源库，并适度引进外国优质资源。

（3）推动数农结合，构建现代化农业体系。构建现代化农业产业体系是发展现代化农业的核心所在。实现这一目标，须依托数字农业的全面推广应用和产业融合发展模式的创新。一是要持续深化"数农结合"，借助数字电商平台，促进数字经济与实体经济深度融合，如进一步培育壮大农特产品网络品牌等。二是持续推动农业与直播带货、旅游农业等结合，持续推进农村一二三产业融合发展。以袁家村为例，其从乡村旅游起步，逐步提升经济效益，构建品牌价值，以第三产业强劲带动第二产业的发展；由传统手工作坊到现代加工工厂再到连锁加工企业，第二产业围绕第三产业布局；第二产业的发展不断扩大对优质农副产品的需求，拉动第一产业规模不断扩大，由此构建起由三产带二产促一产，三产融合发展的良性循环体系。三是利用人工智能、物联网、溯源码等智能技术，保障农产品质量，提升其安全系数，对农产品质量监督做到实时监测、质量稳定、全程可追溯。

### （三）旅游业

旅游业是典型的注意力经济、体验经济和创意经济，其高质量发展过程既是新质生产力累积、形成和发展的演化过程，也是诸多系统和要素协同作用的必然结果。本文的调研小组发现以下问题：数字旅游消费新场景、新业态、新模式培育不足，乡村旅游业建设人才缺乏，劳动者缺乏服务意识，支撑性政策落实有待完善，劳动资料的数字化与绿色化发展不均衡，安全风险日益突出等问题，对于偏远和欠发达地区与中小旅游企业而言，数字化和绿色化转型发展的资源和应用成本相对较高，增加了其追求转型发展的经济压力。

劳动者、劳动资料和劳动对象需跳出狭义上的"小旅游"，谋划"大旅游"，除了追求经济效益，更要将旅游业与本土的优秀传统文化结合，在保护环境绿色可持续发展中，完善产业生态、制度政策和创新氛围等软硬环境，构建适配旅游新质生产力发展的"土壤"和"气候"，制定适合的"进城出省"等发展战略，重构中国旅游业数字化转型和高质量发展新格局。

而新质生产力通过对劳动者、劳动资料和劳动对象的影响作用于旅游业的发展，因此对策建议需要分别从这三个方面出发：

（1）建立持续的教育和培训体系，加强对旅游从业者的数字技能和绿色意识的培训：劳动者在数字化和绿色化转型方面参与度不足，缺乏必要的意识与技能。许多旅游从业者尚未准备好全面拥抱数字化工具和绿色实践，这限制了新技术的应用和绿色化转型的实施，劳动者的素质培养和相应技术人才输送成为新质生产力推动旅游业发展的前提。

（2）加强对数字技术的使用，平衡数字技术应用和自然文化资源的保护关系：具有新质生产力特征的智慧旅游解决方案可以帮助旅游企业构建一个更加灵活和高效的服务体系；AR、VR、元宇宙等技术被应用于景区导览、文物与艺术品展览、交互式游戏，可以缓解旅游业发展对资源和环境的依赖。数字技术作为数字化时代最具颠覆性的生产工具之一，深刻改变了旅游业发展的物质手段和条件，在深刻劳动资料的数字化时，也需要关注旅游数据安全和隐私保护问题，敦促旅游企业建立起相应的数据管理和保护机制，确保新质生产力有效、高效的作用于旅游业发展。

（3）推动旅游业劳动对象的数字化与绿色化发展：数字化的颠覆性变革和绿色化的可持续要求，在旅游业实践中对如何有效平衡经济效益与生态效益提出了挑战，应当完善并实施旅游业绿色认证和评价体系，倡导游客绿色生活和消费方式，推动实现旅游业的高质量和可持续发展。

# 西部地区绿色发展现状及建议

## ——以鄂尔多斯市达拉特旗为例

段雨晨　孙宝琦　王玉　袁钲晗　李曜伍*

**摘要：** 内蒙古自治区西部作为我国生态脆弱区的典型代表，沙进人退，荒漠化严重。近年来，在习近平生态文明思想指导下，坚持绿色发展方针，积极推进"三北"防护林工程等一系列环境治理与生态恢复项目。植被覆盖率不断提升，逐渐实现了绿进沙退。在绿色发展的大背景下，自治区积极发展智慧农牧业、风光氢绿色能源等绿色、零碳产业。推进可持续发展，助力"双碳"目标达成。将绿色发展、产业振兴和共同富裕紧密相连，在保护的同时兼顾发展，推进中国式现代化迈步向前。

**关键词：** 绿色发展；荒漠化治理；智慧农业；零碳产业；共同富裕

## 一、引言

党的十八大以来，在习近平生态文明思想指引下，国家贯彻"绿水青山就是金山银山"的发展理念，坚定不移走生态优先、绿色发展的新路子，全力建设人与自然和谐共生的中国式现代化。2024年4月23日，习近平总书记主持召开新时代推动西部大开发座谈会时强调，进一步形成大保护大开放高质量发展新格局，奋力谱写西部大开发新篇章。总书记指出，要坚持以高水平保护支撑高质量发展，筑牢国家生态安全屏障。加快推进重要生态系统保护和修复重大工程，打

---

* 段雨晨，西北大学经济管理学院讲师；孙宝琦、王玉、袁钲晗、李曜伍，西北大学经济管理学院本科生。

好"三北"工程三大标志性战役①。要坚持把发展特色优势产业作为主攻方向，因地制宜发展新兴产业，加快西部地区产业转型升级。

内蒙古自治区横跨东北、华北、西北地区，是我国北方面积最大、种类最全的生态功能区，是北方拱卫京津冀的重要生态安全屏障，是西部大开发战略的重要阵地。总书记对内蒙古自治区生态文明建设与绿色高质量发展状况高度重视，提出在祖国北疆构筑起万里绿色长城。达拉特旗位于内蒙古自治区西部，鄂尔多斯市东北部，中国第七大沙漠库布齐沙漠在境内面积约 2900 平方千米，占全旗面积的 35.4%。② 达拉特旗地处黄河"几"字弯流域内。旗内土地资源和风光能源丰富，路网、电网系统完善，农牧、文旅等产业基础雄厚，具备发展工业、农业、旅游业等产业的有利条件，是内蒙古自治区贯彻落实习近平总书记两山理论和生态文明思想，坚持产业融合、多元发展，打造清洁能源基地和共同富裕示范区的创新创业高地。

本调研团队在达拉特旗调研了当地荒漠化治理与生态环境修复、智慧农业与零碳产业情况。与各项目有关负责人交流，听取各项目相关介绍，查阅相关文献资料，形成此报告。

# 二、问题提出与研究方法设计

## （一）研究背景

### 1. 内蒙古自治区西部生态脆弱区特点

内蒙古西部位于我国北部，地理位置独特，是"一带一路"倡议下连接亚欧的重要节点。然而，该区域气候条件恶劣，风大沙多、干旱少雨，年均降雨量仅为 20 毫米左右，而年均蒸发量高达 4200 毫米。导致该地区沙漠、戈壁和荒漠草原各占 1/3，是全国生态环境最脆弱、荒漠化程度最严重、自然条件最恶劣、治理难度最大的地区之一。内蒙古西部地区的荒漠化问题长期存在，且呈现加剧的趋势。沙漠化不仅导致土地资源的丧失，还严重影响了当地居民的生产生活。由于生态环境的恶化，该区域的生物多样性也受到了严重威胁。许

---

① 三大标志性战役即黄河"几"字弯攻坚战，科尔沁、浑善达克两大沙地歼灭战，河西走廊—塔克拉玛干沙漠边缘阻击战。

② 数据来源：达拉特旗人民政府官网。

多珍稀动植物种群数量锐减，甚至面临灭绝的风险。干旱少雨的气候条件使该区域水资源极为短缺，这不仅限制了农业和畜牧业的发展，还加剧了生态环境的恶化。

2. 我国绿色发展战略

我国绿色发展战略以习近平新时代中国特色社会主义思想为指导，深入贯彻党的二十大和党的二十届二中、三中全会精神，全面贯彻习近平经济思想、习近平生态文明思想，坚定不移走生态优先、节约集约、绿色低碳高质量发展道路。这一要求贯穿于我国绿色发展的主要目标、重点任务和保障措施中。

计划到2030年，重点领域绿色转型取得积极进展，绿色生产方式和生活方式基本形成，减污降碳协同能力显著增强，主要资源利用效率进一步提升，支持绿色发展的政策和标准体系更加完善，经济社会发展全面绿色转型取得显著成效。到2035年，绿色低碳循环发展经济体系基本建立，绿色生产方式和生活方式广泛形成，减污降碳协同增效取得显著进展，主要资源利用效率达到国际先进水平，经济社会发展全面进入绿色低碳轨道，碳排放达峰后稳中有降。

3. 绿色发展战略在内蒙古自治区的实践

内蒙古自治区西部，作为我国北方重要的生态屏障和荒漠化治理的重点区域，其生态环境脆弱性显著，治理任务艰巨。然而，通过绿色发展的路径，该地区正逐步探索出一条生态、经济、社会协调发展的新路。

经济社会发展中，坚持生态优先，以效率、和谐、持续为目标，通过科技创新和制度创新，实现经济、社会和环境的协调发展。它强调在发展过程中要充分考虑资源和环境的承载能力，追求人与自然的和谐共生，避免走先污染后治理的路。

面对内蒙古自治区西部脆弱区的生态环境现状，绿色发展不仅是区域可持续发展的内在要求，也是国家生态安全战略的重要组成部分。通过绿色发展，可以推动该地区的产业结构转型升级，减少对自然资源的过度依赖和环境的破坏；可以激发科技创新活力，提高生态环境治理的效率和精准度；可以促进社会公平正义，实现经济发展与民生改善的良性循环。将生态环境保护作为区域发展的首要任务，推动形成绿色发展方式和生活方式。利用科技手段提高防沙治沙的效率和精准度，如通过无人机播种、智能监测等方式，实现荒漠化土地的有效治理和植被恢复。鼓励和支持传统产业进行绿色低碳改造升级，同时大力发展清洁能源、节能环保等绿色产业，构建绿色产业体系。

**（二）研究设计**

在绿色发展的大背景下，自治区积极发展智慧农牧业、风光氢绿色能源等绿色、零碳产业。推进可持续发展，助力"双碳"目标达成。将绿色发展、产业振兴和共同富裕紧密相连，在保护的同时发展，推进中国式现代化迈步向前。

假设一：生态恢复与治理是生态脆弱区发展的基础。

在内蒙古自治区西部这样的生态脆弱区，由于自然条件恶劣、资源环境承载能力有限，传统的开发模式往往导致生态环境的进一步恶化，进而制约区域经济的可持续发展。因此，通过生态恢复与治理，改善区域生态环境，是保障该地区长远发展的先决条件。

假设二：发展绿色产业是生态脆弱区发展的路径。

在生态脆弱区，由于环境承载能力有限，传统的，以及高污染、高能耗的产业发展模式往往会对生态环境造成进一步的破坏，从而加剧生态脆弱性。因此，转向绿色产业，实现经济发展与生态环境保护的和谐共生，是这些地区实现可持续发展的必然选择。

假设三：促进共同富裕是发展的根本目的。

共同富裕这一理念深深植根于中国特色社会主义的理论体系中，体现了社会主义的本质规定和奋斗目标。共同富裕意味着全体人民通过辛勤劳动和相互帮助，最终达到丰衣足食的生活水平，消除两极分化和贫穷，实现普遍富裕。

### （三）研究方法

1. 文献综述法

通过广泛查阅国内外相关领域的文献资料，包括学术论文、政策文件、技术报告等，了解生态脆弱区治理和绿色产业发展的最新理论、研究成果和实践经验。这有助于把握研究背景、明确研究问题和确定研究方向。

2. 实地考察法

对内蒙古自治区鄂尔多斯市达拉特旗、伊金霍洛旗进行实地考察，通过观测、测量、访谈等方式收集第一手资料。实地考察可以深入了解该地区的自然环境、社会经济状况、生态问题以及治理措施的实施效果，为研究提供真实可靠的依据。

3. 案例分析法

选取该地区具有代表性的生态恢复与治理案例，如乌珠穆沁沙地生态脆弱区植被恢复与重建技术研究项目等，进行深入剖析。通过案例分析，可以总结成功经验、分析存在问题并提出改进措施，为类似地区的治理提供借鉴。

# 三、文献综述

## （一）绿色发展的历史

1962年，美国学者蕾切尔·卡逊出版的《寂静的春天》，引发了公众对环境问题的关注。该著作成为世界环境保护运动的里程碑。[1] 1987年，世界环境与发展委员会在其研究报告《我们共同的未来》中提出了可持续发展的概念。1989年，英国经济学家大卫·皮尔斯在《绿色经济的蓝图》中提出了"绿色经济"的概念，在此基础上，衍生出了"绿色发展"的理念。[2] 1992年，联合国环境与发展大会通过了《21世纪议程》，该议案积极指导了全球可持续发展事业。[3] 2002年，联合国在南非约翰内斯堡召开了可持续发展世界首脑会议。会议上强调世界各国应当实行"全新绿色新政""迈向绿色经济"的口号。同年，联合国开发计划署驻华代表处提出，中国正处于可持续发展的关键时期，应当走绿色发展之路。[4]

## （二）绿色发展的内涵

关于经济绿色发展的内涵，不同的组织和个人有着不同的阐释。联合国环境规划署认为，绿色发展是指能改善人类福祉和社会公平，同时能减少环境风险和降低资源稀缺性的经济模式。[5] 经济合作与发展组织指出，绿色发展是指在促进经济增长与社会发展的同时，能够兼顾自然资源的质与量，能够为人类生活提供良好自然环境的一种经济发展模式。[6]

国内学者也提出了各有侧重的绿色发展内涵。余海把"绿色发展"界定为"发展的绿色化"，就是要在发展的同时维护良好的生态环境。[7] 马平川等认为，

① 蕾切尔·卡逊. 寂静的春天 [M]. 吕瑞兰, 李长生, 译. 长春: 吉林人民出版社, 1997.
② 大卫·皮尔斯. 绿色经济的蓝图-1 [M]. 何晓军, 译. 北京: 北京师范大学出版社, 1996.
③ 郭日生. 《21世纪议程》: 行动与展望 [J]. 中国人口·资源与环境, 2012, 22 (5): 5-8.
④ 联合国开发计划署. 绿色发展必选之路: 中国人类发展报告 2002 [M]. 北京: 中国财政经济出版社, 2002.
⑤ UNEP. Towards a green economy: Pathways to sustainable development and poverty eradication M1. Nairobi, United Nations Environment Programme. 2011.
⑥ OECD. Towards green growth. Monitoring progress; OECD indicat-ors [R]. OECD Publishing, 2011.
⑦ 俞海. 中国"十二五"绿色发展路线图 [J]. 环境保护, 2011, 39 (1): 10-13.

绿色发展是以绿色经济为核心，以绿色创新为纽带，提高资源利用效率和绿色竞争力，促进产业结构优化升级，从而实现低碳、高效、可持续的发展。[①] 路日亮等认为，绿色发展作为一种新的发展模式，是以生态环境可持续、人与自然和谐共生、经济与社会协调发展的新型模式。[②]

党的十八大以来，要求将生态文明建设融入经济、政治、文化、社会建设各方面和全过程，生态文明建设被提高到"五位一体"总体布局的战略高度。2013 年，习近平总书记提出：中国将按照尊重自然、顺应自然、保护自然的理念，贯彻节约资源和保护环境的基本国策，更加自觉地推动绿色发展、循环发展、低碳发展。[③] 绿色发展是习近平经济思想和新发展理念的重要组成部分，对中国推进高质量发展、建设美丽中国、建设生态文明具有重要的战略指导意义。

# 四、达拉特旗生态修复与治理现状

## （一）"三北"防护林建设

三北地区[④]地域辽阔，光热资源充足，物种资源多样，矿产资源丰富，是中国重要的畜牧业基地和农业区，重要的能源、冶金、重化工基地。干旱、风沙危害和水土流失导致的生态灾难，严重制约着三北地区经济和社会的发展。建设"三北"防护林工程是改善三北地区生态环境、解决生态灾难的根本措施。三北地区在农田保护、水土保持、防风固沙等方面进行了四十年广泛有效的探索。

位于达拉特旗的鄂尔多斯造林总场展旦召分场，是"三北"防护林体系重点建设单位之一，也是西部地区唯一的大型机械化林场。探索出丘间湿滩点缀治理模式，乔、灌、草结合的锁边林带科学治沙模式，沟川道路"切隔"治理模式。推广应用沙障固沙造林、前挡后拉、撵沙造林等系列实用造林技术。累计完成人工造林 15.6 万亩，工程固沙 8.7 万亩，林草覆盖率由不足 3% 提高到 75%，

① 马平川，杨多贵，雷莹莹. 绿色发展进程的宏观判定——以上海市为例 [J]. 中国人口·资源与环境，2011，21 (S2)：454-458.

② 路日亮，袁一平，康高磊. 绿色发展的必然性及其发展范式转型 [J]. 北京交通大学学报（社会科学版），2018，17 (1)：143-150.

③ 中共中央文献研究室. 习近平关于社会主义生态文明建设论述摘编 [M]. 北京：中央文献出版社，2017.

④ 指我国东北、华北、西北地区。

荒漠生态环境持续改善，动植物种类由原来的 20 余种增加到 160 余种，生物多样性明显增加，生态功能日趋完善。

以鄂尔多斯造林总场展旦召分场为代表的"三北"防护林工程建设单位，截至 2018 年，三北工程建设 40 年累计完成造林保存面积 3014.9 万公顷，工程区森林覆盖率由 1979 年的 5.05% 提高到了 13.59%。累计营造防风固沙林 788.2 万公顷，治理沙化土地 33.6 万平方千米，保护和恢复严重沙化、盐碱化的草原、牧场 1000 多万公顷；营造水土保持林 1194 万公顷，治理水土流失面积 44.7 万平方千米；营造农田防护林 165.6 万公顷。而到 2024 年 6 月，"三北"工程区累计完成造林 4.8 亿亩，治理退化草原 12.8 亿亩，森林覆盖率由 1978 年的 5.05% 提高到 13.84%，退化草原面积由 2004 年的 85% 降低到 70% 左右，重点治理区实现了由"沙进人退"到"绿进沙退"的历史性转变。①

### （二）光伏发电与防沙治沙

为深入贯彻落实习近平总书记关于加强荒漠化综合防治和推进"三北"等重点生态工程建设的重要指示精神和自治区防沙治沙和风电光伏一体化工程安排部署，鄂尔多斯聚焦沙化土地治理任务占黄河"几"字弯攻坚战片区 70% 的实际，以防沙治沙为根本目标，以风电光伏为创新举措，在库布齐沙漠、毛乌素沙地布局建设防沙治沙和风电光伏一体化工程，实现库布其 1200 万亩沙化土地、毛乌素 300 万亩裸露沙地全面治理。

达拉特旗光伏领跑者基地位于库布齐沙漠的中段，基地的发展始于 2017 年，规划容量为 200 万千瓦，占地 10 万亩。基地的建设旨在推动沙漠清洁能源经济、沙漠生态治理、沙漠有机农业和沙漠风情旅游的多产业融合发展。到 2023 年，基地的 100 万千瓦项目已全部建成投产，年发电量可达 20 亿度，节约标准煤 68 万吨/年，减少二氧化碳排放 165 万吨/年。基地的建设不仅促进了光伏产业的发展，还有效地进行了沙漠治理，治理库布齐沙漠面积达 6 万亩，对改善能源供给结构和生态环境修复起到了重要作用。

基地采用了多种先进的光伏技术，以提高光伏发电效率和降低成本；实施了"林光互补"模式，通过在光伏板周围种植树木和植被，既固定沙丘又提供遮阴，减少水分蒸发，提高光伏板的发电效率，同时促进生态环境的恢复；基地通过建立信息管理中心，实现了远程监控和智能管理，提高了运维效率，减少了人力成本；基地的建设和运营注重绿色能源的使用，通过光伏发电提供清洁能源，减少对传统能源的依赖，支持可持续发展。这些技术创新点不仅提升了光伏发电

---

① 数据来源：鄂尔多斯市林业和草原局官网。

的性能和可靠性，还有助于推动当地经济的多元化发展，同时对环境保护和生态平衡做出了积极贡献，实现了经济和生态的双赢。

作为全球最大的沙漠集中式光伏发电基地，达拉特光伏发电应用领跑基地位于"光伏长城"中部，是国家第三批光伏发电应用领跑基地三个奖励激励基地之一，两期总建设规模 100 万千瓦，年发"绿电"可达 20 亿度，年节约标准煤 68 万吨，年减排二氧化碳约 165 万吨。基地采取"光伏+生态治理+有机农林+沙漠旅游"模式，累计实施生态修复 5 万亩，对于推动当地乃至区域的新能源发展和生态环境改善具有示范作用。

# 五、达拉特旗绿色产业发展

## （一）智慧农业发展

党的十八大以来，党中央、国务院高度重视绿色发展。各级农业部门要深入学习贯彻习近平总书记重要讲话精神和治国理政新理念新思想新战略，落实中央决策部署，牢固树立新发展理念，以农业供给侧结构性改革为主线，以绿色发展为导向，以体制改革和机制创新为动力，走出一条产出高效、产品安全、资源节约、环境友好的农业现代化道路。建设"种加销"全产业链实施产重塑计划，全力构筑达拉特"大农业"智慧化、数字化、高效型设施农业。在保护与发展的同时，当地牢牢抓住促进共同富裕这一发展的根本目的。以绿沃川、德农、沙圪堵村为例，在产业兴农、质量兴农、绿色兴农的基础上实现更加合理的收入分配方式。形成了丰富多样的分配新模式。

1. 德农智慧农业

德农现代高效设施农业项目位于达拉特旗树林召镇南伙房村。园区总规划占地面积 18500 亩，项目总投资 8.15 亿元，主要是新建全自动智能化温室、高端拱棚、大数据、电子交易、智慧农业互联展示中心及配套设施设备。项目按照国家现代果蔬产品行业标准建设，科学规划，合理布局，利用项目周边丰富的果蔬产品资源和当地优越的物流条件，建设集设施农业、绿色种植、科技、研发、农文旅、生产、冷链、物流于一体的高标准示范性综合园区。

在水果种植方面，采用温控大棚，挂壁式西红柿以及设施农业机器人生产作业，园区推广"四控"技术——控水、控肥、控药、控膜，推广应用水肥一体化技术，二氧化碳气肥等前沿种植技术，整体园区节水节肥 20%～30%，增产

30%~40%；园区还采用德农智慧物联网系统和数字化联动管理系统，引进农业顶端高新技术和设施设备，实现了温室环境参数和灌溉策略的自动化、精准化控制，大大提高了水肥利用率，种植效率得到大幅提升。园区出产众多的优质水果。全年种植的西红柿，以及全年无休栽培的草莓，以智能温室技术确保果实硕大、味道浓郁，特别是网纹蜜瓜，年产量预计可达数万吨，以高品质满足市场高端需求。园区通过德农公司上下游产业优势，拓宽延伸了产业链条，拓展本地精深加工，推动了农业种植、生产加工、电商物流、农技培训等农村产业深度融合。

园区采用"公司+园区+合作社+农户"经营模式，通过党组织领办合作社，德农公司、村集体、农户三方以资金、土地入股的方式成立合作社，共同合作经营，通过党建引领，积极构建紧密的农企"一地生五金"利益联结机制，即流转土地收租金、入股分红获红金、入园务工挣薪金、农业服务拿酬金、乡村旅游赚福金，着力帮助群众拓宽收入渠道。

2. 广汇绿沃川

达拉特旗绿沃川现代农业科技产业园位于王爱召镇生成永村，项目总规划占地面积1200余亩，一期投资2.4亿元，主要建设智能空中草莓园、智能装配式育苗园、特色瓜果园以及智能蔬菜工厂，配套建设生产生活附属设施、办公区等。通过"以商招商、敲门招商、合作共赢"的方式，引进浙江台州涉农龙头企业绿沃川农业公司，与旗属国有企业广汇水务合资组建公司共同运营建设。

草莓种植园引进日本香野、韩国清香、国内粉玉、越秀等优良草莓品种，优良品种覆盖率达到100%。还运用了现代农业的先进技术，采用无土栽培方式，草莓苗栽种于有机椰糠基质中，避免土壤污染与病虫害。园区配备智能数控栽培床，灵活调节高度以优化光合作用，提高土地利用率约40%。加之自动化与机械化设备的运用，如机器人移栽收割、自动化流水线生产等，显著提升了耕种收综合机械化率，降低了人力成本，推动了现代农业的快速发展与转型升级。蔬菜生产车间里，蔬菜完成种植到包装的生产链条，其间采用机器人移栽收割、自动化流水线生产等先进智能化设备，运用水培蔬菜放苗捞菜机等先进技术，科技进步贡献率、农作物耕种收的综合机械化率达到90%以上。同时，利用"1+N"销售网络体系，与阿里巴巴盒马鲜生、美团买菜、海亮明康汇等深度合作，进行"线上线下"销售。

园区通过打造高端化、数字化、智能化设施农业产业园，利用智慧农业控制中心，以智慧农业物联网和手机端两大平台为依托，以温室自动控制系统、影像视频采集系统、数字农业物联网系统三大系统为支撑，极大提高了土地利用率，节约土地面积约40%。综合叠加效益也大幅提升，蔬菜亩均增产4倍左右，草莓亩均增产 2 倍左右，产值增加 5 倍以上；蔬菜每亩较常规节水 80%、草莓节水 40%，控肥 90%、控膜 100%。园区还采用"土地流转、二次分红+入园入企就业+订单农业"的模式，紧紧将农牧户吸附在产业链各环节，带动农牧民持续增收致富。

3. 昭君镇水稻产业园

沙圪堵村的水稻栽培技术示范基地位于达拉特旗昭君镇沙圪堵村。20 世纪 90 年代，村内大米产区土地盐碱化严重，村民面朝黄土，收入微薄，领导干部带头做通思想工作，全村范围内达成一致意见，展开盐碱地攻坚战。在党委政府的积极协调下，2005 年引入大量设备，积极改良土壤，推动水稻种植机械化转变，建设了高标准示范性农田，走出了一条适宜当地农业发展的路线。

全村水稻种植面积约 130 亩，都是昔日因盐碱化严重被大量弃耕的土地。在党委政府引导下探索盐碱地水稻种植，通过"以稻制碱、以稻致富"的产业结构调整模式。华丽变身为稻谷飘香的"米粮仓"、百姓致富的"聚宝盆"。现已形成一个完整的产、供、销水稻产业发展的特色之路。2017 年沙圪堵村被评选为全国"一村一品"示范村。

同时，建设集智能化种植、标准化生产、加工与仓储于一体的现代农业产业园——昭君镇水稻产业园。产业园内采用先进的智能化种植技术，包括大数据、云计算、物联网等现代信息技术，实现对稻田环境的精准监测和科学管理。农户可以通过手机或电脑随时查看稻田的长势、土壤湿度、光照强度等数据信息，实现精准种植和科学管理。产业园预计 2024 年底投产，投产后实现了从水稻种植到稻米加工的全产业链，完成了一二产融合发展。提升农产品附加值，增加农民就业机会，增加农民劳务收入，有力推进共同富裕。

以沙圪堵村为代表的水稻种植和加工项目，全面推广"党建引领，统种共富"土地合作经营模式。全镇水稻 2.6 万亩，均已推行"统种共富"水稻种植模式。该模式以"六统一"模式①种植经营，实现水稻产业的规模化、标准化和产业化发展，提高农民的收入水平。依托专业合作社，集中统一规划和种植。合作社为农民提供种子、有机肥等生产资料，并组织专业的技术人员进行种植指导。同时，合作社对接企业，确保销售渠道。农民不仅可以通过参与合作社的经营管理获得额外的分红，还可以通过在合作社务工获得收入。着眼未来，全镇将继续坚持"统种共富"水稻种植模式，不断完善和优化产业发展链条，加强水稻品牌化建设。同时，昭君镇还将积极探索农业与旅游、文化等产业的融合发展，打造集生态农业、乡村旅游、文化体验于一体的综合性农业产业园区，实现

---

① 即统一标准、统一农资供应、统一农机服务、统一技术指导、统一品牌、统一销售。

一二三产业融合协调发展。

### （二）零碳产业发展

习近平总书记强调，实现碳达峰碳中和，是贯彻新发展理念、构建新发展格局、推动高质量发展的内在要求，是党中央统筹国内国际两个大局作出的重大战略决策。"十四五"是碳达峰的关键期、窗口期。各地区各部门锚定目标，坚定不移走生态优先、绿色发展之路，统筹产业结构调整、污染治理、生态保护、应对气候变化，协同推进降碳、减污、扩绿、增长，推动绿色低碳发展不断取得新进展。在此政策引领下，远景科技集团牵头，在内蒙古鄂尔多斯建设了全球首个零碳产业园。

鄂尔多斯零碳产业园位于鄂尔多斯市伊金霍洛旗，于 2022 年 3 月，由自治区工信厅和能源局联合发文批准建设，自治区成立专班高位推进。规划总面积73 平方千米，分三期建设（一期建设 26 平方千米，二期建设 30 平方千米，三期建设 17 平方千米）。整体按照"一轴双核两区"布局①，着力通过构筑"1+2+5+8"创新示范体系②实现零碳构想，落实规划为引领、产业为核心、绿电为引擎的零碳产业园建设思路和实践路径，从而打造以产兴园、以园促城、产城融合的零碳产业城、零碳科技城、零碳生态城和零碳未来城，力争到 2025 年，实现百亿度绿电消纳、上亿吨碳减排积累、千亿元绿色工业产值，形成可推广、可复制的零碳产业园示范样板。国鸿氢能和隆基绿能作为氢能源领域和光伏单晶硅领域领先的制造企业，是零碳产业园的标志性企业之一。

1. 国鸿氢能

2021 年，国鸿氢能与山西美锦能源股份有限公司、佛山市飞驰汽车科技有限公司、氢源嘉创（浙江）新能源科技有限公司组成头部企业联盟，与鄂尔多斯市伊金霍洛旗人民政府签订战略合作协议，共同打造国家级的氢能源产业示范区。

美锦能源自 2017 年以来，积极布局氢能产业链，具有完整和前瞻的视野以及充足的技术储备；国鸿氢能以燃料电池电堆及动力系统为核心产品，已建成全球最大的电堆生产线，电堆市场占有率连续多年名列第一；飞驰科技是我国氢能汽车行业的引领者，投入运营氢能车辆上千辆，累计安全行驶近 5000 万千米；

---

① "一轴"就是沿文明西街的城市发展轴，是展示产业园零碳高科技风貌的重要窗口；"双核"就是产业园东侧以产业服务为主，以新能源展示、产业研发、企业孵化、能源岛等科技创新为核心，西侧以生活商务为主，以行政办公、文化博览、教育培训等商业商务为核心；"两区"就是东部产业区和西部生活服务区，其中工业用地约占 41%，商住用地约占 20%，其余为道路、绿地等。

② 即一个新型电力系统，一套国际标准和一个能碳管理平台，五大零碳产业链集群，八大创新示范。

氢源嘉创作为氢能源整体解决方案供应商，规划、设计、建设、运营制氢工厂和加氢站，同时在制氢、加氢、供氢核心装备上具备核心竞争力。

依托鄂尔多斯雄厚的产业基础和丰富的氢能资源，4家企业组成的联盟将发挥各自的比较优势，共同为鄂尔多斯打造一体化供应链、新能源整车及核心装备生产、新能源汽车智慧运营的全产业生态圈。国鸿氢能以国家战略性需求为导向，优化整合产业链资源配置，将继续在全国范围内与产业伙伴开展深度合作，加强与各方资源的协同联动，通过持续的技术创新和高品质规模化生产，推进燃料电池技术在道路交通、轨道交通、船舶、发电等领域的商业化应用，与上下游企业合作共赢，构建完整的氢能生态圈，为我国实现能源转型以及"双碳目标"作出贡献。

2. 隆基绿能

隆基公司自创立之初就坚持单晶工艺生产，顶住近十年压力，终于实现光伏技术弯道超车，成为行业龙头，并形成以中国为中心的全球生产、营销、物流网络。隆基绿能公司多线并进，构建了单晶硅片、电池组件、分布式光伏方案、绿色能源和氢能装备五大业务板块，在全球光伏制造企业中遥遥领先。在电池方面，公司持续推动太阳能电池和组件的量产和商业化，包括创新的正面无栅线HPBC太阳能电池和Hi-MO6组件，为不同应用场景提供高价值的方案。公司的多元化和技术领先地位使其在光伏行业发挥带动作用，支持全球零碳发展。

2022年3月12日，隆基绿能科技股份有限公司与鄂尔多斯市人民政府、伊金霍洛旗人民政府签订投资合作协议，投资建设年产46GW单晶硅棒和切片、30GW高效单晶电池及5GW高效光伏组件项目。隆基绿能贯彻落实习近平新时代绿色发展思想，将环境保护和可持续发展融入企业战略规划和日常运营之中，致力于推动清洁能源的革命性发展。通过持续的技术创新和管理创新，隆基绿能不仅实现了绿色发展与产业创新的齐头并进，还为全球能源结构的优化和生态环境的改善作出了积极贡献。

# 六、研究结论

## （一）推进荒漠化治理和生态环境保护是关键

我国是世界上荒漠化最严重的国家之一，35%面积被库布齐沙漠覆盖的达拉特旗，是黄河"几"字弯流域荒漠化问题的典型案例。作为生态脆弱区和京津冀主要沙源地，生态恢复是当地产业发展的基础性条件，坚持荒漠化治理和防沙治沙，应将"治沙逐绿"作为关键目标。

2023年6月6日，习近平总书记在内蒙古自治区巴彦淖尔市考察，主持召开加强荒漠化综合防治和推进"三北"等重点生态工程建设座谈会时强调，加强荒漠化综合防治，深入推进"三北"等重点生态工程建设，事关我国生态安全、事关强国建设、事关中华民族永续发展，是一项功在当代、利在千秋的崇高事业。久久为功，筑牢我国北疆绿色长城。"三北"防护林工程作为中国生态文明建设的标志性工程，经过数十年不懈奋斗，取得了举世瞩目的成就。以鄂尔多斯造林总厂展旦召分场为代表的治理单位，通过创新治沙模式、科学规划布局、广泛应用先进技术和动员社会各界广泛参与，不仅极大改善了当地脆弱的生态环境，提高了林草覆盖率，还促进了生物多样性保护，带动了沙漠生态旅游等绿色产业发展，实现了生态效益与经济效益的双赢。

领跑基地的建设通过光伏发电与沙漠治理相结合的模式，有效防治沙害，改善了当地生态环境，对荒漠化治理和生态文明建设具有重要作用，推动了内蒙古自治区清洁能源产业高质量发展，加快了能源结构转型，践行了可持续发展战略。达拉特光伏领跑者基地不仅是技术创新和生态文明建设的典范，也是推动经济社会可持续发展的重要力量。光伏绿能与防沙治沙相结合，盘活"板上"发电与"板下"农牧业发展，是自治区荒漠化治理的一大创举。以达拉特旗光伏领跑基地为代表的一批光伏、风电项目，创新了荒漠化治理与绿色发展的新路径。在巩固防沙治沙有力成果的同时，实现了可再生能源的绿色高效利用。

**（二）绿色产业发展是引擎**

在第75届联合国大会上，中国向世界庄严宣布，二氧化碳排放力争于2030年前达到峰值，努力争取在2060年前实现碳中和。"双碳"目标是中国政府对世界人民的郑重承诺，是习近平总书记人类命运共同体伟大构想的生动体现。建设更多绿色、低碳、可持续的产业，是我国下一步发展的必由之路。

把握好保护和发展的关系，既要保护更要发展。以德农和绿沃川果蔬农业工厂，昭君镇沙圪堵村智慧稻田为代表的智慧农业，以及以国鸿氢能氢燃料电池，隆基绿能单晶硅光伏板制造为代表的零碳产业，均坚持了绿色和可持续的发展理念。在生态脆弱区治理基础上，实现了保护性的发展。更要把握好总书记关于新质生产力的重要论述，坚持科技引领，创新驱动，实现绿色产业的高质量发展。

智慧农业方面，达拉特旗的德农智慧农业、绿沃川农业及昭君镇水稻产业园等项目，通过引入先进技术和智能管理系统，实现了农业生产的高效、精准和绿色化，大幅提升了农产品质量和产量，促进了农业产业结构的优化升级。这些实践不仅提高了农民收入，还推动了农村经济的多元化发展。零碳产业园的建设是鄂尔多斯绿色发展的亮点。通过构建以绿电为引擎的零碳产业体系，鄂尔多斯正逐步实现能源结构的转型和碳排放的降低。国鸿氢能、隆基绿能等企业的入驻，为产业园注入了强大的科技动力和产业支撑，推动了氢能、光伏等清洁能源产业的快速发展。

绿色发展已成为鄂尔多斯经济社会发展的核心驱动力。通过光伏治沙、智慧农业和零碳产业园等项目的实施，鄂尔多斯不仅实现了经济效益和生态效益的双赢，还为其他地区提供了可借鉴的绿色发展模式和经验。未来，随着绿色技术的不断创新和应用，绿色发展将在更广泛的领域发挥更大的作用，成为推动全球可持续发展的重要力量（见图1）。

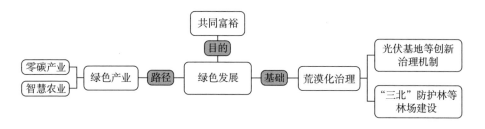

**图1  西部地区绿色发展机制**

资料来源：笔者绘制。

### （三）促进共同富裕是目的

2021年2月20日，习近平总书记在党史学习教育动员大会上指出：江山就是人民，人民就是江山。党的十八大以来，全党始终把促进全体人民共同富裕摆在关键性位置。坚持以人民为中心，建设全体人民共同富裕的现代化，是下一个阶段党和国家的重要任务。

在鄂尔多斯市达拉特旗，针对荒漠化问题所采取的生态治理与绿色产业转型系列措施，深刻体现了国家促进共同富裕的战略导向。"三北"防护林工程作为生态安全屏障，成效显著，有效抵御风沙侵袭，改善土壤条件，更通过科学治沙、公众参与与持续修复机制，激活了土地潜力，拓宽了农牧民生存发展空间，为多元化经济发展奠定了生态基础，促进了经济与生态的和谐共生。光伏产业迅猛发展，标志着鄂尔多斯在能源转型与绿色发展上的重大突破。以达拉特旗光伏领跑者基地为代表的项目，引领了清洁能源广泛应用，创新性融合沙漠治理，实现了环境与经济双重效益的最大化。"光伏+治沙"模式，不仅创造了绿色就业岗位，更激发了产业链上下游的活力，为居民增收致富开辟了新路径，彰显了绿色发展在促进共同富裕中的关键作用。

以德农智慧农业的"公司+园区+合作社+农户"模式，广汇绿沃川的"土地流转、二次分红+入园入企就业+订单农业"模式以及昭君镇推广的"党建引领，统种共富"模式，将企业、政府、合作社和农户紧密相连。积极融合好一二三产，将绿色发展和共同富裕紧紧结合起来。有力推进中国式现代化，助力乡村全面振兴。

达拉特旗在荒漠化整治与绿色发展实践中所取得的显著成效，是对国家绿色发展理念与共同富裕战略的生动诠释。未来，应继续深化政策实践，强化生态治理与产业发展的深度融合，推动区域经济社会的全面、协调、可持续发展，确保共同富裕目标稳步实现。

# 七、对策建议

## （一）继续推进"三北"防护林等生态修复工程

强化政策引领与项目支持：继续贯彻习近平生态文明思想，以"三北"防护林建设等国家重点工程为牵引，制定更为细致的政策措施，确保生态修复工程的连续性和稳定性。加大对荒漠化治理项目的财政投入，吸引社会资本参与，形成多元化投资机制。

推动防沙治沙与新能源融合发展：充分利用鄂尔多斯市沙化土地面积广阔、光照充足的优势，大力发展风电光伏一体化工程。在库布齐沙漠和毛乌素沙地建设"光伏长城"和"一廊多点"风电光伏项目，实现防沙治沙与新能源开发的互促共赢，构建绿色、低碳的能源体系。

创新治理模式与技术：推广"林光互补""草光互补"等生态技术，提高防沙治沙的科技含量。引入智能灌木平茬、智能沙障铺设、无人机飞播等新技术新装备，提升治理效率和效果。同时，加强科技攻关，解决防沙治沙中的关键技术难题。

激发农牧民参与积极性：通过"以工代赈""先建后补"等模式，让农牧民直接参与生态修复工程，增加其经济收益。建立合理的利益联结机制，确保农牧民在生态修复中受益，形成全社会共同参与的良好氛围。继续推进各类生态修复工程，需要政策、资金、技术、区域合作及农牧民参与等多方面的支持和努力。

只有这样，才能确保荒漠化治理取得更大成效，为筑牢我国北方生态安全屏障作出更大贡献。

### （二）大力发展智慧农业和零碳产业

加强智慧农业基础设施建设：利用物联网、大数据、云计算等现代信息技术，加快构建智慧农业体系。提升农业生产的智能化水平，包括智能灌溉、病虫害远程监控、精准施肥等，提高农业生产效率和资源利用效率。

推动绿色农业技术创新：研发和推广低碳、零碳农业技术，如生物防治、有机肥料替代化肥、农业废弃物资源化利用等。通过技术创新，减少农业生产过程中的碳排放，实现农业绿色可持续发展。提升农业生产的碳转化利用率。

加强政策扶持与人才培养：制定和完善支持智慧农业和零碳产业发展的政策措施，包括财政补贴、税收优惠、用地保障等。同时，加强人才培养和引进，为智慧农业和零碳产业发展提供有力的人才保障。鄂尔多斯市应充分利用自身优势，大力发展智慧农业和零碳产业，推动经济转型升级和绿色低碳发展。通过加强基础设施建设、技术创新、产业集聚、融合发展以及政策扶持与人才培养等措施，实现农业和零碳产业的双赢发展。

### （三）构建更加合理的收入分配制度

强化政策引导扶持与生态补偿机制：制定专项扶持政策，政府应针对绿色产业、智慧农业和零碳产业制定详细的扶持政策，包括但不限于税收减免、低息贷款、研发补贴、市场开拓奖励等，以降低企业初期投入成本，鼓励技术创新和市场拓展。建立生态补偿机制，通过设立生态补偿基金，对在生态保护中作出贡献的地区和个人给予经济补偿，激励社会各界参与生态环境保护。同时，探索建立碳排放权交易市场，让低碳排放者通过出售碳配额获得经济收益，形成正向激励机制。引导资源要素集聚，利用政策杠杆，引导资金、人才、技术等关键要素向绿色产业领域集聚，支持建设绿色产业园区、创新平台和研发中心，提升整个产业链的绿色化、智能化水平。

优化收入分配结构：推广新型农业经营模式，通过"公司+园区+合作社+农户"等模式，构建紧密的利益联结机制，确保农民在产业链中的话语权和收益权，提高农产品附加值，增加农民收入。实施差异化薪酬政策，在零碳产业园区内，根据岗位贡献和技能要求，制定更具吸引力的薪酬激励机制，吸引和留住高素质人才，推动产业高质量发展。促进共同富裕，通过政策引导和财政支持，加大对农村和欠发达地区的投入，缩小城乡、区域间收入差距，推动实现共同富裕。

完善社会保障体系：扩大覆盖范围，建立健全覆盖全体城乡居民的社会保障体系，确保每个人都能享受到基本的社会保障服务，特别是要关注生态移民、治沙工人等特殊群体的保障需求。提高保障水平，根据经济社会发展水平，适时提高社会保障待遇标准，确保人民群众的基本生活需求得到满足，减少因生态环境改善而产生的短期收入波动影响。强化兜底保障，对于因生态环境保护而失去收入来源或收入减少的群体，要建立健全兜底保障机制，通过临时救助、低保补助等方式，确保其基本生活不受影响。

文旅融合

# 数字化赋能西部乡村文旅产业转型
# 升级的机制

## ——以四川省战旗村、明月村、铁牛村为例

褚玉杰　黄枭　赵经纶　鲜盛东　陆天遥[*]

**摘要：** 传统乡村文旅产业规模小、效益低、竞争力弱、创新乏力，数字经济为其创新可持续发展提供了全新动能与可行路径。本文以成都市周边的典型乡村旅游地——战旗村、明月村、铁牛村为案例，探索数字化赋能乡村文旅产业转型升级的路径和机制。研究发现：数字化能够赋能乡村文旅产业转型升级，赋能路径及机制包括三个层面：一是个体层面，乡村旅游从业者较高的数字素养能激发其创新能力，但不同案例、年龄、外出经历等个体数字素养存在差异。从业人员创新能力提高会激发乡村文旅产业人才要素活力，有助于提升企业数字化利用能力，进而驱动传统文旅产业转型升级。二是企业层面，企业数字感知能力、数字运营能力、数字协同能力会推动文旅企业转型升级。企业数字能力提升有效创新业务流程，帮助降低生产与运营成本、促使企业学习和更新生产管理技术与能力，做到经营管理的绿色环保，并实现数字化转型升级。三是产业层面，数字化通过产业融合、业态创新、管理创新、服务转型赋能文旅产业转型升级。人才是乡村文旅产业发展最重要的因素，但数字化与乡村文旅产业的融合处于基础阶段，其数字化转型仍面临很多问题。本研究总结数字赋能乡村文旅典型经验，挖掘数字经济与文旅产业发展关系的理论逻辑，推动相关研究发展，为其他乡村文旅产业提供参考。

**关键词：** 数字化；乡村文旅；产业转型升级

---

[*] 褚玉杰，西北大学经济管理学院讲师；黄枭、赵经纶、鲜盛东，西北大学经济管理学院硕士研究生；陆天遥，西北大学经济管理学院本科生。

# 一、引言

作为推动乡村地区发展的特色优势产业，文旅产业已成为我国许多乡村实现高质量发展和共同富裕的重要选择。然而，乡村文旅发展面临着新场景、新技术、新产品和新模式等契机与考验，数字经济则为乡村文旅的创新可持续发展提供了全新动能与可行路径。如何把握数字经济的历史性机遇、利用数字经济赋能和加持新机遇下的传统乡村文旅产业、有效实现"数字技术+乡村文旅"，是实现传统乡村文旅产业链改造升级亟待解决的关键问题，对实现乡村文旅高质量发展具有重要意义。

学界对于数字化如何赋能产业转型升级已经有了较深刻的认识。数字经济发展以与传统经济创新性融合为基础，传统文旅产业的数字化转型是数字技术对文旅产业进行全方位、多角度、全链条改造的过程。学界对于数字经济的研究大都以宏观研究为主，从微观视角针对多案例地数字化对文旅影响机制的个案研究严重缺失，也缺乏从动态视角剖析乡村文旅产业各个要素、各个参与主体的数字化水平及其对文旅发展的长远影响。在研究方法上对具体乡村数字文旅发展实际以及对村庄企业个体的定性定量分析也极为不足。

基于此，本次调研以成都市周边典型乡村旅游地——成都市战旗村、明月村与铁牛村为案例，通过实地考察、访谈和问卷调查方法，了解村庄文旅产业数字化发展现状，进而剖析数字化驱动乡村文旅产业转型升级的实际路径，从中总结成功经验，为其他乡村文旅产业借助数字化实现转型升级提供借鉴。

# 二、问题提出与调研方法设计

## （一）研究背景

### 1. 现实背景

乡村文旅在深度发掘农业多种功能和乡村多重价值、推动农村产业结构转型升级、助推农民增收等方面的作用日益凸显，然而传统乡村旅游地市场秩序混乱、经营理念落后、同质化竞争严重等问题严重制约了乡村文旅的长远发展。数字经济已成为文旅行业创新发展的新动能，数字化快速链接供需两端，带动业务流程优化，促进产品创新、管理创新、服务创新，进而推动文旅产业转型升级。为促进数字化与乡村文旅深度融合，文化和旅游部启动乡村文旅数字提升行动，旨在将新兴技术与在地资源相结合，推动产业转型升级、壮大新型消费，同时吸引更多平台机构、社会力量和达人创客投身乡村文旅发展，用数字化变革引领乡村文旅发展。利用数字化促进乡村文旅转型升级，是中国经济高质量发展现状对文旅产业的现实要求。

2. 理论背景

数字经济与乡村文旅产业发展受到学术界广泛关注。相关研究为了解和解决数字化驱动乡村文旅产业升级的内在机理和路径对策提供了重要理论依据和实践经验。然而关于数字化与乡村文旅产业的研究仍有诸多不足，该方向的研究文献数量较少、研究视角较单一、研究方法缺乏。我国幅员辽阔，各地区自然人文条件差异巨大，乡村旅游产业发展各有不同。因此从微观视角进行数字化与乡村文旅产业发展案例研究必须考虑不同村落产业发展情况，基于多案例的动态比较分析洞察乡村文旅产业数字化转型的普遍问题，并为中国乡村文旅产业发展总结经验。

**（二）文献综述**

1. 数字化与文旅产业发展

数字化是世界经济重要议题和社会演进显著趋势，乡村文旅产业也加快了数字化转型步伐。在数字化与文旅产业发展研究中，学者将研究重点放在数字化技术应用、文旅产业数字化内涵特征、数字化对文旅产业影响等方面。周湘鄂（2022）提出数字技术推动了文旅产业形成与发展，产品和服务数字化让大规模文旅消费成为可能[①]。夏杰长等（2020）研究发现运用数字技术对文旅产业进行全方位、多角度、全链条改造的过程，可以实现文旅产业深度融合发展[②]。李天瑜等（2024）研究数字化赋能沿海乡村文旅产业发展路径，数字化将互联网与旅游经济相融合，提升数字化水平，改变目前落后的旅游营业状态，助推旅游经济可持续发展[③]。然而，由于我国东西部乡村基础差异较大，该结论可能并不适用于西部地区，而关于西部乡村旅游产业数字化建设案例研究较为缺乏，因而需要

① 周湘鄂. 文化旅游产业的数字化建设 [J]. 社会科学家，2022（2）：65-70.
② 夏杰长，贺少军，徐金海. 数字化：文旅产业融合发展的新方向 [J]. 黑龙江社会科学，2020（2）：51-55+159.
③ 李天瑜，林开豪，朱悦颖，等. 数字化赋能沿海乡村文旅产业发展研究——以温州炎亭镇为例 [J]. 农村经济与科技，2024，35（11）：133-135+240.

继续深入讨论。

2. 数字化与乡村文旅产业转型升级

数字技术在乡村产业振兴中具有重要作用，一方面，朱慧方等（2024）发现数字乡村可以实时分析、解决乡村旅游高质量发展中的复杂问题[①]；另一方面，数字乡村内嵌于乡村旅游建设中。数字经济作为农村经济高质量发展新动能，促进乡村文旅经济发展[②]。也有学者提出不同观点，李燕凌等（2022）指出，当前乡村文旅产业数字化仍处于起步阶段，数据开放共享水平低、信息网络基础设施建设滞后、农村居民数字素养偏低、新一代信息技术应用尚待深入普及等问题限制着乡村发展[③]。因此，需要基于不同案例地区进行更为细致的分析，以了解不同乡村旅游目的地进行数字化建设对其文旅发展带来的影响。

3. 文献述评

数字经济已成为学者关注的焦点，然而对乡村文旅产业数字化的案例研究却极缺乏。首先，从微观视角进行多个村落的案例研究，将研究视角聚焦到更生动具体的实践上，可以发现宏观研究所不能关注到的具体案例之间的异质性。其次，从乡村发展来看，我国西部乡村旅游资源极为丰富，然而乡村发展水平较低，旅游发展矛盾重重，数字化与乡村旅游发展问题突出。因此，对西部地区村落进行案例研究也更具典型性。再次，梳理文献发现关于数字化与乡村旅游产业发展的案例研究都聚焦于某一村落，多案例研究极为缺乏。多案例研究涉及处于不同数字化阶段的多个村落，可以实现差异性横向比较和跨时空动态比较，能够更全面立体地展示数字化赋能乡村文旅产业转型升级的规律。

综上所述，学术界对数字化赋能乡村文旅产业转型升级的研究缺少微观层面分析，缺乏多案例讨论，也缺少村庄层面从个体到企业再到整体的分析，还缺少机制分析。在研究方法上，现今关于乡村文旅产业数字化研究更多以地区总体数据进行定量分析，对具体乡村实际访谈以及针对村庄企业个体的定性定量分析都极为缺乏。

（三）研究意义

在理论意义方面，从微观视角进行多案例研究，总结处于不同数字化发展阶

① 朱慧方，时朋飞，俞筱押. 贵州数字乡村与乡村旅游高质量发展的空间适配性分析 [J]. 地理与地理信息科学，2024，40（3）：143-150.

② Li B. Research on the Path of Promoting the Common Prosperity of Farmers and Countryside in the New Era [J]. Academic Journal of Humanities & Social Sciences，2023，6（13）.

③ 李燕凌，温馨，高维新. 数字乡村与乡村振兴耦合协调发展的时序适配性分析 [J]. 农业经济与管理，2022（4）：1-12.

段的乡村旅游目的地发展状况，可以更加生动具体地发现宏观研究所掩盖的异质性，为其他微观实践提供指导，并以跨时空动态比较获得更科学的研究结果，进一步推进乡村旅游产业数字化发展研究。

在现实意义方面，通过对成都周边乡村旅游目的地数字化与乡村旅游产业发展进行案例研究，可以总结相关村落发展经验，发现相关村落旅游产业数字化发展中的不足之处，还可以为探索更为科学可持续的乡村旅游产业数字化发展之路提供指引。

### （四）研究设计与实施

#### 1. 案例地区选择

四川省作为国家数字经济创新发展试验区之一，在西部地区异军突起，积极发展数字经济，推动数字经济与实体经济融合发展，积累了较强的产业实力和资源优势。在产业数字化方面，四川省以数字经济为支点，撬动农业、文旅产业等传统行业数字化转型。因此，本次调研选择数字经济发展较好的四川省。

本文选取四川省成都市的战旗村、明月村、铁牛村为案例地。三个村都位于成都市 1 小时经济圈内，位置优越，交通便利，依托各自资源优势和产业基础，整合各项资源、优化产业布局，实现乡村文旅产业转型升级，走向了不同的乡村旅游发展之路。①战旗村作为新时代乡村振兴示范村，以"公园城市的乡村表达"为理念，发展乡村旅游、非遗传承等，实现了农商文旅融合发展，文旅产业数字化转型主要集中在电商销售方面，村民的数字素养参差不齐。②明月村以竹海茶山明月窑为依托，通过文化艺术节、音乐会等，打造"明月村"文化品牌，走出了一条以"文创赋能休闲农业、推动产村融合发展"的发展之路。外来的村民参与并主导明月村文旅产业发展，新村民数字素养水平较高，带动提高老村民数字素养。③铁牛村发展旅游较晚，旅游业态体量较小。该村以农业为根基，以生态发展为原则，文创激活产业，发展生态种植、农创产品、乡村体验旅游，向三产融合发展。该村以数字技术丰富新业态、延长产业链，以数字管理降本提效，以数字营销扩大市场份额。因此，选取成都市周边文旅产业发展较好、数字化水平各不相同的旅游村来探究数字化如何赋能乡村文旅产业转型升级具有典型意义。

#### 2. 研究方法

在资料收集方面，本次调研采用文献法收集与整理相关文献，在全面客观了解研究相关领域基础上，充分参考战旗村、明月村、铁牛村的文献和新闻报道，制定调查问卷和访谈大纲。本次调研采用问卷调查和访谈相结合方法收集数据，从村民个体、企业、产业层面收集数字化赋能文旅产业转型升级一手数据。在资料分析阶段，采用数理统计方法对问卷数据进行分析，主要利用描述性统计、参数检验、多元回归等方法来研究各因素之间的联系。

3. 数据获取及概况

本次资料收集采取线上线下相结合方式。在设计问卷与访谈大纲基础上，对四川省成都市周边的战旗村、明月村和铁牛村展开实地调研。在调研中，通过访谈法与问卷法对村集体负责人、企业负责人及村民进行调查，采用随机抽样的抽样方法开展访谈，发放问卷。最终共获得 14 份访谈记录，包括 4 份村委访谈数据和 10 份企业数据，回收了企业问卷 11 份、村民问卷 74 份。

4. 研究框架

本次调研的技术路线如图 1 所示。

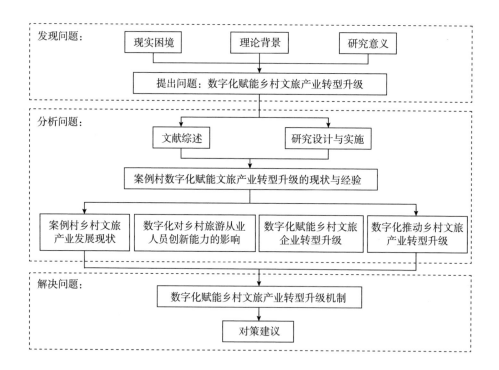

**图 1　技术路线**

资料来源：笔者绘制。

# 三、案例村数字化赋能文旅产业转型升级的
## 现状与经验

### （一）案例村乡村文旅产业的发展现状

战旗村、明月村、铁牛村作为乡村旅游发展示范村，以优势产业为基础，整合各项资源，逐步形成了各自的乡村文旅发展经验。对比三个村子的现有的产业链可以发现，乡村文旅产业的发展是在特色农业基础上不断增加新业态、延伸产业链条。战旗村、明月村、铁牛村为游客提供的农业观光、旅游住宿餐饮、特色商品服务等基础内容类似，不同的是因地制宜所开发的新兴内容及支撑链（见表1）。

表1　战旗村、明月村、铁牛村文旅产业链

| 类别 | | 战旗村 | 明月村 | 铁牛村 |
|---|---|---|---|---|
| | 基础服务 | 农业观光、特色餐饮、旅游住宿、特色商品经营服务 | 特色餐饮、乡村民宿、特色农产品经营服务 | 农副产品购买、农业体验、乡村美食、节事活动的服务 |
| 核心链 | 新兴内容 | 现代农业园区、农田景观、蔬果观光采摘 | 旅游商品、农耕体验活动、研学活动 | 柑橘农业增加采摘、农耕、研学、果树认养等体验 |
| | | 餐饮美食、乡村民宿与酒店、特色商品经营服务、研学体验 | 多元化的文创产业集群、手工艺品创意与艺术设计、科普体验 | 乡村旅游活动、特色美食、特色手工艺品体验 |
| | | 传统手工体验与文化休闲项目 | 精品民宿，本地村民改造院落，提供住宿和餐饮服务 | "阿柑"系列文创农创产品 |
| | | 参观展示、教学科研、交流讨论的红色教育培训 | 特色文化活动、文化创意项目 | 乡村民宿、餐厅、农家乐 |
| 支撑链 | 科技 | 数字基础设施建设、数字化的文旅展示、电商平台线上销售、数字治理小程序 | 生态、科学的农业生产，低农药、低污染的农产品种植。"互联网+"农产品销售、线上营销推广 | 使用生物技术，进行生态种植，线上平台进行产业整合，一二三产业融合发展 |
| | 金融 | 土地租赁招商，品牌效应获得资金 | 政府、外来创业者、本地村民共同出资 | 新村民与老村民共同建设 |

| 类别 | | 战旗村 | 明月村 | 铁牛村 |
|---|---|---|---|---|
| 支撑链 | 人才 | 产业发展向好，待遇提高，人才回流，加强培训 | 吸引了大批艺术家与外来创业者，本地精英和外地创客共同推动，整村运营 | 新村民和候鸟村民，全方位负责铁牛村乡村旅游项目的策划、运营和宣传 |
| | 政策 | 紧跟国家发展的各项政策 | 土地、产业政策的吸引，新村民买来的土地拥有40年产权 | 政府主导规划 |

资料来源：笔者绘制。

1. 战旗村

村集体经济组织和企业是战旗村发展文旅的主导群体，通过集体经济组织搭台，调整产业结构，引入旅游企业，建成天府战旗酒店、乡村十八坊等项目，探索出"农业+农产品加工+乡村旅游"的产业融合发展之路。由生产端特色农产品的种植、农业主题文化资源体验，到消费端的游客和农副产品购买者，战旗村形成了农业观光、加工体验、科普研学等丰富的旅游业态。战旗村以集体经济盘活土地资源，引进旅游业态，实现农商文旅融合发展。2023年，战旗村资产1700多万元，集体收益700多万元，年接待5000多个党政团队，全年接待游客突破100万人次，实现融合发展。战旗村产业链形成过程见图2。

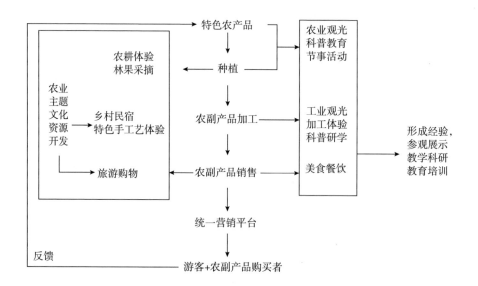

图2 战旗村产业链形成过程

资料来源：笔者绘制。

2. 明月村

明月村以邛窑陶艺为特色，吸引了众多设计师、艺术家和创业者迁居到此，开始文创旅游开发。本地精英和外地创客是明月村文旅发展的主导群体。"明月国际陶艺村项目"启动后引进外来文创项目 40 余个，引导村民旅游经营项目 30 余个，包括蜀山窑、草木染工房等文创项目，其中耕种采摘、骑行漫步等休闲活动价值被重新挖掘，多元化文创产业集群塑造了明月村文艺乡村新形态。打造出临盘民宿、农事体验、研学课堂、文创休闲于一体的旅游生态产业圈。2022 年接待游客 26 万人次，旅游收入达到 3300 万元。明月村产业链形成过程见图 3。

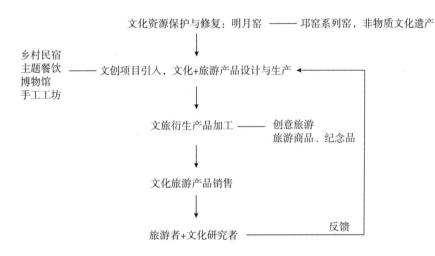

**图 3　明月村产业链形成过程**

资料来源：笔者绘制。

3. 铁牛村

热爱乡村建设的青年留在了铁牛村，成为新村民和候鸟村民，这些新村民和候鸟村民成为铁牛村文旅发展主导力量。铁牛村在柑橘种植基础上增加采摘、研学、果树认养等体验项目，开发以丑橘为核心 IP 的农文创产品，开展丑美生活节、阿柑周末等一系列乡村旅游活动，打造铁牛村未来乡村公园社区。新老村民共同成立了村企联合体——铁牛丑美田园度假村有限公司，搭建"新村民企业（销售方）+村企联合体（组织方）+专业技术服务机构（技术方）+当地农民（种植方）"的"四方合作"利益联结机制。丑美铁牛以柑橘产业为基础，联动一二三产，开发农创文创产品，并通过统一的经营管理平台进行产品的输出，形成了铁牛村多元的产业链（见图 4）。

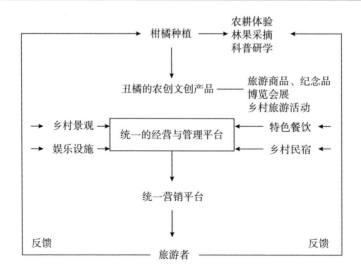

**图4 铁牛村产业链形成过程**

资料来源：笔者绘制。

## （二）数字化对乡村旅游从业人员创新能力的影响

本次调研采用回归分析的方法从个体层面探究数字化对乡村旅游从业人员创新能力的影响，分析对象包括乡村旅游从业人员、乡村文旅产业从业人员，研究内容为数字素养对其创新能力的影响。

1. 数据收集与处理

在实地访谈过程一共收集有效问卷74份，战旗村25份、明月村39份、铁牛村10份。采取主成分降维对数据进行预处理，通过降低维度，方便数据分析。描述性统计结果发现，女性人口的比例偏多，年龄普遍偏大且受教育水平较低，多为未离开本地的村民，且多从事个体种植或者农业生产工作。可见留在乡村的大部分是从事农业生产的本地村民，这类主体数字化水平较低。返乡村民和外来村民只占小部分，这些人多为数字素养较高的青年，大多从事经营管理工作。

2. 信效度分析

由表2可知，问卷信效度均明显大于0.8，测量结果具有较高的可信度。KMO检验大于0.6，可以进行降维处理和因子分析。研究结果具有稳定性和一致性。

表2 信效度分析

| 变量名 | Cronbach's α 系数 | 题项数 | 样本数 | KMO 值 | 近似卡方 | df | P |
|---|---|---|---|---|---|---|---|
| 数字基础设施素养 | 0.913 | 4 | 74 | 0.788 | 229.755 | 4 | 0.000 *** |
| 数字信息沟通素养 | 0.919 | 3 | 74 | 0.746 | 160.749 | 3 | 0.000 *** |
| 数字内容创建素养 | 0.823 | 3 | 74 | 0.684 | 85.734 | 3 | 0.000 *** |
| 数字问题解决素养 | 0.902 | 2 | 74 | 0.600 | 80.665 | 2 | 0.000 *** |
| 数字安全素养 | 0.895 | 3 | 74 | 0.716 | 143.873 | 3 | 0.000 *** |
| 创新能力 | 0.918 | 5 | 74 | 0.824 | 325.279 | 5 | 0.000 *** |

注：***、**、*分别代表1%、5%、10%的显著性水平。

资料来源：笔者绘制。

### 3. 乡村文旅产业从业人员数字素养现状

图5显示，数字基础设施和数字安全素得分较高，村民能够熟练使用移动设备、金融平台及社交媒体，并有效识别数字安全问题。然而，个体在数字信息沟通、内容创建和问题解决方面得分偏低，表明他们对市场信息的关注和与他人沟通的能力一般。个体的数字素养建立在基础设施和数字安全素养之上，推动信息沟通和内容创建。值得注意的是，个体的创新能力得分较高，村民能借助电子平台接受新事物，产生创意，提出解决问题的新方法。

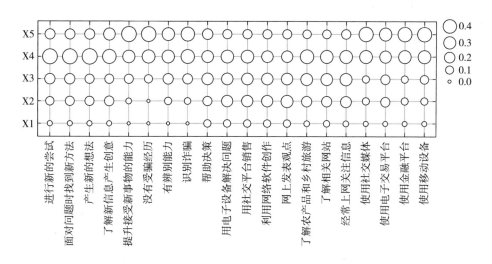

**图5 问卷得分的描述性统计**

资料来源：笔者绘制。

4. 乡村文旅产业从业人员数字素养及创新能力差异

由表3单因素方差分析结果可知，三个村的乡村文旅产业从业人员在数字内容创建维度上没有显著差异，个体能够创建数字内容、发表观点看法并通过社交平台和电商平台进行产品推广。三个村的数字信息沟通素养、数字安全素养、数字问题解决素养、数字内容创建素养、数字基础设施素养和创新能力存在显著差异。

表3　单因素方差分析

| 变量名 | 标准差 | 偏度 | 峰度 | S-W 检验 |
|---|---|---|---|---|
| 数字基础设施素养 | 1.725 | 1.197 | 1.722 | 0.862（0.000***） |
| 数字信息沟通素养 | 1.662 | 0.338 | -0.373 | 0.944（0.002***） |
| 数字内容创建素养 | 2.181 | 0.173 | -0.058 | 0.975（0.144） |
| 数字问题解决素养 | 1.273 | 0.411 | -0.449 | 0.951（0.006***） |
| 数字安全素养 | 1.725 | 0.676 | 0.165 | 0.941（0.002***） |
| 创新能力 | 1.867 | 0.701 | 0.110 | 0.928（0.000***） |

注：***、**、*分别代表1%、5%、10%的显著性水平。

资料来源：笔者绘制。

数据分析结果显示（见表4），不同村子在数字信息沟通素养、数字安全素养、数字问题解决素养、数字基础设施素养及创新能力等方面存在显著差异。战旗村各项指标均较高，尤其在数字信息沟通素养（0.996）和创新能力（1.310）方面表现突出，反映出其较强的数字化能力和积极发展态势。这与其高教育水平、广泛的数字技术应用及先进的数字基础设施建设（0.688）密切相关。相较之下，明月村和铁牛村则普遍指标较低，尤其在数字安全（-0.479，-1.140）和数字问题解决（-0.287，-0.862）方面，显示出数字化转型中的挑战。尽管明月村负值较小，但仍显示出与战旗村的落后；铁牛村则在数字基础设施（-1.201）上表现出明显劣势，严重阻碍了数字化进程和村民的数字素养提升。

表4　人员数字素养及创新能力均数

| 变量名 | 战旗村 | 明月村 | 铁牛村 |
|---|---|---|---|
| 数字基础设施素养 | 0.688 | -0.133 | -1.201 |
| 数字信息沟通素养 | 0.996 | -0.300 | -1.318 |
| 数字内容创建素养 | 1.378 | -0.361 | -2.037 |
| 数字问题解决素养 | 0.793 | -0.287 | -0.862 |

续表

| 变量名 | 战旗村 | 明月村 | 铁牛村 |
|---|---|---|---|
| 数字安全素养 | 1.202 | −0.479 | −1.140 |
| 创新能力 | 1.310 | −0.445 | −1.539 |

资料来源：笔者绘制。

5. 乡村文旅产业从业人员数字素养对其创新能力的影响

多元线性回归则从变量的角度阐释了什么变量对于创新能力有更显著的研究（见表5）。首先，数字安全素养对个体创新能力的影响最高，数字安全是发展数字生产力的基础，个体的创新能力的提高必须在居民强有力的数字安全意识的基础之上。其次，数字内容的创建素养对创新能力的影响较高，说明居民通过网络平台上汲取信息并吸收转化，再通过网络软件来创作或发表数字内容的方式来提高个体的创新能力。数字平台可以成为展示风貌的一个重要方式，居民利用数字内容改善自身的生活。最后，数字信息沟通素养、数字问题解决素养、数字基础设施素养对于乡村文旅从业人员的创新能力的影响则较弱。

表5　多元线性回归结果

| 变量名 | 标准化系数 Beta | T | P | VIF | 调整 $R^2$ | F |
|---|---|---|---|---|---|---|
| 信息沟通素养 | −0.058 | −0.509 | 0.612 | 5.433 | | F = 70.816 |
| 数字安全素养 | 0.750 | 8.130 | 0.000 *** | 3.593 | | P = 0.000 *** |
| 数字问题解决素养 | −0.112 | −1.039 | 0.302 | 4.934 | 0.827 | |
| 基础设施素养 | 0.044 | 0.608 | 0.546 | 2.238 | | |
| 数字内容创建素养 | 0.360 | 2.722 | 0.008 *** | 7.401 | | |

注：***、**、*分别代表1%、5%、10%的显著性水平。

资料来源：笔者绘制。

### （三）数字化赋能乡村文旅企业转型升级的路径

乡村文旅企业是乡村文旅产业链中不可或缺的一部分，探讨数字化赋能乡村文旅企业转型升级的路径有助于进一步了解数字化赋能。该部分研究从数字感知能力、数字运营能力、数字协同能力三部分探讨数字化能力对乡村文旅企业转型升级的影响。

1. 数字感知能力对乡村文旅企业转型升级的影响

数字感知能力指企业基于数字经济环境和数字化转型趋势，感知数字经济环境机会与威胁并识别出具有数字创新价值的能力。

首先，数字感知能力能够帮助文旅企业精准定位目标市场，识别客户需求，从而设计出满足客户需求的产品和服务，提高客户满意度。战旗村、明月村、铁牛村的当地特色经济作物与发展模式不同，因此根据游客的不同兴趣点推出了不同的产品与体验活动。战旗村以有机种植为特色，针对游客推出一系列体验活动，如农场参观、采摘等。明月村以其茶文化闻名，利用数字化平台推广茶艺体验课程。铁牛村与丑美生活公司合作，依托其柑橘种植产业，推出一系列衍生产品和活动。明月村纪委书记提到："有许多游客大概从每年三月份开始陆续来参加像采茶之类的体验活动。"

其次，数字感知能力能够使文旅企业及时感知技术市场变化趋势，了解自身数字化水平和竞争对手信息，提前进行规划和调整，优化营销与价格策略，从而提高企业的市场响应和风险管理能力。铁牛村通过对市场趋势的分析，意识到年轻一代对于健康个性化生活的新追求，打造了铁牛妈妈餐厅等热门 IP，吸引了更多年轻游客前来体验。铁牛村工作人员提到："有许多年轻游客因为铁牛妈妈餐厅的热度而来到铁牛村，带动了本村的文旅发展。"

因此，数字感知能力能够帮助企业提供精准服务，提高市场响应能力，适时优化策略，进而完成向数字化企业的转型升级。

2. 数字运营能力对乡村文旅企业转型升级的影响

数字运营能力是指企业基于行业和消费洞察的大数据，制定数字研发、生产等数字化解决方案的能力，以至于将数字机会通过价值创造、价值传递等方面的革新驱动实现商业模式创新和数字商业价值的变现。

首先，数字运营能力能够使文旅企业在生产服务过程中实现自动化、标准化，减少人工错误，有效降低成本和提高效率。铁牛村不断更新生产技术，通过物联网技术的应用，其柑橘种植实现了智能化管理，传感器自动监测土壤湿度和光照强度，不仅提高了柑橘的产量和质量，还降低了人力成本。铁牛村工作人员提到："会请到专门的技术公司，进行技术上的创新与应用，大力推动柑橘的生态种植。"

其次，数字运营能力能够帮助文旅企业实现销售渠道和营销方式多元化。以往三村企业主要通过线下方式，比如市场、实体店销售，营销方式更为单一，而数字运营能力使企业能通过淘宝、京东等线上平台进行销售，通过抖音、快手等视频平台进行营销宣传，这种线上线下相结合的销售方式拓宽了企业的销售渠道，最大限度地发展潜在客户。而这种新兴营销策略能有效打开市场，提高品牌知名度。明月村民宿老板提到："现在游客也可以在携程和美团平台进行民宿预订，相比之前更加方便。"

最后，数字运营能力能够提高文旅企业的管理决策能力，优化企业资源配置。企业通过数字化平台将数字运营能力融入管理决策，减少决策失误，有效地分配企业资源。战旗村通过建立数字化管理系统，收集并分析游客的消费数据，优化了景点布局和服务流程。明月村利用大数据分析，合理调配人力资源，确保服务质量。铁牛村在小程序上集中提供了导游服务、景点介绍等功能，方便游客获取信息和服务。

因此，数字运营能力能够帮助企业实现各个环节的数字化和自动化，最大限度转型升级为数字化企业。

3. 数字协同能力对乡村文旅企业转型升级的影响

数字协同能力数字资源协同能力是企业对内外部互补性资源和竞争性资源的整合与协同，以打破数据孤岛，实现数字资源共享、共建、共治，以及数字信息共享和价值链敏捷柔性。

首先，数字协同能力帮助文旅企业实现内部管理高效化，根据其新兴技术掌握情况不断改进关键业务流程，从而实现业务流程的创新。通过数字协同能力，企业的各个部门之间能够实现统一协调和有效沟通，实现内部管理高效化。同时，三村企业也不断利用数字技术改进业务流程，标准化管理客户信息，如民宿推出了自助入住、机器人配送等服务，实现了客户从入住到退房整个过程的高效性，有效降低了成本，提高了客户满意度。

其次，数字协同能力有利于企业进行信息公开与共享，提高信息透明度，使客户更加便捷地了解企业的产品与服务等信息，能够有效获得客户信任。战旗村通过官方网站和社交媒体账号，公开了民宿的详细信息，利于客户对民宿的了解。明月村利用数字平台发布最新活动安排，让游客能够及时了解，提高游客参与度。铁牛村通过数字化平台向消费者展示了农产品生产全过程，提升了品牌形象。明月村工作人员提到："目前有关村里民宿的信息可以在专门的小程序上进行搜索，以便游客了解。"

因此，数字协同能力能够帮助企业改善内部管理与外部合作，进行信息共享，有效创新业务流程，进而实现数字化企业的转型升级。

**（四）数字化推动乡村文旅产业转型升级（产业）的路径**

1. 产业融合：数字技术应用推动文旅产业融合发展

在数字化促进传统文旅产业转型升级的过程中，数字技术的应用推动一二三产的融合发展。生产过程中不同阶段数字技术的应用增加生产科技含量，可以有效降低生产的时间和经济成本。明月村与铁牛村创新农业生产技术，利用生态科学的手段进行农业生产，明月村种植的柑橘、猕猴桃等，除了果实采摘，其他都可以使用机器替代，村民使用无人机来喷洒农药和肥料，有效提高了效率。

乡村文旅产业的转型是在智慧农业发展的基础上通过采购经销、冷链物流、快递包装、乡村旅游等环节数字化应用实现一二三产的融合发展。铁牛村柑橘农业增加采摘、研学、果树认养等体验，开发以丑橘为核心 IP 的"阿柑"系列农创产品，并通过线上平台销售。铁牛村以生态种植优化产品特色、以网络营销链接消费市场、以冷链物流连通供需两端、以乡村旅游转化体验场景，实现产业融合发展。

2. 业态创新：文旅产业经营主体数字化转型与经营业态创新迭代

数字化促使经营者不断学习、创新经营业态，为乡村文旅产业的转型升级提供动力。在乡村文旅经营主体的数字化转型方面，明月村新村民使用微信、小红书等社交媒体平台宣传自己和明月村，诗意地讲述自己从城市逃离到乡村的过程，有意识地宣传自己靠近松、竹、茶和稻田的民宿或酒吧。在新村民带动下，老村民创业积极性也显著提高，开始改造院落，做文创产品，学习电商营销。

数字化赋能乡村文旅业态的创新迭代。为实现品牌内部化价值，战旗村修建乡村十八坊，挖掘非遗文化内涵，发展符合战旗村品牌化、特色化的集体企业。满江红公司顺应产业融合发展趋势，扩大产业范围，建设乡村十八坊之一的豆瓣坊及郫县豆瓣博物馆，在其中展示满江红公司的数字化生产流程。铁牛村推出果树认养的锁定产会员计划，会员认养果树，并加入线上的七个社群，在社群中与丑美铁牛的管理员沟通交流，多种玩法丰富体验。

3. 管理创新：管理方式创新、优化供给与需求联结、数字乡村治理、人才培养

乡村文旅产业在管理方面的数字化转型主要有管理方式创新、优化供给与需求联结、数字乡村治理、人才培养这几个方面。

在管理方式上，乡村酒店、民宿实现了线上预订、自助入住和数字化的顾客信息管理。其详细的客户信息成为数据分析的有力助手，不仅将海量的客户需求信息聚合在一起，实现了规模效应，而且通过大数据挖掘和客户分类，为客户提供了精准的、高质量的个性化服务。"线上+线下"一体化的管理模式从客户价值的角度出发，极大提高服务管理效率。

在优化供给与需求联结方面，明月村成立了乡村旅游专业合作社，定位是"新老村民和游客的服务员"。合作社打造农商旅平台，面向游客推出了导游讲解、陶艺体验等体验项目，还开发了明月茶、明月酒等本地特色创意产品，助力农产品研发推广，开发线上商城，实行线上线下同步销售，拓宽农产品销售渠道。明月村合作社与各家业态合作成立明月文旅公司，明月文旅公司集中策划各种营销活动，通过微信公众号、抖音直播等联结市场，宣传明月品牌。

在数字乡村治理方面，"川善治"小程序、四川e码小程序、纪检监察举报系统等数字系统成为四川省乡村使用的数字化治理工具，村干部可以在小程序上发布重要消息、进行科普宣传，村民也可以在小程序上反馈意见、解决问题。这些数字化治理工具为乡村连接信息。

在人才培养方面，新村民的加入为当地带来了资源与技术，明月村新老村民之间也会共享知识技能与创业资源。新村民会为老村民开设免费的陶艺、草木染等技能培训，并帮助老村民进行创业。开办了明月书馆、明月讲堂等培训项目，邀请了具有影响力的乡建研究者和实践者讲课培训。铁牛村新村民与候鸟村民带领老村民开办乡村民宿、餐厅、农家乐，开办农技培训，不断提高老村民的文化素养和经营能力。

4. 服务转型：智能服务平台搭建

在乡村文旅产业的发展过程中，乡村旅游服务也在逐步向数字化方向转变，明月文旅公司、丑美铁牛村企联合体也是村上智能服务平台。明月文旅公司以整村运营为核心，整合村内的各项资源，为新老村民和游客提供更便捷的服务，文旅公司建立经营群，会将每日的游客信息、游客需求等内容发布到村民微信群。明月文旅公司、远家等企业举办集会活动，新老村民和游客可以在此交换商品。丑美铁牛开发了果园导览和"阿柑研学"等项目，通过线上会员平台进行产业整合，扩充柑橘的经济收入业态。村企获得的经济收入也用于村容村貌的改善等。

# 四、乡村数字化赋能文旅产业转型升级的传导机制

数字化赋能乡村文旅产业转型升级是一个巨大的系统性工程，需要各个层面机制的协调与配合，只有了解其传导机制，才能有效推动乡村文旅产业的数字化进程，实现产业的可持续发展。本研究从个体、企业、产业三层面探讨数字化赋能乡村文旅产业转型升级的机制（见图6）。

## （一）个体层面：数字化素养提升，创新能力提高，增强人才要素活力

个体层面数字化素养的提升，涵盖意识、知识和技术手段等多个维度，主要体现在创新能力的提高。这不仅能增强当地创新人才储备，激发活力，还能形成持续学习的创新文化氛围，形成一个良性循环。在战旗村，民宿经营者通过学习数据分析技术，深入理解客户偏好，从而优化住宿体验，提高客户满意度。明月

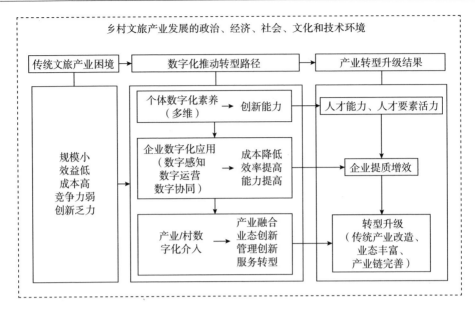

**图6  数字化赋能乡村文旅产业转型升级机制**

资料来源：笔者绘制。

村的茶农则通过掌握网络营销技巧，将茶叶品牌成功推向更广泛的市场，拓宽了销售渠道。而在铁牛村，一些年轻创业者利用最新的数字营销技术，将当地特色农产品推广至全国乃至国际市场，显著提升了农产品知名度。随着数字化素养的提升，文旅企业能培养出更多具备创新能力的人才，这些人才不仅能推动企业的技术革新，还能引领行业发展趋势。数字化素养的提高激发了员工的创新活力，营造出鼓励求新的文化氛围，促使员工积极提出新想法并付诸实践。综上所述，随着个体数字素养的不断提升，员工能更有效地参与企业数字化转型，为可持续发展贡献力量，从而推动整个行业的进步和创新。

### （二）企业层面：推动数字化能力提升与应用，实现企业提质增效

企业层面的数字化转型升级主要通过应用数字化技术来降低成本、提高效率和管理能力，旨在提升企业的数字感知、数字运营和数字协同能力。这一过程使企业能够精准定位市场需求，优化资源配置，从而提高决策的科学性和准确性。数字感知能力帮助企业敏锐捕捉市场和技术变化，及时作出响应；数字运营能力则实现生产和服务过程的自动化和标准化，提升运营效率和服务质量；而数字协同能力促进内外部沟通与信息共享，推动资源整合。这些能力的提升不仅降低了成本、提高了效率，还激发了企业的创新能力，最终实现可持续发展，为乡村文

旅企业带来新的发展机遇。

**（三）产业层面：加大数字化介入，进行产业融合、业态与管理创新及服务转型，完成产业转型升级**

在战旗村、明月村和铁牛村，通过数字技术的应用，推动了不同产业间的融合。例如，铁牛村利用互联网平台将柑橘产业与旅游业结合，推出了"果园采摘+农家乐"项目，实现了农业与旅游的跨界融合；明月村则通过电子商务平台销售农产品，并开发特色农创产品，如果酱和干果，提升了产品附加值，延长了产业链。此外，战旗村通过建设高速无线网络，不仅方便了游客使用网络，也提升了当地企业的服务水平，支撑了数字化营销和服务的开展。个体数字化素养的提高标志着创新能力的提升，能够激发人才的活力。同时，企业通过数字技术降低成本、提高效率，进而实现提质增效。综上所述，个体层面的数字化素养提升将显著增强个人的创新能力，进一步激发人才要素的活力，促使企业的数字化能力提高，推动业态丰富与产业链完善，最终实现传统文旅产业的转型升级。这构成了"个体—企业—产业"的数字化赋能机制，促进乡村文旅产业的转型升级。

# 五、对策建议

1. 个体层面

战旗村、明月村、铁牛村三村产业资源、旅游发展模式与参与群体不同，乡村文旅从业人员数字素养存在差异。战旗村在信息沟通素养和数字内容创建方面，表现出较强的数字化能力。铁牛村和明月村在数字安全、数字问题解决和内容创建方面存在短板。而数字基础设施素养对三村村民的数字素养影响不大，同时在明月村和铁牛村内部，村民数字化水平差距过大，新村民与老村民的融合不深入。对此有以下对策建议：

首先，注重进行数字化技能培训，邀请新村民进行数字化授课培训和指导学习，要求整村包括村干部积极参与培训，持续学习最新数字化知识和技术。同时，注重外来人才引进与集聚，创新人才集聚模式。这样一方面能够缩小村民内部数字素养差距，改变数字化水平参差不齐现状，培养更多熟知乡村、文旅、互联网的复合型人才；另一方面也能增加对返乡村民和新村民的吸引力，提升村民黏性，更好地促进新老村民之间融合。

其次，由于三村在数字内容创建方面表现出较强的数字化能力，而数字基础设施对于个人数字素养和创新能力的影响不明显，因此针对个人的培训内容要从数字基础设施转向内容创建，加强个人数字内容创建能力培养。

最后，政府、行业组织和企业应关注个人创新思维的培养，家庭旅游经营的个体也应培养创新思维，积极探索新技术在乡村文旅产业中的应用可能性，将创新想法付诸实践，从而增加当地创新型人才储备，增加地区整体创新水平。

2. 企业层面

企业数字能力的提升有效创新业务流程，帮助降低生产与运营成本、促使企业学习和更新生产管理技术，并进行绿色经营，实现企业数字化转型升级。同时，数字文旅产业发展对文旅企业提出了新的要求，企业在经营理念、商业模式和营销创新等方面亟待改变。对此有以下对策建议：

文旅企业应创新经营理念，改变商业模式，从传统的企业经营理念向数字化发展理念转变。根据数字化文旅产业发展趋势，调整战略部署，优化资源配置，重新设计企业运营模式，利用数字化技术构建以平台为核心、分布式管理为辅助的组织结构。

同时，要坚持以市场需求为导向，加大数字技术开发，增强自主创新能力，不断研发数字化、多元化产品。此外，要依托大数字技术准确识别潜在客户，实行精准营销策略。借助数字技术，满足客户需求，实现企业提质增效，最终完成文旅企业的数字化转型。

3. 产业层面

发展数字乡村文旅产业是数字经济与乡村文旅产业的深层次融合，但现实进程中却面临乡村文旅数字化应用空间狭小、数字人才与管理机制双短缺的现实困境。乡村文旅数字化应用场景以博物馆居多，缺乏数字化的场景创新，对文旅大数据统筹利用度不够。农村地区难以应对数字经济带来的挑战和机遇，制约了产业融合发展。对此有以下对策建议：

首先，应加快与文旅产业数字化转型升级相适应的基础设施建设，以数字基础设施为依托，结合当地特色，创新与共建数字化应用场景，改变乡村文旅数字化应用空间狭小现状。

其次，要完善数字人才管理机制建设，不断进行管理和服务创新，实行数字化管理服务新模式，提高管理效率和服务水平。并利用数字技术改造传统文旅产业模式，通过新兴技术如云计算、物联网等，创造新的旅游体验和服务形式，发展数字化文旅新业态。

最后，在产业融合方面，充分利用数字化技术，帮助不同产业实现产品设计加工、销售运输等环节的融合。借助线上指导实现种植技术提升，进而提高作物品质和深加工潜力，同时，搭载社交媒体、电商平台等数字化途径的宣传销售与物流服务，实现数字化转型目标。

# 农文旅融合视角下仙河镇人居环境
# 改善调研报告

余洁　孙河英　王若涵　崔天欣　陈申翰*

**摘要：** 本文报告了关于陕西省旬阳县仙河镇在农文旅融合背景下的人居环境改善成效与路径探索的研究。研究指出，乡村振兴战略是推动农村全面发展的关键，而农村人居环境的改善则是其核心任务之一。通过调研仙河镇的人居环境现状，发现该镇在推进人居环境整治中取得了一定成效，但仍面临资金来源不足、资源利用不充分、居民参与程度低等挑战。本文采用文献研究、深度问卷调查、实地调研等方法，系统分析了仙河镇在人居环境改善中的具体做法与成效。同时，揭示了人居环境改善中的关键问题。针对上述问题，研究提出了多项建议与改进策略，旨在为仙河镇乃至全国类似地区的农村人居环境改善提供科学经验，加速推进乡村振兴战略的深入实施，实现经济、社会、环境的全面可持续发展。本文不仅丰富了农文旅融合与农村人居环境整治的理论研究，还为实践提供了可借鉴的经验与模式。

**关键词：** 人居环境；农文旅融合；环境整治；仙河镇

# 一、引言

民族要复兴，乡村必振兴。作为新时代建设农业强国的重要任务，全面推进乡村振兴对加快农业农村现代化具有重大意义。作为乡村振兴战略的重要任务，农村人居环境的改善不仅是农村基本具备现代生活条件的必要途径，更是

---

　* 余洁，西北大学经济管理学院副教授；孙河英、王若涵，西北大学经济管理学院硕士研究生；崔天欣、陈申翰，西北大学经济管理学院本科生。

推进美丽中国建设的有效举措。党的十八大以来，习近平总书记多次批示强调要总结提炼、宣传推广"千万工程"好经验好做法，积极推动美丽中国建设，全面推进乡村振兴，为实现中国式现代化奠定坚实基础。2024 年中央 1 号文件《中共中央　国务院关于学习运用"千村示范、万村整治"工程经验有力有效推进乡村全面振兴的意见》，强调要学习运用"千万工程"蕴含的发展理念、工作方法和推进机制，把推进乡村全面振兴作为新时代新征程"三农"工作的总抓手①。

旬阳市仙河镇作为本次调研的主要地区，在近年来的乡村振兴战略中，致力于提升农村人居环境，以促进生活质量的改善和可持续发展。然而，在具体实施过程中仍面临诸多挑战。通过对居民的访谈和实地考察，本次调研活动希望揭示这些问题，并为未来的改进工作提供参考依据。本报告将详细介绍调研的背景、方法和主要发现，希望通过此次调研，能够为仙河镇及类似地区的农村人居环境改善提供有价值的建议，助力乡村振兴和可持续发展目标的实现。

# 二、研究背景与问题提出

## （一）相关概念界定

### 1. 农文旅融合

农文旅融合是指在农业、文化、旅游三大领域之间进行深度融合，以实现资源的共享、产业的协同发展以及经济、社会和环境效益的最大化。通过有机结合农业生产、文化传承和旅游体验，将农业与文化资源转化为旅游吸引物，从而推动农民增收、农村振兴和文化传播。在其内在结构中，以农业为基础、文化为核心、旅游为动力。通过这种融合发展，乡村的文化资源、历史底蕴和人文风情成为旅游的主要基调，农业劳作、加工体验与特色农产品则成为吸引亮点，不断组合、连接，形成多元化的农文旅融合业态，满足旅游者在"食、住、行、游、购、娱"等方面的需求，同时推动乡村旅游产业的转型升级，为乡村整体产业发展提供广阔空间。

---

① 中共中央国务院. 中共中央国务院关于学习运用"千村示范、万村整治"工程经验有力有效推进乡村全面振兴的意见［EB/OL］.（2024-02-03）［2024-09-28］. https：//www. gov. cn/zhengce/202402/content_6929934. htm.

2. 乡村振兴

党的十九大报告提出了乡村振兴战略，明确了该战略的总要求和目标，强调各级政府需加快农业农村发展，统筹城乡发展，推进农业现代化，满足农村居民对美好生活的需求，解决当前社会主要矛盾。作为引领中国特色社会主义乡村建设的总纲，乡村振兴战略从产业、生态、文化、治理和共富五个方面出发，提出了"产业兴旺、生态宜居、乡风文明、治理有效、生活富裕"的总要求，并明确到2020年，乡村振兴取得重要进展，制度框架和政策体系基本形成；到2035年，乡村振兴取得决定性进展，农业农村现代化基本实现；到2050年，乡村全面振兴，农业强、农村美、农民富全面实现的目标①。

3. 农村人居环境整治

"人居环境"概念由国家自然科学基金于1995年提出，并由吴良镛先生创立了人居环境科学。农村人居环境，顾名思义，是指村民居住的环境，由硬件和软件两部分构成。硬件环境涉及房屋、道路、污水处理、厕所改造等基础设施；软件环境则涵盖由此延伸出的价值观念、村风民俗和本土文化。农村人居环境整治是一个社会治理过程，旨在通过优化人居环境要素提升村民生活质量，并以问题为导向解决生活和居住中的难点与痛点。整治过程中政府根据国家相关法律法规制定切实可行的实施方案，对广大村民生产和生活中有碍农村人居环境健康发展、有碍经济社会正常运行的突出问题，根据方案集中采取措施进行的整治，不断改善群众生活生产状况，提高广大群众生存环境，推动人与自然健康发展。人居环境整治工作是否让居民满意，以及未来该如何继续完善，仍是当前需要解决的问题。

（二）理论基础

1. 人居环境理论

道萨迪亚斯首创"人类聚居学"，核心理念为以人类为中心构建并发展环境，旨在满足人类需求，促进社会和谐与生活质量提升，其核心要素涵盖自然、人、社会、建筑及支撑网络。中国学者吴良镛在此基础上深化了人居环境理论体系，视其为由自然环境、人类主体、社会结构、居住形态及支撑系统构成的复杂整体，强调人的核心地位。他倡导采用全面系统视角研究人居环境，以识别问题并推动城乡环境的协调与可持续发展。吴良镛指出，尽管城乡发展理论上应互补，现实中农村发展滞后，造成城乡人居环境显著差距，故加强农村人居环境整

---

① 中共中央国务院．中共中央国务院关于实施乡村振兴战略的意见［EB/OL］．（2018-02-04）［2024-09-28］．https：//www.gov.cn/gongbao/content/2018/content_5266232.htm.

治，促进城乡环境一体化提升成为关键策略（刘杰，2023）。这一观点不仅为我国城乡人居环境的协调发展提供了理论支持，也为全球面临的类似问题提供了借鉴。

2. 可持续发展理论

可持续发展理论核心在于平衡当代需求与未来世代发展能力，遵循公平性、持续性和共同性原则，源于对经济增长所致社会与自然资源压力的深刻反思，强调自然资源开发的合理控制与环境破坏的减少。20 世纪中叶，《寂静的春天》激发了全球环保意识的觉醒，而 1987 年《我们共同的未来》报告则系统阐述了可持续发展概念，加速了其全球传播。该理论横跨社会、经济与生态三大维度，倡导经济效益追求与生态环境保护及社会经济协调发展的并行不悖。在农村人居环境整治中，应践行可持续发展理念，确保整治行动既提升居住品质，又维护环境可持续性，即在不牺牲环境健康的前提下，融合经济增长、居民福祉提升与环境保护，通过纠正环境有害行为，以环保为基石，驱动农村经济与社会的和谐进步（张雯静，2024）。

### （三）农村人居环境整治研究进展

农村人居环境整治作为推动乡村振兴的重要组成部分，近年来得到了广泛关注。研究主要集中于农村人居环境整治问题及其成因分析，以及相关政策的研究与评估。在农村人居环境整治问题及成因的研究中，学者们普遍认为，农村环境问题的根源在于传统农村生活方式和管理模式的滞后。例如，陈子怡（2021）对江苏省农村人居环境整治情况进行深入探究，指出其整治效果不佳的主要原因在于政府未能充分发挥作用、缺乏配套的法律法规和制度保障。李荣（2022）研究指出，农村人居环境整治存在的问题有相关法律法规与政策体系不完善、人居环境整治推广体系不健全、基础设施不完善等。尹健（2023）指出，农民对人居环境治理工作参与积极性并不高，比如在日常生活中未能对生活垃圾进行有效分类，影响了生活垃圾综合治理效果。

### （四）研究意义

本研究对仙河镇的具体案例进行了深入剖析，整理出具有普适性的成功经验与特色做法。这些经验不仅为仙河镇自身的人居环境持续优化提供了科学指导，更为全国范围内其他农村地区提供了可借鉴、可复制的样板。通过总结仙河镇在农文旅融合过程中的创新举措与成效，本研究为地方政府和相关部门制定针对性的政策措施、规划实施方案提供了有力依据，有助于加速推进乡村振兴和农村人居环境整治工作，实现农村地区的全面发展和繁荣。

# 三、研究设计与分析

## （一）研究设计与实施

1. 技术路线（见图1）

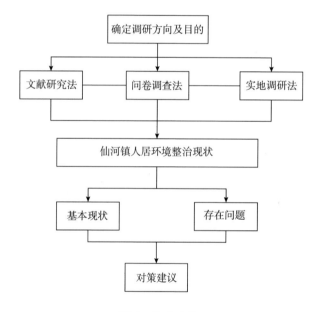

**图 1　技术路线**

资料来源：笔者绘制。

2. 问卷设计与发放

为了解仙河镇居民对人居环境整治工作的满意度，以及整治工作是否取得有效成果，明确仙河镇在农村人居环境整治过程中的相关问题，本文调研小组设计了此次调查问卷。本次问卷包括四个部分：第一部分为基本信息部分，由4个题项构成；第二部分为仙河镇人居环境满意度调查满意度量表，由9个题项构成，第三部分为仙河镇人居环境整治调查问卷，由11个题项构成（包括开放性问题）；第四部分为农旅融合情况调查，共3个题项。

**（二）研究结果分析**

1. 样本情况分析

（1）描述性统计分析。

在本次调研活动中，我们紧密围绕"农文旅融合视角下的人居环境改善实践分析与路径探索"这一核心议题，选取了仙河镇的四个代表性区域——王坪村、观庄社区、大龙王沟村及竹园河村作为样本点进行深入调查。调研过程中，采取随机走访的形式，广泛接触当地居民，并在确认受访者为本地常住居民或在该地居住满两年以上后，通过简短的交流介绍，向其发放问卷，以全面了解其基本状况、人居环境满意度及其对农文旅融合的认知。成功收集问卷89份，本次调查问卷的样本基本信息见表1。

表1　样本信息

| 人口统计特征 | 测量项 | 人数 | 百分比（%） |
|---|---|---|---|
| 性别 | 男 | 46 | 51.70 |
| | 女 | 43 | 48.30 |
| 年龄 | 18岁以下 | 0 | 0 |
| | 18~30岁 | 14 | 15.70 |
| | 31~50岁 | 33 | 37.10 |
| | 51~70岁 | 32 | 36 |
| | 70岁以上 | 10 | 11.20 |
| 受教育程度 | 小学及以下 | 29 | 32.60 |
| | 初中 | 35 | 39.30 |
| | 高中/中专 | 16 | 18 |
| | 大专及以上 | 9 | 10.10 |
| 在本村居住时长 | 1年以内 | 0 | 0 |
| | 1~5年（不含） | 5 | 5.60 |
| | 5~10年（不含） | 5 | 5.60 |
| | 10年及以上 | 79 | 88.80 |

资料来源：SPSS 24.0分析所得。

（2）信度分析。

信度分析是一种评估定量数据，特别是态度量表题回答可靠性和准确性的方法。α系数是信度分析中的一个关键指标，当α系数高于0.8时通常认为该数据具有高信度；若 α 系数在 0.7~0.8 时，则认为信度较好；α 系数在 0.6~0.7 时，信度被认为是可接受的；而 α 系数小于 0.6 则表明信度不佳。从表 2 可知：信度系数值为 0.955，大于 0.9，因而说明研究数据信度质量很高。针对"删除项后的 α 系数"，任意题项被删除后，信度系数并不会有明显的上升，因此说明题项不应该被删除处理。

表 2 满意度量表信度分析

| 名称 | 校正项总计相关性 | 删除项后的 α 系数 | Cronbach α 系数 |
|---|---|---|---|
| 垃圾处理情况满意度 | 0.826 | 0.950 | |
| 厕所改革情况满意度 | 0.832 | 0.949 | |
| 污水处理情况满意度 | 0.837 | 0.949 | |
| 河道治理情况满意度 | 0.802 | 0.951 | |
| 道路硬化情况满意度 | 0.833 | 0.949 | 0.955 |
| 文化设施情况满意度 | 0.763 | 0.953 | |
| 乡村医疗情况满意度 | 0.817 | 0.950 | |
| 村民参与情况满意度 | 0.822 | 0.950 | |
| 政府工作情况满意度 | 0.830 | 0.949 | |

资料来源：SPSS 24.0 分析所得。

（3）效度分析。

使用 KMO 和 Bartlett 检验进行效度分析，第一：分析 KMO 值：如果此值高于 0.8，则说明非常适合信息提取；如果此值介于 0.7~0.8，则说明比较适合信息提取；如果此值介于 0.6~0.7，则说明可以进行信息提取；如果此值小于 0.6，说明信息较难提取；第二：效度分析要求需要通过 Bartlett 球形度检验（对应 p 值需要小于 0.05）。从表 3 可以看出：KMO 值为 0.958，p 值小于 0.05，说明研究数据非常适合提取信息。

表 3 调查问卷效度分析结果

| KMO 值 | | 0.958 |
|---|---|---|
| | 近似卡方 | 687.426 |
| Bartlett 球形度检验 | df | 36 |
| | p 值 | 0.000 |

资料来源：SPSS 24.0 分析所得。

2. 满意度结果统计

由统计分析软件 SPSS 24.0 分析数据得到表 4，据此对仙河镇居民人居环境满意度进行分析。居民对于仙河镇人居环境整治效果的评价整体上表现出一般偏上的态度，对于厕所改革和河道治理情况的满意度均值相对较低，可见虽然仙河镇在人居环境改善方面取得了一些成效，但仍存在一些问题，有必要对存在的问题进一步分析，从而进一步改善仙河镇居民的人居环境。

表 4　满意度结果描述统计

| 内容 | N | 最小值 | 最大值 | 均值 | 标准偏差 | 中位数 |
|---|---|---|---|---|---|---|
| 垃圾处理情况满意度 | 89 | 1 | 5 | 3.27 | 1.38 | 4 |
| 厕所改革情况满意度 | 89 | 1 | 5 | 3.17 | 1.408 | 3 |
| 污水处理情况满意度 | 89 | 1 | 5 | 3.3 | 1.409 | 4 |
| 河道治理情况满意度 | 89 | 1 | 5 | 3.16 | 1.348 | 3 |
| 道路硬化情况满意度 | 89 | 1 | 5 | 3.38 | 1.41 | 4 |
| 文化设施情况满意度 | 89 | 1 | 5 | 3.26 | 1.386 | 3 |
| 乡村医疗情况满意度 | 89 | 1 | 5 | 3.25 | 1.334 | 4 |
| 村民参与情况满意度 | 89 | 1 | 5 | 3.33 | 1.404 | 3 |
| 政府工作情况满意度 | 89 | 1 | 5 | 3.25 | 1.359 | 4 |

资料来源：SPSS 24.0 分析所得。

在走访过程中，居民普遍认为，良好的人居环境不仅能够直接提升个人的幸福感与生活质量，还能够作为地区的一张名片，有效吸引外部游客的到访，从而带动地方经济的繁荣与发展。然而，调研中也发现了一定的异质性观点。少数居民由于长期形成的生活惯性及固有的思维方式，对于人居环境的改善持较为保守或漠然的态度。他们认为，环境的现状无需过多干预，任何形式的改变都显得无力，因此缺乏参与人居环境整治工作的积极性与主动性。这一现象揭示了居民在环境认知与行为意愿上存在的差异性，同时也为后续的政策制定与社区动员工作提出了更为精细化的要求。

3. 仙河镇旅游与人居环境改善结合情况分析

分析数据可知，尽管调研区域坐拥丰富的农业资源与得天独厚的自然风光，为农文旅融合发展和人居环境改善提供了坚实的基础，当地居民对于"农文旅融合"和人居环境改善的认知却呈现显著的不足。多数居民对于该概念的理解尚处于模糊或空白状态，进一步深入访谈发现，虽然相关村落的互联网基础设施建设已基本实现区域内的广泛覆盖，但这一基础设施的普及并未能充分转化为促进居民认知提升与行为转变的强大动力。其背后隐藏着一个不容忽视的社会结构因素：年轻劳动力的外流。这一人口结构的变化直接影响了互联网技术的使用模式与效果。老年居民群体，尽管身处互联网环境之中，但由于年龄、教育水平及技能掌握程度等多重因素的限制，他们对互联网的应用范围往往局限于基础的通信与娱乐功能，如接打电话，而未能充分利用互联网作为信息获取、学习新知识与参与社会活动的多元化平台。这种互联网使用模式的局限性，限制了居民获取外部信息、了解新兴发展理念与趋势的能力，也阻碍了他们对农文旅融合等创新发展战略的深入认知与积极参与（见图2、图3）。因此，可以认为，互联网使用效能的低下是当前制约当地居民提升对农文旅融合和人居环境改善认知度与关注度的重要因素之一。

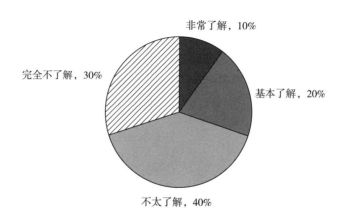

**图2 受访者对"农文旅融合"的了解情况**

资料来源：笔者根据问卷数据绘制。

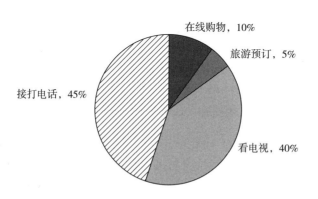

**图3 受访者互联网使用情况**

资料来源：笔者根据问卷数据绘制。

# 四、案例地人居环境改善现状与经验

## （一）改善人居环境展现文明乡风

仙河镇持续深化并细化《仙河镇农村环境卫生综合整治工作实施方案》的内容与执行力度。镇村干部团队展现出高度的责任感与使命感，他们不仅制定了详细的工作计划，更以实际行动践行"绿水青山就是金山银山"的理念，亲自参与每一次"环境卫生整治日"活动，全年累计发起并成功组织了超过 120 次的集中整治行动。这些行动不仅清理了积存的垃圾，改善了村容村貌，更像一股股清流，有效激发了大家主动参与、自觉维护环境卫生的意识与实际行动。与此同时，仙河镇深入推进"五美庭院"与"十星级文明户"评选活动，通过设立明确的标准、公正的评选机制以及丰富的奖励措施，极大地激发了村民们的参与热情。经过层层筛选与严格考核，全镇范围内涌现出一大批"五美庭院"示范户，其占比高达 80%，树立了良好的生态环境与生活风气的标杆，引领着村民们向着更加美好、宜居的乡村生活迈进。在此基础上，仙河镇还积极探索并实践"庭院经济"发展模式，遵循"树立典型、示范引领、聚焦重点、全面铺开"的工作策略，成功培育了超过 100 户的"庭院经济"示范典型。他们的成功经验与做法，为人居环境的持续改善起到了显著的示范与推动作用。此外，仙河镇高度重视群众精神文化生活的丰富与提升。积极组织送戏下乡活动，按时为居民放映电影，涵盖了国内外多个类型与题材的优秀影片，满足了不同年龄层次、不同兴趣爱好的村民们的观影需求。还成功举办文化娱乐活动，如文艺晚会、才艺比赛、体育竞赛等，这些活动不仅丰富了村民们的业余生活，还促进了邻里之间的交流与互动，极大地提升了全镇的精神文明建设水平，营造了一个和谐向上、文明健康的乡村氛围。

## （二）人居环境改善有效提升人民幸福质量

仙河镇积极响应国家号召，将农村人居环境整治作为推动乡村振兴的重要抓手。通过实施道路硬化工程，解决了村民出行难的问题；通过绿化美化项目，提升了村庄的生态品质；通过推广垃圾分类制度，培养了村民的环保意识和责任感。这一系列举措如同一股清新的春风，吹遍了仙河镇的每一个角落，让这片土地焕发出了新的生机与活力。在"不忘初心、牢记使命"主题教育中，仙河镇党委政府紧扣"为民服务解难题"的目标要求，结合全镇实际，开展了以"美丽乡村"为主题的人居环境整治工作。按照"立足实际、突出特色、打造亮点、整体推进"的原则，以打造仙河镇美丽乡村示范点为载体，通过"环境美、村庄美、庭院美、人文美"的"四美村居"创建工作，使仙河镇的村容村貌得到了明显改善。目前，全镇共投资970余万元，在全镇范围内实施道路硬化工程20余千米，建设农村公厕32个，安装路灯350余盏，修建休闲文化广场2处，集中整治农户庭院120户。仙河镇在人居环境改善方面取得了一定的成果（见图4）。此外，仙河镇近年来坚持实施生态立县战略，大力发展林果、中药材等传统产业，并培育壮大拐枣、牡丹等新兴特色产业，走出了一条生态优先、绿色崛起的高质量发展之路。这些措施不仅改善了人居环境，也为仙河镇的经济发展和脱贫攻坚战奠定了坚实的基础。

**图4 仙河镇人居环境示范区**

资料来源：笔者在实践地拍摄所得。

### （三）积极探索农文旅融合促进人居环境改善

仙河镇积极建设农耕文化品牌，依托其深厚的农耕文化底蕴，成功举办了"秦岭田园看仙河"农耕文化系列活动（见图5）。这一系列活动旨在传承农耕文化、寻找乡愁记忆，推动农文旅融合发展。活动吸引了大量省内外媒体、周边村民以及游客参与，为仙河镇增添了浓厚的农耕和文化氛围。在此基础上，仙河镇将积极构建农文旅融合产业格局，紧扣"持续做优劳务大镇、加快建设特色产业名镇、合力打造康养小镇"的发展思路，围绕"康养福地、田园仙河"的目标，打造独特的农耕文化品牌，推动全域旅游跨越式发展。通过深度整合特色农业与乡村旅游资源，仙河镇正积极探索"农业+文化+旅游"的融合发展模式，实现农业促进旅游、旅游反哺农业的良性循环，有效拓宽了农民增收渠道，助力乡村振兴。此外，为了迎合游客日益增长的多元化文旅需求，仙河镇还不断创新，旨在推出生态休闲游、康养度假体验、农事实践活动、研学旅行等丰富多彩的旅游产品，打造更加立体、多维的旅游体验，不仅丰富了旅游市场供给，也进一步优化了当地的人居环境，为仙河镇的可持续发展注入了强劲动力。

**图 5　仙河稻田**

资料来源：笔者在实践地拍摄所得。

### （四）"归雁经济"激发乡村振兴新动力

仙河镇，作为知名的劳务输出重镇，其居民结构显著特点在于超 1/3 的人口流动至外地，他们以勤劳与智慧在异乡书写个人奋斗史。鉴于当前乡村振兴战略的重要性，仙河镇采取了一系列创新策略，旨在有效利用外出创业成功人士的模范效应。具体而言，该镇通过组织座谈会、考察活动等形式，构建了一个知识分享与思想碰撞的平台，旨在增强归乡人员对家乡发展的认知与归属感，进而激发其反哺家乡的积极性。同时，实施"一站式"服务模式，即"保姆式"服务团队，为有意回归并投资于家乡的创业者提供全方位支持，从初步咨询、政策阐释到项目执行与后续管理，确保项目顺利落地并持续发展。在优化创业环境方面，仙河镇采取了多项措施，包括表彰优秀归乡创业案例以树立典范，以及通过简化行政审批流程、降低创业成本等手段。这些努力不仅增强了归乡创业者的信心与归属感，还促进了人才、资金与技术的回流，形成了积极的"归雁经济"现象。稻渔综合种养产业示范点（见图 6）作为"归雁经济"的典型成果，展现了该模式在提升土地利用效率、增加农民收入及促进农业产业结构优化方面的显著成效。通过融合传统水稻种植与现代水产养殖技术，实现了资源的高效循环利用，为乡村振兴提供了可借鉴的实践案例。

**图6　仙河镇稻渔综合养殖试验田**

资料来源：笔者在实践地拍摄所得。

# 五、人居环境整治问题与建议

## （一）存在的问题

### 1. 青壮年居民参与程度低

农村人居环境的改善主要由各级政府主导推动，但农村居民作为整治行动的核心参与者和最终受益者，其角色至关重要。调研结果显示，当前农村地区居民对于人居环境优化的认知度和参与度均处于较低水平。随着我国经济社会的持续进步与城镇化进程的加快，大量农村青壮年劳动力选择离开乡村，前往城市寻求就业机会并定居，难以参与乡村人居环境改善工作，导致农村出现了房屋空置、土地闲置加剧以及村庄空心化的显著趋势。这一现象下，农村留守人口主要集中为老年、儿童、病患及残疾人等弱势群体，他们往往受限于陈旧的思想观念、缺乏环保意识，并因年龄、健康状况等因素，难以直接参与到村庄环境整治的行动中。

### 2. 资源未充分利用

仙河镇这片镶嵌于自然怀抱中的瑰宝之地，环境优美，有大面积的林果园区、农业园区和稻渔综合养殖区，然而，这些丰富的自然资源并未能充分发挥其潜力。首先，仙河镇受限于复杂的地形结构，山地连绵不绝，使人居环境改善过程中的土地利用面临严峻挑战。其次，交通不便成为制约仙河镇发展的另一大障碍。该镇与外界的交通网络相对薄弱，增加了农产品外销的难度和成本，难以利用优质农产品吸引外地游客为当地人居环境带来新的思想。最后，宣传力度的不足也是导致仙河镇资源未能充分利用的重要原因之一。尽管这里自然风光旖旎，农业资源丰富，但由于缺乏有效的宣传和推广，使其知名度和美誉度远远低于其实际价值，鲜有外地游客慕名而来，为当地注入新活力，进而影响了当地的改善与发展。

3. 资金渠道单一

农村人居环境整治工程范围广、时间长、要求高，资金投入量大。根据农村环境综合整治的投入标准，仙河镇在农村人居环境整治项目上所需资金仍存在较大缺口。自农村人居环境整治行动启动以来，基层乡镇政府始终扮演着治理核心的角色，其资金支撑主要依赖于上级财政部门的拨款与补助体系。然而，这种资金来源的单一性显著制约了整治工作的广度与深度，即便是农村基础设施升级、非主干道路硬化等关键领域的资金需求也未能得到充分满足。时至今日，仙河镇在推进农村人居环境整治过程中，从日常的垃圾清理、卫生保洁维护，到基础设施建成后的长期维护与管理费用，均沉重地落在了基层乡镇政府的财政肩上，亟须多元化资金渠道的探索与建立。

**（二）对策建议**

1. 提升居民人居环境整治参与度

村民家园及其周边环境的质量直接关系到日常生活的舒适度与生活品质。为了更有效地动员村民参与到人居环境改善工作中，需要采取多元化的宣传教育活动。具体而言，可充分利用村内的广播系统，在晨间与傍晚时段播放关于环境保护的重要性及人居环境改善成功案例的音频内容，以扩大信息的覆盖面与影响力。同时，结合文化活动，如文艺表演、戏剧演出等，以生动直观的方式向村民展示改善人居环境所带来的积极变化，激发其参与热情。此外，应充分发挥基层干部的桥梁作用，深入村民家庭，运用浅显易懂的语言阐述环境改善的意义，并分发相关宣传材料，确保信息传达的针对性和有效性。这种面对面的交流方式不仅能加深村民对环境改善工作的认识，还能促进干群之间的沟通与理解，为共同推进农村人居环境改善奠定坚实的群众基础。此外，还可以通过设置"美丽庭院"评选和"卫生先进个人"荣誉榜等激励机制，对环境维护表现出色的村民进行表彰和奖励，来增强村民的荣誉感和积极性。

2. 挖掘资源统筹规划

（1）充分挖掘当地资源。

在推动农文旅融合与人居环境改善的过程中，应深入挖掘区域内资源，并进行科学合理的统筹规划。首先，应全面梳理农业资源，包括主要农作物种植结构、特色农产品、农业技术应用情况及农业产业链发展现状，形成具有区域特色的农产品品牌。其次，对旅游资源进行系统化评估，明确自然景观、文化遗产、民俗风情等旅游资源的分布、特色及开发潜力，为后续的人居环境整治特色和旅游开发提供科学依据。围绕"生态宜居、产业兴旺、乡风文明、治理有效、生活富裕"的总要求进行科学合理的统筹规划。

（2）充分利用网络资源。

首先，应构建多元化、立体化的新媒体宣传矩阵，包括但不限于社交媒体（如微博、微信公众号、抖音、快手等短视频平台）、专业农业电商网站及App、网络直播平台等。通过精准定位目标受众，采用图文并茂、音视频结合等多种形式，生动展现仙河镇独特的人居环境魅力，提升乡村的整体知名度和美誉度。其次，积极挖掘并培养本土及具有广泛影响力的意见领袖（KOL），利用其在网络空间中的话语权和影响力，以第一人称视角展示仙河镇的人居环境、乡村生活、农业生产等独特元素，形成具有感染力和吸引力的内容输出。从而有效拉近与受众的距离，增强内容的可信度和传播效果，促进乡村旅游与农业经济的发展，激发当地居民对人居环境整治工作的支持。

3. 拓宽资金渠道

（1）增加村集体收入来源。

在推进农村人居环境整治的宏伟蓝图中，将资金负担适度转移至村集体层面，不仅是对地方政府财政压力的有效缓解，更是激活农村内生动力的深刻实践。首先，村集体作为农村环境治理的直接受益者和责任主体，承担起更多的资金筹措与管理职责，能够增强村民对自身居住环境的责任感和归属感。这种意识的觉醒，将促使村民更加主动地参与到环境整治的各个环节中，从日常的垃圾分类、环境维护到参与集体决策，形成"人人参与、人人受益"的良好氛围。其次，村集体经济的发展和壮大，村庄将拥有更多的自主权和灵活性规划和使用资金以支撑环境整治工作长期有效进行。

（2）强化社会资本参与。

探索多元化融资路径，激活社会各界参与热情，是破解资金瓶颈的关键。吸引社会资本以市场化方式参与农村人居环境整治，构建起多元共投、风险共担、利益共享的投资体系。这不仅拓宽了资金来源，也增强了整治项目的市场活力和创新动力。同时，政府应强化跨部门协作，整合各方资源，形成合力。例如，可依托青年联合会等社会组织，发起"青春筑梦·爱我家乡"等公益活动，广泛汇聚青年才俊及在外企业家的力量，用他们的智慧与资金反哺家乡，为农村人居环境整治注入新鲜血液和强劲动力。

4. 建设人才队伍

积极探索并建立一支专注于农文旅融合与人居环境改善的专业队伍，首先，建立一个信息网络交流平台，引入文化旅游创意设计领域的专家，挖掘乡村独特的文化内涵与自然景观，设计出既符合市场需求又彰显地方特色的旅游产品。管理及营销方面的专业人才将助力这些产品实现有效推广与市场化运作，从而激发农村经济活力，提升村民生活水平。其次，依托陕西地区丰富的高等教育资源，可以开展一系列针对文化旅游技能型人才的培养计划。培养出既懂文化、又通旅游，还具备创新思维与实操能力的复合型人才。通过定期组织队伍成员前往省内外农文旅发展的典型示范区进行考察交流、参观学习，通过"走出去、引进来"的方式，加强对这些先进做法和经验的吸收借鉴，结合本地实际进行创新应用，为农文旅融合与人居环境的和谐发展提供坚实的人才保障与智力支持。

5. 依托人居环境和林果资源打造特色旅游产品

（1）深度挖掘林果文化内涵，升级林果园体验。

每一片果林都承载着独有的历史与文化，可以通过深入研究与整理，挖掘出许多鲜为人知的故事，从果实背后的故事，到与节气、民俗紧密相连的节庆习俗。这些文化内涵，通过文化节、主题展览、故事讲述会等形式生动呈现给游客，让游客在品尝美味果品的同时，也能感受到那份穿越时空的文化韵味，增强对地方文化的认同感和归属感。从而将果园和农业园区打造成集观光、休闲、娱乐于一体的综合性旅游目的地，在果园内设计一系列独特的景观小品和休闲设施。此外，还可以引入亲子互动项目和研学项目，让家庭和学生游客群体在欢声笑语中体验农家乐趣。

（2）优美人居环境打造特色住宿。

鼓励当地居民积极参与人居环境整治工作，将他们的住房改造成特色民宿或度假小屋。通过提供这样的特色住宿，不仅为游客提供了亲近自然的绝佳选择，也让居民在分享家园环境的同时，实现了经济收入的增加。这些收入不仅可以直接用于住房的维护与升级，还能投入到更广泛的人居环境改善项目中。更重要的是，这一过程中，游客的到来，带来了外界的信息与视角，让居民在分享故事、展示生活的同时，也能意识到可持续发展与人居环境维护的重要性，形成一种良性循环。

# 参考文献

［1］桂怡芳．农文旅融合发展国内外研究进展［J］．西部旅游，2024（12）：30-32.

［2］马慧．乡村振兴背景下农村人居环境整治探析［J］．农村实用技术，2023（1）：63-65.

［3］王玉春，庄园，郑强．搞好农村人居环境整治　助力乡村振兴战略实施［J］．农业知识，2023（2）：3-5.

［4］刘杰．人居环境学科群理论研究和实践探索——以菏泽学院为例［J］．菏泽学院报，2023，45（02）：128-131.

［5］张雯静．乡村振兴下农村环境卫生治理问题研究［J］．农村实用技术，2024（1）：123-125+128.

［6］陈子怡．江苏省农村人居环境整治存在的问题与对策［J］．农村经济与科技，2021，32（15）：272-274.

［7］李荣．农村人居环境整治的问题及对策分析［J］．农业经济，2022（7）：44-45.

［8］尹健．辽宁省农村生活垃圾综合治理问题及对策研究［J］．农业经济，2023（10）：59-61.

# 乡村振兴战略背景下宁夏乡村旅游发展现状及对策研究

温秀　严得宁　张凡　肖尊昭　李璟煜　陈晗　严晓雅　徐汉燕*

**摘要：** 本文通过对宁夏回族自治区吴忠市牛家坊村、银川市西夏区镇北堡村和昊苑村以及金凤区润丰村的实地调研，分析了宁夏乡村旅游发展的现状、市场潜力以及面临的挑战。调研结果表明，宁夏乡村旅游在乡村振兴战略下展现出积极的发展态势，通过多元化发展、村民参与、政府支持等措施，促进了当地经济和文化传承。同时也为当地居民带来了实质性的经济收益。本文提出了推动乡村地域文化符号视觉转化、丰富"旅游+产业"结构、完善旅游市场监管机制、提高乡村旅游在外地市场的知名度、多方面引进资金、加强教育培训等对策建议，以期促进宁夏乡村旅游的可持续发展。为实现可持续发展，需关注品牌建设、产业链完善、数字化应用等挑战，并采取相应对策。未来，宁夏乡村旅游有望实现更加繁荣和多元化的发展。深入了解乡村旅游业的发展现状，探讨乡村旅游发展的问题和挑战，通过大学生的视角以及运用所学知识，推动农文酒旅融合，为乡村振兴贡献智慧和力量，为今后的乡村振兴与乡村旅游工作提供一定的参考和建议。

**关键词：** 宁夏；乡村旅游；乡村振兴；对策建议；繁荣发展

## 一、引　言

随着我国经济的持续发展和人民生活水平的不断提高，乡村旅游作为一种新兴的旅游业态，正日益成为越来越多游客追求自然、体验文化和享受休闲时光的

---

* 温秀，西北大学经济管理学院副教授；张凡、肖尊昭，西北大学经济管理学院硕士研究生；严得宁、李璟煜、陈晗、严晓雅、徐汉燕，西北大学经济管理学院本科生。

首选方式,其受欢迎程度不断攀升。宁夏,作为我国西部的一个重要的旅游目的地,不仅拥有得天独厚的自然资源,如广袤的草原、壮美的沙漠、清澈的湖泊,还有丰富多彩的民族文化,如回族文化、西夏文化,以及深厚的历史文化底蕴,如古长城遗址、西夏王陵等,这些独特的乡村旅游资源使得宁夏在旅游市场上独树一帜。

宁夏乡村旅游的发展潜力巨大,它不仅为当地居民带来了显著的经济效益,促进了农民增收和农村就业,而且在推动区域经济结构的优化升级方面发挥了重要作用。在乡村振兴战略的背景下,宁夏乡村旅游的发展更是为乡村的全面振兴注入了新的活力,成为实现农业农村现代化的重要途径。

本报告旨在对宁夏乡村旅游的发展现状、市场分析、优势与劣势进行深入调研分析,为宁夏乡村旅游的发展提供策略建议,促进宁夏乡村旅游业的可持续发展。

# 二、研究背景与问题提出

宁夏位于我国西北部,黄河上游,东邻陕西,西、北接内蒙古,南与甘肃相连。独特的地理位置使宁夏拥有丰富的自然景观和人文景观。宁夏拥有沙湖、沙坡头、贺兰山等著名自然景区,以及独特的沙漠、黄河、湖泊等自然景观,而且还是古丝绸之路的重要节点,拥有悠久的历史文化底蕴。回族文化、西夏文化、黄河文化等地域文化特色鲜明。近年来,宁夏乡村旅游发展迅速,涌现出一批具有代表性的乡村旅游景点,如镇北堡西部影城、西夏风情园等。

作为我国西部的一个重要旅游目的地,其拥有丰富的乡村旅游资源,宁夏回族各市都有其独特的乡村旅游特色。例如,银川以贺兰山东麓葡萄酒品鉴为特色,发展酒农文旅产业融合的乡村度假游,吴忠则以黄河民俗文化和特色美食为特色。与此同时,宁夏乡村旅游不仅是旅游活动,还是促进各民族交往、交流和交融的重要平台,如银川市润丰村和吴忠市牛家坊民俗文化村就是一个典型案例,它的发展潜力巨大。然而,整体来看,宁夏乡村旅游仍存在资源开发不足、产品单一、市场营销乏力等问题。本次调研采用文献分析法、实地考察法、访谈法等多种方法,对宁夏乡村旅游资源、市场、政策等方面进行全方位、多角度的分析。对宁夏乡村旅游的发展现状、市场分析、优势与劣势进行深入调研,为宁夏乡村旅游的发展提供策略建议,促进宁夏乡村旅游业的可持续发展。

### （一）概念界定

乡村旅游：乡村振兴战略是我国为促进农村全面发展而提出的长期战略，目标是实现农业农村现代化。该战略涉及中国农村地区，通过综合措施提升农村生产生活条件，提高农民生活质量，推动经济、社会、文化、生态和组织的全面进步。强调农村发展的全面性和系统性，旨在通过综合施策，促进农村全面进步，实现长期稳定发展，为全面建设社会主义现代化国家贡献力量。

乡村振兴：乡村振兴战略是中国针对农村发展提出的长期战略，其核心目标是实现农业农村现代化。该战略涵盖了中国广大的农村地区，旨在通过一系列综合措施，改善农村生产生活条件，提高农民生活质量，促进农村经济、社会、文化、生态和组织的全面振兴。该战略的实施遵循以人为本、城乡融合、绿色发展、文化传承等原则，通过政策支持、产业带动、基础设施完善和社会参与等多路径推进，旨在通过综合施策，推动农村全面进步，实现农村的长期稳定发展，为全面建设社会主义现代化国家贡献力量。

### （二）文献综述

习近平总书记在党的十九大报告中提出"实施乡村振兴战略"。习近平总书记指出：要坚持农业农村优先发展，按照产业兴旺、生态宜居、乡风文明、治理有效、生活富裕的总要求，建立健全城乡融合发展体制机制和政策体系，加快推进农业农村现代化。党的十九大报告提出的"乡村振兴战略"和20字总要求将是未来一个时期我国"三农"工作的纲要。如何将乡村振兴战略变成政策，落实在实际工作中，就必须要进行分析。没有分析就没有政策，尤其是当前中国地域广大，地区发展十分不平衡，如果没有对发展战略的深入分析，我们就可能在制定政策中望文生义，而不能将党的十九大报告提出的乡村振兴战略落到实处。

近年来，学者对乡村旅游发展进行了广泛的研究，主要集中在以下几个方面：

（1）乡村旅游资源开发与利用：探讨如何有效开发和利用乡村地区的自然资源、人文景观、民俗文化等资源，打造特色旅游产品。

（2）乡村旅游市场分析与营销策略：分析乡村旅游市场现状和趋势，研究如何进行有效的市场营销，吸引更多游客。

（3）乡村旅游政策与发展模式：研究政府如何制定相关政策支持乡村旅游发展，以及不同地区的乡村旅游发展模式。

（4）乡村旅游对乡村地区的影响：探讨乡村旅游对乡村地区经济、社会、文化、环境等方面的影响。

**（三）研究的意义与价值**

（1）丰富宁夏乡村旅游发展模式：宁夏乡村旅游的多元化发展模式，包括牛家坊村的农耕文化体验、镇北堡村的影视旅游、昊苑村的酒旅融合、润丰村的农旅结合等，为其他地区发展乡村旅游提供了借鉴和参考。突出了地域文化符号视觉转化的重要性，通过提升乡村品牌传播效果，为宁夏乡村旅游品牌建设提供了思路。

（2）提升宁夏乡村旅游市场竞争力：分析宁夏乡村旅游市场存在的问题，例如游客留存率低、基础设施和服务质量有待提升、缺乏多样化的旅游项目等。

（3）促进宁夏乡村旅游可持续发展：报告强调了生态环境保护与旅游发展的协调，指出宁夏乡村旅游发展注重生态保护和可持续发展，实现了旅游业与生态环境的和谐共生。

（4）推动乡村振兴战略实施：宁夏乡村旅游发展不仅展示了地方特色和潜力，也为农村建设提供了宝贵的经验和启示，有助于推动乡村振兴战略的实施。

（5）为相关研究提供参考：报告的调研数据和结论可以为相关研究提供参考，例如乡村旅游发展模式、乡村旅游市场分析、乡村旅游政策研究等。

（6）丰富乡村旅游研究：本文将在一定限度上丰富乡村旅游研究，为相关学者提供新的研究视角和案例。

# 三、研究分析

**（一）研究设计与实施**

1. 研究地点

本文选择宁夏回族自治区吴忠市牛家坊村、银川市西夏区镇北堡村和昊苑村及金凤区润丰村作为研究地点，这些村庄在乡村旅游发展方面具有一定的代表性和典型性。牛家坊村以其丰富的回族文化和传统手工艺闻名，吸引了大量游客前来体验民族风情。镇北堡村和昊苑村则依托附近的西夏王陵、贺兰山等自然与人文景观，发展了具有地方特色的乡村旅游。而润丰村则以其优美的田园风光和特色农业项目，成为游客休闲度假的好去处。这些研究地点的选择旨在深入探讨宁夏地区乡村旅游的发展现状、存在问题及潜在优势，为我国乡村旅游的可持续发展提供有益的借鉴和启示。通过对这些典型村庄的研究，有助于更好地挖掘和利用当地旅游资源，推动乡村经济振兴，提高村民生活水平。同时，也为其他地区乡村旅游的发展提供了宝贵的经验。

2. 研究对象

本文研究的主要对象分为三个层面，旨在全面深入地理解乡村旅游发展的多维度影响和相互作用。

（1）乡村旅游经营者和从业者：本研究的核心对象之一，包括乡村旅游景点的负责人、农家乐的老板、旅游纪念品销售者等。通过访谈、问卷调查等方式，我们将深入了解他们的经营模式、盈利状况、市场定位、服务内容以及面临的经营挑战。此外，还将探究他们在产品创新、服务质量提升、市场拓展等方面的需求，以及他们对乡村旅游未来发展的期望和规划。

（2）当地村民：作为乡村旅游发展的直接受益者和参与者，当地村民的态度和参与程度对乡村旅游的可持续发展至关重要。本文将关注村民对乡村旅游的认同感、参与乡村旅游活动的形式和深度，以及他们从乡村旅游中获得的经济和社会效益。同时，还将探讨乡村旅游对当地社区文化、生活环境和社会结构的影响，以及村民对此的感知和评价。

（3）政府部门和旅游行业协会：这两个主体在乡村旅游发展中扮演着指导和监管的角色。本文将考察政府部门在乡村旅游规划、政策制定、资金扶持、市场推广等方面起到的作用，以及旅游行业协会在行业规范、服务标准、培训教育、信息交流等方面的贡献。通过分析这些政策和措施的实施效果，本文旨在为乡村旅游的健康发展提供政策建议和行业指导。

3. 研究方法

（1）文献分析法。本文调研团队深入研读了《文化和旅游部关于公布全国乡村旅游重点村及全国乡村旅游重点镇（乡）名录的通知》，旨在精准定位调研目标。我们系统性地搜集了目标村镇的历史文化背景资料，包括但不限于其历史沿革、文化遗产及民俗风情等，以期全面了解其文化底蕴。同时，我们还关注了村镇的宜居环境状况，评估其基础设施建设、生态环保措施及居民生活质量，为分析乡村旅游对当地社区的影响奠定基础。此外，我们还特别留意了村务管理的透明化与公开化程度，通过查阅政府公告、村民反馈等渠道，力求获取第一手资料，以评估乡村旅游发展过程中的社会治理效能。这一系列前期准备工作不仅体现了本调研团队的专业素养，也为后续实地调研的深入开展奠定了坚实的基础。

（2）实地考察法。为进一步了解宁夏回族自治区的旅游发展现状，引导大学生深入基层，助推乡村振兴的进一步发展，西北大学"绿野乡村复兴"实践团在 2024 年暑期，以"全国乡村旅游重点村"为主要出发点，通过文献梳理、实地考察、面对面访谈等形式（见图 1），深入挖掘调研各村的发展难点痛点，旨在解决乡村旅游发展中的实际问题，促进资源高效整合，推动产业结构优化升级，最终实现乡村经济繁荣与村民精神文化生活的共同提升，助力乡村振兴战略向纵深发展。

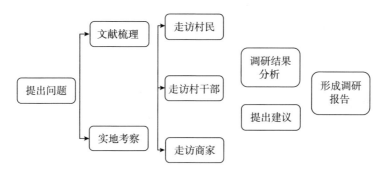

**图 1　技术路线**

（3）访谈法。宁夏以其独特的自然风光、深厚的文化底蕴和浓郁的民族风情，成为探索旅游发展新路径的生动样本。实践团队深入乡村，与多位旅游服务人员及村民进行了面对面访谈。访谈中，我们了解到，宁夏通过挖掘黄河文化、贺兰山岩画等特色资源，打造了一批集观光、休闲、体验于一体的乡村旅游项目。同时，注重生态保护与社区参与，让村民成为旅游发展的主体和受益者。受访者普遍表示，乡村旅游不仅带动了当地经济，还促进了文化传承与乡村治理能力的提升。通过访谈，我们不仅对宁夏乡村旅游的发展有了更全面的了解，还感受到了当地居民对旅游发展的热情和对传统文化的自豪。这些信息对我们后续的研究和分析具有重要的价值。

然而，我们设计的问卷未能如愿展开，调研地大多数为老人儿童，青壮年外出务工，问卷采集工作困难，因此访谈法是我们获取信息的主要方式，我们也通过这种方式了解到了诸多信息。

4. 研究实施

本研究在 2024 年暑期展开，为了保证研究的深度和广度，研究团队采取了一系列系统性的工作步骤，具体如下：

（1）文献资料收集与分析：研究伊始，团队对国内外关于乡村旅游发展的文献资料进行了全面地收集，包括政策文件、统计数据、研究报告、学术论文等。这些资料不仅涵盖了乡村旅游的理论基础，还涉及实践案例和经验总结。通过对这些资料的整理和分析，研究团队为后续的实地调研奠定了坚实的理论基础，并对研究框架和假设进行了初步构建。

（2）实地考察：在文献资料分析的基础上，研究团队对选定的宁夏回族自治区吴忠市牛家坊村、银川市西夏区镇北堡村和昊苑村以及金凤区润丰村等研究地点进行了实地考察。在考察过程中，团队成员对乡村旅游的资源特色、基础设施、服务设施、环境状况、旅游产品开发情况等进行了详细的观察和记录，以了解乡村旅游发展的现状和存在的问题。

（3）访谈：访谈是本研究获取第一手资料和深入理解问题的重要手段。研究团队与乡村旅游经营者和从业者、当地村民、政府部门工作人员以及旅游行业协会成员等进行了面对面的访谈。访谈内容涵盖了乡村旅游的经营状况、市场趋势、政策影响、社区参与、利益分配等多个方面。通过半结构化和开放式问题的设计，研究团队收集到了丰富而深入的信息和意见，为研究结论的形成提供了直接证据。

在整个研究实施过程中，访谈环节尤为关键，它不仅帮助研究团队获得了直接和鲜活的实证材料，而且为理解乡村旅游发展的复杂性和多元性提供了丰富的视角。通过这些访谈，研究团队得以从不同利益相关者的角度出发，综合分析乡村旅游发展的机遇与挑战，为提出针对性的发展策略和建议提供了依据。

# 四、研究发现

根据对牛家坊村、镇北堡村、昊苑村、润丰村的调研，有以下几点发现：

## 1. 品牌推广和知名度不足

尽管各村庄在乡村旅游方面都具备独特的资源和吸引力，例如牛家坊村的生态景观和农耕文化、镇北堡村的历史文化与影视资源、昊苑村的"酒旅融合"模式，以及润丰村的农业特色旅游，但这些村庄普遍面临品牌推广不足的问题。村庄虽获得了一些荣誉和市场认可，但在全国范围内的知名度依然有限，如何进一步扩大宣传、吸引更多游客成为关键挑战。许多村庄在宣传渠道的选择、推广内容的设计上不够多样化，缺乏强有力的营销策略，导致游客的认知度较低，尤其在竞争激烈的旅游市场中无法突出自身特色。因此，这些村庄需要加强线上线下的整合营销，创新宣传方式，借助社交媒体、旅游平台等现代化渠道提升品牌影响力。

2. 旅游产业链和资源整合不完善

虽然这些村庄都尝试发展多元化的乡村旅游项目，如牛家坊村的农耕文化与民俗体验、镇北堡村的影视旅游、昊苑村的葡萄酒产业与旅游结合，以及润丰村的农业大棚与美食街项目，但各村庄普遍面临旅游产业链不够完善、资源整合不足的问题。村庄的旅游项目多集中在单一领域，无法提供多元化、持续性的体验，游客的停留时间短、消费力低。例如，昊苑村的"酒旅融合"虽然初见成效，但缺乏其他旅游体验项目，难以延长游客的停留时间。整合本地自然资源、文化资源和现代化旅游设施，使游客获得更丰富的旅游体验，提升游客的停留时间和消费意愿，是各村庄未来必须面对的重要任务。

3. 基础设施建设和资金支持不足

基础设施薄弱和资金短缺是乡村旅游发展的另一个普遍问题。尽管各村庄都在积极推进乡村旅游项目，但在基础设施建设、游客接待能力和服务质量上仍存在不足。例如，镇北堡村在面对高峰期游客时，停车场和接待设施的容量不够，影响游客体验；润丰村的娱乐设施和基础服务项目因资金短缺，发展较为缓慢，影响了整体旅游业的提升。许多村庄的旅游发展项目需要更多资金支持，尤其是在建设与维护旅游基础设施、提升服务质量以及开发新的旅游项目方面。然而，由于乡村本身经济基础较弱，外来投资不足，资金问题成为制约其进一步发展的主要瓶颈。各村庄应探索多元化的资金筹措渠道，如政府补助、社会资本引入等，以推动旅游业的可持续发展。

4. 依托乡村自然资源优势，发展承载乡愁旅游产业

（1）加强市场调研和分析，充分了解游客需求，确定细分市场。整合乡村特色资源，坚持需求导向，针对不同年龄、不同地域游客开发差异化的旅游产品；提高乡村旅游产品竞争力，避免恶性竞争；构筑融体验农业、乡村创意产业、亲子研学等多产业融合的乡村旅游产业体系，满足游客从"找乡愁"到"享乡愁"的需求。

（2）打造具有鲜明地域性的旅游品牌，培育凸显当地特色的旅游品牌项目。多渠道加强品牌文化宣传推广，深化品牌形象，增强吸引力与竞争力，促进乡村旅游的健康发展，实现长期的经济收益和社会效益。

（3）多措并举建立人才培养机制。实施村集体领导班子年轻化、创新化，采用"能人"治村；完善人才筛选、培育、留住、激励制度和机制，通过人才下乡和人才回流等措施促进乡村建设中人才队伍的壮大；对现有居民进行相关技能及管理能力培训，提升村民的市场认知和创新能力，推动自主创新和可持续发展，并通过新知识与新技能的广泛宣传，更新发展理念与经营模式，提高市场敏感度。

5. 创新发展乡村文旅融合，完善乡村产业发展机制

（1）正视文化产业同旅游产业的差异性。两大产业的差异性导致了价值冲突以及政策管理的缺失，因此应在追求经济利益的同时正视这些存在的差异和矛盾，同时由于文旅融合模式目前并没有统一的管理措施，摸着石头过河的同时虽然允许试错成本，但应将立足点放在利益的协调机制上，将文旅融合发展真正地同乡村振兴，农民发展需求以及农村产业发展等紧密结合，放弃短视的做法，以树立农村民族文化自信为首要任务，用文化自信带动农村旅游经济的发展，这符合新时代长久持续性高质量发展的要求。

（2）建立文旅融合发展创新机制。针对目前文旅融合过程中出现的模式同质化问题，不利于长久的旅游经济发展，因此应鼓励乡村深挖本地的特色文化内涵，结合自身特征和优势进行文旅融合产品的设计和创新，要着眼于建立文旅融合发展的长效机制，吸引人才，为人才提供培养和发展平台。设立市场开发，产品营销部门，对于产品的设计要在乡村旅游过程中融入本地独特的文化灵魂，进一步提升本地旅游产品的创新度和发展的持久性。

总的来说，这些共性问题的存在使乡村旅游的可持续发展受限，如何解决品牌推广不足、优化旅游产业链和提升基础设施建设成为未来发展的关键。

# 五、研究结论

1. 牛家坊民俗文化村

（1）牛家坊村乡村旅游的现状和特色资源：线上调查显示，牛家坊民俗文化村依托其生态景观和农耕民俗文化，形成了星级农家乐集群和民宿集群，获得了多项荣誉，包括全国乡村旅游模范村、全国生态文化村等，这表明该村在乡村旅游方面具有较强的品牌效应和市场吸引力。线下访谈得知，牛家坊村乡村旅游项目由莲花长廊改建而成，包括特色小吃街和哈哈乐园。特别是在美食节的推动下，该村的知名度得到了提升，其文化和旅游产业链也逐步成熟。

（2）牛家坊村旅游品牌建设及生态保护：村内设有玫瑰花产业园区，形成了成熟的供应链系统，生产鲜花饼、玫瑰酱和玫瑰花茶等产品。该村的旅游市场模式主要集中在餐饮和休闲娱乐，尤其在节假日游客数量较多。村里还建设了农博农工博物馆，并加入了非遗文化元素，如八宝茶、老缸醋和刺绣，促进了民俗文化的发展。招商引资工作也已完成95%左右，进一步推动了当地经济的多元化和可持续发展。在乡村旅游发展的同时，生态环境也得到了同步保护和发展，体

现了该村在旅游和环境保护方面的协调发展策略。

（3）村民参与及受益情况：在村办企业的支持下，村民可以通过多种渠道积极参与乡村旅游的发展，获得较高的经济收益，大部分土地也得到充分利用。乡村旅游的发展决策主要由村集体决定，村民能够充分参与，这种发展模式使村民在乡村旅游项目中受益颇多。

（4）牛家坊村调研发现的困境：品牌效应不足：尽管牛家坊村已获得多项荣誉，但如何进一步扩大品牌效应和吸引更多游客仍是一个挑战。

（5）产业链不够完善：虽然文化和旅游产业链趋于成熟，但如何更好地整合资源、优化产业链，以实现长期可持续发展仍需进一步探索。

2. 镇北堡村与昊苑村

（1）镇北堡村乡村旅游的现状和特色资源：镇北堡村作为全国乡村旅游重点村，文旅资源丰富，包括三大层面：第一层是自然资源——贺兰山，这里阻挡了腾格里沙漠和西伯利亚寒流，使村落气候适宜；第二层是历史文化资源，包括西夏陵岩画和森林公园，这些资源形成了以镇北堡村为中心的扇形辐射状旅游黄金带；第三层是人造资源，依托西部影视城发展夜间经济，建立了宁夏唯一一个标准化的摄影棚。

（2）镇北堡村旅游品牌建设及社区发展模式：镇北堡村采用"党支部+合作社+村民"的发展模式，鼓励村民成立合作社，利用闲置资源建设停车场区域，发展影视旅游和民宿产业。这一模式不仅解决了节假日车辆停放的问题，也为村集体带来了额外收入。此外，依托周边旅游景区，村庄有效地促进了当地村民的就业，使得更多村民参与旅游产业链，增加了家庭收入。

（3）村民参与及受益情况：镇北堡村通过"党支部+合作社+村民"的模式，充分利用当地的闲置资源，带动了村民的就业和经济收入。影视旅游和民宿产业的结合也为村民提供了新的经济机会，村民在乡村旅游的发展中得到更多实惠和机会。

（4）镇北堡村调研发现的困境：游客留存问题：虽然镇北堡村的自然、历史文化和人造资源丰富，但面临着如何留住游客、延长游客停留时间的问题。

（5）基础设施和服务质量提升：基础设施建设和服务质量还有待提升，尤其是在应对高峰期的游客接待能力和管理上存在不足。

（6）昊苑村乡村旅游的现状和特色资源：昊苑村依托贺兰山的自然优势，充分挖掘本地特色，大力发展"酒"旅融合，并积极探索"全域旅游"新模式。这种模式将葡萄酒产业与民宿旅游相结合，形成了"葡萄酒产业+民宿旅游"的融合发展路径。村里设立了"特色民宿体验—葡萄酒品鉴—休闲采摘"的党建+农业休闲文化旅游现场教学点，通过这一创新模式，推动了农业休闲观光业的发展。

（7）昊苑村旅游品牌建设及产业融合：昊苑村被评为全国美丽乡村示范村，其"酒旅"融合文化产业深度挖掘宁夏葡萄酒产业、民宿旅游和民俗文化等优势资源。通过推动葡萄酒与旅游的深度结合，形成了以酒带旅、以酒促旅、工农旅一体的全域旅游发展新模式。与镇北堡村不同，昊苑村的旅游发展模式加入了企业和基地，采用"党组织+企业+基地+农户"的发展模式。这种模式不仅促进了旅游发展，还带动了乡村经济的全面振兴。

（8）村民参与及受益情况：昊苑村的旅游发展模式通过整合本地资源和优势，积极引导村民参与旅游产业链，增加收入。同时，与企业和基地的合作也为村民提供了更多的就业机会和发展空间，推动了村民生活水平的提高。

（9）昊苑村调研发现的困境：缺乏多样化的旅游项目：虽然"酒旅融合"已初见成效，但旅游项目较为单一，需要开发更多的体验项目以延长游客的停留时间和增加消费。

（10）资源整合与推广不足：如何更好地整合当地的葡萄酒文化、民宿体验和其他旅游资源，提升整体吸引力和市场竞争力是当前面临的巨大挑战。

3. 润丰村

（1）润丰村乡村振兴的现状和特色资源：润丰村四面环水，土壤肥沃，耕作条件便利，以"润泽一方，五谷丰登"而得名。村庄依托得天独厚的自然条件，通过科学规划和部门联合建设，围绕"一三三四五"党建工作法，以党组织为引领，发展特色农业和乡村旅游。村内发展了设施农业，建成了100栋农业大棚，带动了70户村民参与园区种植，年用工1.2万人次，推动了农业结构的调整和特色农业的发展。

（2）润丰村旅游业发展及经济效益：润丰村通过引进宁夏老庄稼农业科技有限公司，发展乡村民宿旅游，建成了民俗特色商业街和美食街，使乡村旅游业逐步兴起。搬迁后，村民每年可获得土地流转收入和村集体分红，100户农户参与大棚种植，基本实现劳动力的季节性务工。村民的人均可支配收入从2400元增加到18686元，增长近七倍。村民表示，能够就近务工，有稳定收入，孩子能接受教育，生活条件和幸福感明显提高。

（3）润丰村调研发现的困境：资金不足：发展乡村旅游和基础设施建设的资金有限，导致一些项目进展缓慢，例如娱乐设施的建设和宣传推广的投入。

（4）宣传力度不够：村庄在旅游品牌推广和吸引游客方面存在宣传力度不足的问题，需要更多的宣传策略和渠道来提升知名度和吸引力。

# 六、对策建议

（1）推进乡村地域文化符号视觉转化。在品牌视觉形象设计实践中，在深入把握乡村特色文化内涵的基础上，深挖乡村空间的风貌特征，构建起环境与人、环境与建筑之间的和谐关系，培育具有地方特色的乡村旅游品牌，形成差异化竞争优势。同时，应该充分利用新媒体，凭借其高效信息传播效率，不仅可让信息传播摆脱传统时空的限制，还可借助图文、音视频等多样化形式，全方位展现乡村的发展转变，进一步提升乡村品牌传播效果。

（2）丰富"旅游+产业"结构，推动旅游产品多样化。以产业融合为动力，充分发挥旅游业与其他产业的互补优势，推动旅游业与农业、文化、教育、卫生健康、体育、科技、金融、电商等产业的深度融合，形成新的旅游业态和旅游产品，实现旅游产品的多元化和丰富化。坚持以市场需求为导向，充分调查和分析旅游消费者的需求特征、偏好变化、消费行为等，及时掌握旅游市场的动态和趋势，针对不同的目标市场，设计和提供符合其需求的旅游产品和服务，实现旅游产品的差异化和个性化。

（3）完善旅游市场监管机制，优化市场环境与秩序。建立健全旅游市场的准入和退出机制，规范旅游市场的主体行为，提高旅游市场的结构和竞争力。要合理设置旅游市场的准入门槛，加强旅游市场的主体资质的审查和认证，同时也要建立健全旅游市场的价格和质量监管机制，保障旅游消费者的合法权益，提高旅游市场的信任和满意度。

（4）利用网络、社交媒体、旅游展会等多种渠道，提高乡村旅游在外地市场的知名度并与旅行社、在线旅游平台等合作，推出针对外地市场的旅游套餐。加强乡村地区的交通建设，提高道路质量，增加公共交通工具。在官方网站、旅游指南等提供详细的交通指引和路线建议。及时更新旅游信息，提供在线预订服务。通过优惠活动鼓励游客在旅游平台留下评价，提高目的地口碑。提供多语言导游和资料，帮助外地游客克服语言障碍。游客大多以本地为主且存在一定程度的语言不通的问题。乡村旅游的宣传推广主要局限于本地市场，信息未能通过有效的渠道传播到外地市场，缺乏积极的网络评价和口碑传播以及对外地市场的有效推广，影响外地游客的决策。目的地在外地市场的品牌知名度不高，难以吸引外地游客。同时，外地游客也不了解如何到达乡村旅游点，缺乏便捷的交通指引。

（5）多方面引进资金，扩大资金投入。资金投入不足与专业人才缺乏：乡村旅游的发展需要专业的管理和服务人才，但目前宁夏乡村旅游领域专业人才相对缺乏，影响了旅游服务的质量和效率。同时，乡村旅游的发展需要一定的资金投入，但部分经营者面临资金不足的问题，限制了旅游项目的开发和提升。教育与培训不足：相关教育和培训体系可能未能提供足够的乡村旅游管理和服务人才。职业吸引力低：乡村旅游相对于其他行业可能吸引力不足，难以吸引和留住专业人才。投资回报周期长：乡村旅游项目的投资回报周期通常较长，投资者可能更倾向于短期收益项目。融资渠道有限：乡村旅游经营者可能面临融资难的问题，缺乏多元化的融资渠道。

（6）加强教育培训：政府或旅游行业协会可以组织定期的职业培训，提升经营者的管理和服务能力。引进专业人才，鼓励高学历人才加入乡村旅游行业，通过政策激励和专业发展路径吸引人才；远程教育资源，利用网络教育资源，为乡村旅游经营者提供便捷的在线学习和培训机会，平衡收入淡旺季差异；多元化产品开发，开发不同季节的特色旅游产品，如冬季的冰雪旅游、春季的赏花旅游等，以吸引全年游客；市场营销策略，通过淡季优惠、节庆活动等方式，提高淡季的游客吸引力；延长产业链，发展相关产业，如农产品加工、手工艺品制作等，以增加淡季收入来源；改善基础设施，提升淡季旅游的便利性，如改善冬季的道路维护、增加取暖设施等。经营者的受教育程度低，淡旺季收入差距明显。乡村地区的教育资源相对城市来说较为匮乏，导致当地居民受教育机会有限。与此同时，乡村旅游作为一种新兴行业，未能吸引到足够的高学历人才。经营者缺乏必要的职业培训和教育提升机会。乡村旅游往往受季节影响较大，气候、节假日等因素导致游客数量波动。乡村旅游产品过于依赖某一季节的特色，缺乏全年性的吸引力。缺乏有效的市场营销策略来平衡淡旺季的游客流量。

# 七、调研总结

在国家实施乡村振兴战略的大背景下，宁夏地区的乡村旅游发展不仅展示了地方特色和潜力，也为农村建设提供了宝贵的经验和启示。

本次调研深入分析了宁夏乡村旅游的发展现状、市场潜力以及面临的挑战。宁夏凭借独特的自然景观和丰富的文化资源，乡村旅游业展现出巨大的发展潜力。调研结果表明，宁夏乡村旅游在促进地区经济发展和文化传承方面发挥了积极的作用，同时也为当地居民带来了实质性的经济收益。通过本次调研，我们对宁夏乡村旅游的发展前景持乐观态度，并相信在持续的努力和改进下，宁夏乡村旅游将为乡村振兴战略做出更大的贡献。

1. 多元的旅游模式

宁夏的乡村旅游资源十分丰富，其发展展示了创新和多元化的重要性。从牛家坊村的农耕文化和生态景观，到镇北堡村的影视旅游，再到昊苑村的"酒旅融合"，每个地区都依托于各自的自然和文化特色，发展了独特的旅游模式。这种多元化的发展策略不仅丰富了旅游产品，也提高了乡村旅游的吸引力。

2. 集体的参与

村民的参与和受益是乡村旅游发展的关键。调研显示，村民通过参与旅游项目，不仅提高了经济收入，还增强了对本地文化的认识和保护意识。例如，在昊苑村，一些村民通过统一培训后，参与酒庄的接待和讲解工作，不仅解决了就业问题，也提升了村民的素质。

3. 保护与发展齐头并进

生态环境保护与旅游发展的协调是宁夏乡村旅游的一大特色。在发展旅游的同时，调研地区注重生态保护和可持续发展，实现了旅游业与生态环境的和谐共生。牛家坊村的玫瑰花产业园区，不仅丰富了旅游产品，也促进了民俗文化的发展。总而言之，宁夏地区的乡村旅游为乡村振兴提供了一个绿色发展的范例。

4. 政府支持及市场推广

政府支持和市场推广在乡村振兴中扮演着至关重要的角色。正如西夏区文旅局的扶持和镇北堡影视城的品牌效应，就为乡村旅游的发展提供了良好的外部环境。加强宣传工作，发挥其阵地作用，对于提升乡村旅游的知名度和吸引力至关重要。通过有效的市场推广和品牌建设，可以吸引更多的游客，提升乡村旅游的竞争力。政府还可以在产品结构和服务体系上进行创新，适应乡村旅游发展的需求。

5. 社会参与与支持

社会参与和资本介入也为乡村旅游的发展提供了新的动力。宁夏的乡村旅游发展案例表明，旅游业可以成为推动农村经济发展的重要力量。通过发展乡村旅游，可以吸引更多的投资，创造就业机会，提高农户的收入水平。这不仅有利于发展农村金融，也有助于缩小贫富差距，促进共同富裕。还有企业家返乡带头发展民宿业，以及政府扶持帮助解决土地权改革问题，都促进了民宿业的规范化和规模化。

尽管取得了一定的成就，但乡村旅游在数字化运营、品牌推广、产业链完善、资金投入等方面仍面临挑战。例如，镇北堡影视城面临饱和问题，粉丝经济未能得到充分利用。数字化技术在提升旅游体验和运营效率方面具有潜力，但应用范围和深度有待拓展等。

宁夏的乡村旅游在乡村振兴战略背景下展现出了积极的发展态势，通过多元化的发展模式、村民的广泛参与以及政府的政策支持等，促进了当地经济的发展，也为传统文化的保护和传承做出了贡献。为了实现乡村旅游的可持续发展，调研也明晰了进一步发展中需要关注和解决的问题，如提升品牌影响力、完善产业链、加强数字化应用等，以实现乡村旅游的可持续发展。通过进一步的创新和改进，宁夏乡村旅游有望在未来实现更加繁荣和多元化的发展。

# 参考文献

［1］查芳. 对乡村旅游起源及概念的探讨［J］. 安康师专学报，2004（6）：29-32.

［2］银元，李晓琴. 乡村振兴战略背景下乡村旅游的发展逻辑与路径选择［J］. 国家行政学院学报，2018（5）：182-186+193.

［3］赵威. 乡村振兴背景下乡村旅游经济产业提升［J］. 社会科学家，2019（9）：95-100.

［4］屈学书，矫丽会. 乡村振兴背景下乡村旅游产业升级路径研究［J］. 经济问题，2020（12）：108-113.

［5］张才志. 乡村振兴战略实施中乡村文化建设的价值取向研究［J］. 农业经济，2019（8）：42-44.

［6］陈彪，曹晗. 乡村文化振兴的空间与进路——兼谈文旅乡建［J］. 社会科学家，2022（8）：52-60.

［7］余姗珊，鲍文. 乡村振兴背景下乡村旅游发展的困境及对策［J］. 安徽农学通报，2020（23）：141-142.

［8］余剑平. 乡村振兴背景下衡阳市乡村旅游产业发展问题与对策［J］. 南方农机，2021（15）：109-111.

# 后　记

　　随着《西部大开发新格局实践案例》的出版，我们不仅回顾了调研过程中所经历的艰辛与成就，更感受到时代赋予我们的责任与使命。这本书是西北大学经济管理学院"百企千村万户"实践育人项目2024年调研成果的集中体现，记录了师生们在探索西部经济社会发展过程中的思考与实践。通过对西部地区在文旅融合、数字经济、产业发展、乡村振兴等多个领域的深入调研，我们不仅积累了丰富的案例，也希望能够为读者提供启示与借鉴。

　　新时代，西部地区的发展面临着前所未有的机遇和挑战。作为中国经济的重要组成部分，西部地区的发展不仅关乎区域经济，更直接影响国家整体的发展和社会的和谐。为响应国家的号召、推动西部高质量发展，同时也为培养学生的实践能力和社会责任感，西北大学经济管理学院决定开展这一实践育人项目。

　　在调研的过程中，师生们走访了众多乡村和企业，与当地的农户、企业管理人员进行深入交流，了解他们的实际需求与发展困境。这不仅让调研团队体会到了西部地区发展中亟待解决的问题，也让师生们感受到了一种强烈的使命感。我们希望通过努力，能够为地方的经济发展提供切实可行的建议和方案，为实现中国式现代化贡献一份力量。

　　在这一项目中，师生的协作与共同成长是最为令人感动的。许多学生在调研过程中，逐渐养成了对问题的独立思考与分析能力，令人欣慰。通过参与调研，学生们不仅提升了专业技能，更加深了对社会的理解与责任感。在实际的工作中，学生与教师携手并进，形成了一个良好的学习与实践氛围。

　　此外，专业教师在指导学生的过程中，也获得了新的启发与思考。与学生的互动使教师能够更深入地了解年轻一代的想法与需求，这种跨代际的沟通与交流，促进了教学内容的更新与创新。正是这种互学互助的氛围，使调研项目不仅是知识的传授，更是思想的碰撞与融合。

　　本书中的每一个案例都是调研团队的心血结晶。它们不仅展示了西部地区在各个领域的探索与创新，也反映了在快速变化的时代背景下，地方经济如何适应新的发展要求。通过这些案例，读者可以看到不同行业、不同地区在应对经济转型、推动可持续发展过程中所采取的多样化策略与实践。

虽然本书汇集了许多成功的实践案例，但我们也清晰地认识到，西部大开发的道路依然任重而道远。在未来的发展中，我们需要继续深化调研，关注变化中的社会与经济环境，及时调整我们的思路与策略。我们的目标不仅是记录和分析，更是通过实践推动变革与发展。

未来，西北大学经济管理学院将继续发挥自身优势，整合资源，推动校企合作、校地合作，进一步加强与地方政府、企业的互动与交流。我们希望通过更加深入的实践，培养出一批又一批既具专业素养又有社会责任感的优秀人才。

在这本书的编撰过程中，得到了许多人的支持与帮助。要感谢西北大学经济管理学院的全体师生，是你们的努力与奉献，让这一项目得以顺利推进。每一位参与调研的学生都是这本书的共同作者，你们的热情与执着将永远铭刻。感谢各级领导的关心与支持，正是你们的引导与鼓励，让我们在探索中不断前行。感谢所有为本书付出心血的老师与同行，你们的智慧与经验为我们的研究增添了无限光辉。

在最后，希望每位读者在阅读本书的过程中，能够感受到西部地区的魅力与潜力，体会到新时代青年人的使命与责任。让我们共同携手，继续探索西部大开发的新篇章，为实现中国式现代化贡献智慧与力量！